国情教育研究书系

田慧生◎主编　曾天山◎副主编

中国职业教育发展报告 *2013*

中国教育科学研究院职业技术与继续教育研究中心　著

教育科学出版社

·北京·

丛书编委会

主　　编： 田慧生

副 主 编： 曾天山

编委会成员（按姓氏笔画排序）：

于发友	马晓强	王　素	王　燕	田慧生	刘　芳	刘占兰
刘明堂	刘建丰	刘贵华	刘俊贵	刘晓楠	孙　诚	孙智昌
李　东	李晓强	杨润勇	吴　键	吴　霓	张男星	张敬培
陈如平	所广一	单志艳	孟万金	郝志军	姚宏杰	高宝立
彭霞光	葛　都	曾天山	赖　立			

为打造具有国家水准、国际视野的教育科研成果，更好地服务于办好人民满意的教育，服务于全面建成小康社会，在中央级公益性科研院所基本科研业务费专项基金的支持下，我院开展了对国内外重大教育理论与现实问题的系统研究，形成了"国情、国视、国菁、国际"四大书系。

"国情"教育研究书系以年度发展报告的形式，全面反映我国各级各类教育的成就、经验和挑战，对全国各省（自治区、直辖市）教育发展和政策进行区域比较，对我国各级各类教育的发展水平进行国际比较，力求对我国教育的规模、结构、质量和效益做出科学判断。

"国视"教育研究书系聚焦社会关注的教育热点难点，着眼于基础性、长远性、前瞻性问题，以了解事实、回应关切、提供政策建议为主要目的，探索教育发展规律。

"国菁"教育调研书系专门研究大中小学生的学习生活状态，涉及学校生活、家庭生活、社会生活、网络生活等，通过调查研究，了解当代学生的思想情感和行为特点，为研究如何促进学生的身心健康发展提供科学依据。

"国际"教育研究书系分为著作和译作两类，主要反映国际教育改革发展动态，回顾国际教育的历史进程，跟踪国际教育的改革动态，把握国际教育的发展趋势。

四大书系既各自独立又相互联系，在保持各书系特点的同时，力求做到：

一、"从事实切入"。"事实"是"事件真实的情形"，是在过去和现在被验证且中立的信息。在科学研究中，事实是指可证明的概念，是研究的起点。客观的事实是逻辑的基础和内容，逻辑是事实的理论再现。从实际对象出发，从实际情况出发，能够提高研究问题的针对性和实效性。

二、"用数据说话"。数据是研究和决策的基础。四大书系力图建立在数据和事实的基础之上，通过对数据的搜集、提炼、整合、分析，发现问题，探索规律。

三、"做比较分析"。没有比较就没有鉴别。四大书系力求通过国别比较、区域比较、类型比较、结构比较，找到差距，发现真知，提供卓见。

四、"搞协同创新"。协同创新是提高创新效率和创新水平的战略要求。四大书系研究调动院内外、系统内外、国内外资源，注重人员交叉、学科交叉、方法交叉，力求有所创新、有所突破。

五、"靠政策影响"。建言献策是智库研究的最终目的。四大书系以教育公共政策为研究对象，以影响政府决策为研究目标，以公共利益为研究导向，以社会责任为研究准则，建可信之言，献可行之策。

四大书系的编辑出版是我院全面提高教育科研水平的一项整体努力，也是建设国家一流教育智库的客观要求。在研究和编写过程中，书系得到了相关机构和同仁，特别是教育部相关司局及有关部委的大力支持，前期成果也受到了广大读者的欢迎，在此一并致谢！我们将以此为起点，不懈努力，加快中国特色新型智库建设，为推动中国教育事业科学发展发挥不可替代的重要作用。

中国教育科学研究院
2014 年 11 月

目　录
CONTENTS

[前 言]

2012 年，国内外经济形势复杂多变，职业教育的发展环境随之发生了重大变化。国际方面，2008 年爆发的国际金融危机，使世界各国特别是以金融业为代表的发达国家受到重创，未来一段时间内经济很难达到危机前的水平。为应对危机，发达国家纷纷提出了实体经济回归的发展战略，实体经济的强势回归需要大量技术技能人才，于是各国在教育领域逐步推行相应的改革措施，特别是将职业教育改革上升到前所未有的战略高度。国内方面，2012 年，我国人均国内生产总值达到 6100 美元，进入中等偏上收入国家行列，面临着转变经济发展方式、调整产业结构及跨越中等收入陷阱等多种问题。这对职业教育也提出了新要求，使其面临着新挑战，也迎来了发展的新机遇。

第一，职业教育发展规模趋于稳定

1. 职业教育在规模回落中向高层次发展

2008—2012 年，我国职业院校数量减少了 2052 所，在校生减少102.15 万人。从层次看，我国中职学校和在校生数量持续下降，而专科高职院校和在校生数量稳步上升。2012 年，全国共有中职学校 12654 所，比2008 年减少了 2165 所，在校生数减少了 5.6%；专科高职院校增至 1297所，在校生增至 1299.79 万人，均达到历史高点。职业教育发展向高层次移动。

2. 专业设置随市场需求调节

受国家产业结构调整与劳动力市场供需的影响，2010 年来，我国中职学校多数专业大类招生下降，而专科高职院校超半数专业大类出现增长。在各专业大类中，对应第三产业的专业较第一、第二产业呈现出较为明显的增长趋势。反映在就业上，2008—2012 年中职学校毕业生就业率一直保持在 95% 以上；2012 年，高职高专学生毕业半年后就业率为 90.4%，就业与专业相关度达 62%。

3. 民办职业教育规模不断增大

2012 年，我国民办中职学校数量为 2649 所，占中职学校总数的比例提高至 27.1%；在校生占比提高至 15.9%。民办专科高职院校为 316 所，占比 24.4%；在校生占比 19.9%。民办职业院校在东、中、西部省市的分布中，中部省市拥有中职学校最多，占比 43%；东部省市拥有专科高职院校最多，占比 51%。

第二，师资队伍建设规范化水平逐渐提高

1. 教师队伍建设相关政策逐步完善

教育部相继出台了《中等职业学校设置标准》、《职业学校兼职教师管理办法》和《中等职业学校教师专业标准（试行）》等多份文件，教师准入、培训、管理、评价等各环节的相关政策逐步建立，职业院校教师队伍建设朝着规范化路径快速发展。

2. 专任教师队伍素质稳步提高

从教师规模、学历、职称和年龄来看，我国职业教育教师队伍素质持续提升。从 2008—2012 年，全国中职学校专业课教师占专任教师的比例从 51.11% 提升到 53.69%，专任教师中拥有高级职称的比例从 19.62% 上升到 22.98%；专科高职院校专任教师中拥有高级职称的比例达到 29.06%，专任教师中无职称的比例继续下降。中职学校研究生以上学历占专任教师的比例从 2.76% 上升到 5.15%，专科高职院校研究生以上学历占专任教师的比例从 26.17% 提高到 38.03%。2012 年，双师型教师的比例继续提高，中职学校达到 25.19%，专科高职院校达到 36.13%。

3. 不同区域间师资水平仍存差距

2011—2012 年，西部地区中职生师比 28.57 : 1，与全国平均水平 24.70 : 1 还有较大差距，且差距比上一年拉大。西部地区专科高职生师比为 18.19 : 1，与全国 17.23 : 1 的平均水平还有较大差距，且差距也在进

较。可以发现，我国中职教育发展不均衡，东部省份的综合发展水平明显处于优势，西部省份发展不足。中职教育综合发展水平与各省份的人均GDP 水平呈现出高度线性相关，相关系数高达 0.84。与中职教育发展不均衡相类似，专科高职综合发展依然存在"东高西低"的现状，专科高职综合发展水平得分与人均 GDP 两者的相关系数达到 0.73，也呈现出高度线性相关，但相关性小于中职教育发展水平与人均 GDP 的相关性。

第六，职业教育发展国际经验值得借鉴

1. 世界各国保持职业教育一定的发展规模

2011 年，欧盟 21 国中职生占高中阶段学生比例平均为 53%，OECD国家平均为 46%，"20 国集团"平均为 33%。国际金融危机导致的青年人高失业率使得各国政府更加注重发展职业教育，大力推进工学相结合的学徒制培养模式，减少技能供需不匹配，促进从学校到工作过渡。欧盟成员国工作本位学习的学生占全部中职生比例平均达到 27%，丹麦和瑞士达到90% 以上，德国达到 88%，匈牙利 63%。中等职业教育对促进就业有着更为明显的作用，中职毕业生的就业率高于普高毕业生，失业率则低于普高毕业生。

2. 越来越多的国家重视职业教育资格框架构建

澳大利亚、法国、德国和印度等国都建立了职业教育资格框架，旨在划定职业资格的不同等级，明确学习者进阶路径；运用学习结果描述等级标准，增进与普通教育和高等教育资格的比较；划分职业资格类型，确定不同职业资格的功能和定位；课程教学实行单元化和学分化设计，增加学习资格的弹性，促进终身学习发展；资格等级标准参照国际标准，促进与其他国家职业资格的比较和互认。

3. 世界各国普遍重视职业教育质量保障体系建设

欧盟制定了"职业教育质量保障参照框架"，框架实施分为目标制定、实施操作、检查评估和经验总结四个阶段，同时构建了可以进行跨国比较和相互学习的 10 个评价指标。澳大利亚通过立法设立国家职业教育与培训监管机构，将现有的教育培训机构依法登记注册，保证教育培训机构的资质，建立职业教育与培训质量框架。英国通过立法设立了资格和考试监管办公室，对颁证机构及其所颁发的职业资格进行监管。

第七，未来职业教育发展的潜力巨大

通过对我国职业教育发展状况的研究分析可以发现，职业教育仍有很大发展空间和巨大潜力。职业教育的未来发展对策：一是坚守适度发展规模，为国民经济转型发展提供强有力的技术技能人才支撑；二是促使经费投入制度化，为职教发展提供财政保障；三是加强区域间的协调与合作，形成区域合力和整体竞争力；四是推动学校培养与培训一体化，强化学习服务社会的功能；五是加强职业院校专业教师队伍建设，提高学校办学水平；六是充分发挥专业教学标准的作用，保证教育教学质量；七是推动国际交流与合作，扩大我国职业教育的国际影响力；八是利用科研力量，推动职业教育科学发展。

第一章

职业教育发展经济环境变化

当前，我国正处于人口红利向人力资源红利转变的关键时期，创新驱动成为发展的主旋律，产业转型升级速度逐渐加快，对技术技能型人才数量和质量的双重需求极为迫切。加强技术技能人才培养，尤其是高层次技术技能人才培育成为当前乃至今后一段时期我国职业教育发展的主题。职业教育作为与经济社会发展联系最为紧密的教育类型，在我国现阶段转型发展过程中将发挥重要作用，系统分析职业教育发展的经济环境，厘清技术技能人才需求特征，对我国职业教育改革发展意义重大。

一、国际国内宏观经济环境为职业教育带来新机遇

2012 年，国际形势复杂多变，国内经济存在下行压力，职业教育的发展环境发生了深刻的变化。为摆脱经济低迷，世界各国在不同领域进行着系统改革，职业教育重新引起了政府部门和社会的普遍关注，职业教育领域的系列措施更是成为诸多国家改革的重要举措。

（一）国际经济不景气使各国更加重视职业教育

1. 职业教育在复杂多变的经济环境中获得发展机遇

2008 年爆发的金融危机，使世界各国经济受到不同程度的冲击，特别是

以金融业为支柱的发达国家遭受重创，全球经济进入相对低速增长期，危机之前的 2003—2007 年，全球经济年均增长率是 4.9%，但未来一个时期很难再维持这一水平①。纵观世界经济发展的历史轨迹，每一次大规模的经济危机都为教育事业特别是职业教育发展创造了机遇。与传统行业相比，教育行业往往能够在危机中得到迅速发展，其主要原因在于工业、服务业的萧条必然导致就业率下降，失业人口大规模增加，新增失业人口大多会选择学习或深造，以便提升自身的职业技能和综合素质，为寻找新的就业机会做准备，由此产生大量的教育或培训需求，进而促进教育发展。作为提供职业知识和技能的职业教育更容易在此过程中获取更多资源和支持，获得快速发展。早在 20 世纪 70 年代，石油危机引发的世界性经济大萧条就为西方职业教育的快速发展创造了条件，激发了活力，英国的证书体系、美国的社区学院、德国的双元制以及澳大利亚职业技术学院（TAFE）都是在这个时期迅速发展起来的。因此，经济形势的复杂多变对职业教育来说并不是一种灾难，而是不断完善体系、自我修正和质量提升的发展机遇。

2. 职业教育在实体经济回归过程中的作用凸显

作为与经济社会发展联系最为紧密的教育类型，职业教育既服务于产业部门，同时也受产业发展水平的制约。一个国家或地区职业教育的发展水平往往受制于当地的实体经济，从这个意义上来说，实体经济是职业教育发展的基础；反之，高水平的职业教育也为实体经济的发展提供强有力的支撑，二者相辅相成、互相促进。众所周知，在国际金融危机的影响下，大多数西方国家现阶段仍在与衰退作斗争，而德国却在危机后迅速恢复，保持强劲的发展势头，成为欧洲经济的"定海神针"，这在很大程度上得益于德国强大的实体经济和完善的职业教育体系。

实体经济和职业教育的和谐共生成为德国战胜金融危机的利器，使得德国的职业教育始终走在世界前列。德国制造业在全球享有盛誉，如精密机械、汽车制造、生物医药等产业在世界范围内拥有相当高的知名度，这些产业为德国

---

① 夏文斌. 从全球通胀到美国金融危机——本轮世界经济周期的发展逻辑及中国对策［J］. 新金融，2009（4）：9-13.

职业教育发展提供了肥沃的土壤和广阔的市场，与此同时，德国完善的职业教育体系也为制造业的发展注入了强大的生命力。金融危机以来，各国政府深刻认识到实体经济的重要性，美国、英国、瑞士、奥地利等诸多国家纷纷在制造业领域出台相关政策措施（见表1-1），将大力发展制造业作为促进经济复苏、提高就业和增强社会稳定的国家战略。实体经济的强势回归必然需要强大的技术技能人才支持，强劲的需求必将助力职业教育快速发展。

表1-1 金融危机以来各国在制造业领域出台的政策

国家	制造业领域政策措施
美国	提出重返制造业巅峰，出台政策吸引海外制造业"回流" 提出"先进制造业伙伴计划"，设立"白宫制造业政策办公室"，着力培育和发展高端制造业
英国	提出"英国制造"与"英国创造"同等重要，不断提升制造业实力
瑞士	延续其在高端制造领域的传统优势
奥地利	进行技术创新，以领先的技术和先进的生产优势提升产业竞争力

资料来源：王俊. 欧美"再工业化"对我国先进制造业竞争力的影响与对策 [J]. 综合竞争力，2011（2）：73-76；张欣，崔日明. 后危机时代美国再工业化战略对我国的启示与影响研究 [J]. 江苏商论，2011（2）：147-148.

3. 多国加大对职业教育的政策支持力度

金融危机催生了新一轮的技术革命，发展新兴产业实现科技突破成为世界各国共同的战略选择。产业的转型升级对人才提出了更高的要求，人力资源层次的高移和类型的多样成为必然趋势。为实现人力资源对产业的有效支撑，各国纷纷在教育领域特别是职业教育领域推行相应改革，出台诸多政策。首先，加大教育科研投入，服务创新驱动。瑞士为了保持高端制造优势，在科技创新领域进行系统改革，制定了教育、科研和创新的四年发展规划，并持续加大教育科研的投入力度；美国、英国、德国、奥地利等国也对教育科研领域高度重视，强化高校在国家创新战略中的核心位置。其次，加强对职业教育的扶持力度，推进职业教育快速发展。奥地利通过扩展职业教育学徒的职业文凭和成人参与职业教育的资格认证，有力促进了职业教育的持续健康发展；美国继续加大对社区学院的投资力度，并加强其与产业界的伙伴关系。最后，鼓励企业与科研院所合作，实现更高层次的跨领域合作。为进一步推进实体经济发展，各国将高技术和新兴产业作为重点发展对象，积极搭建校企合作平台，使得具有经济产能的专业知识转换成对社会经济发展有用的产品和服务项目。如英国为配合制造业发展，提出了创新国家战略，设立高等教育创新基金，鼓励产学研创新合作；德国出台了《2020 高科技战略》鼓励高校与生产部门合作，促进科技成果转化；荷兰颁布了《知识创新激励计划》，提倡教育企业化发展，为教育发展提供良好政策环境（见表 1-2）。

表 1-2　金融危机以来各国在教育领域出台的政策

国家	教育领域政策措施
美国	将科研与教育作为投资重点，在"美国毕业计划"和"贸易调整援助社区学院和职业培训资助计划"的基础上，继续加大对社区学院的投资力度，并加强其与产业界的伙伴关系
英国	出台"创新国家战略"，建立技术战略委员会。在 2011—2015 年间，每年提供 1.5 亿英镑的高等教育创新基金，同时继续探索鼓励产学研合作的新方式
瑞士	继续加大研发投入，修订《联邦科研与创新促进法》，通过政府机构调整使得经济和教育、科研事务得到统筹管理，制定教育、科研和创新的四年发展规划
奥地利	教育科研经费投入持续增加，继续扩展职业教育学徒的职业文凭和成人职业教育的资格认证；提出国家创新战略，强化高校在该战略中的核心地位
荷兰	出台《知识创新激励计划》，通过财政杠杆鼓励开展官产学合作，鼓励教育企业化取向，创新科技研究，开发高经济价值的产学合作
德国	加大教育科研投入力度，对增加或扩充职业教育学习岗位的企业提供补贴；提出"2020 高科技战略"，鼓励包括高校在内的研发力量和生产部门密切合作，大力促进成果转化

资料来源：教育国际动态信息［EB/OL］.［2013-01-08］. http://iec.ccnu.edu.cn/Article/wsxw/201301/362.html；英国：立志成为世界科技创新的领导者［EB/OL］.［2013-01-25］. http://www.istis.sh.cn/list/list.aspx? id=7743；"瑞士制造"制胜背后的奥秘何在？［EB/OL］.［2014-05-08］. http://www.e8t.com/news/830895.html；奥地利的科技创新发展政策［EB/OL］.［2014-11-19］. http://www.xzbu.com/1/view-6304917.htm；邓衢文，李纪珍，褚文博. 荷兰和英国的创新平台及其对我国的启示. 技术经济［J］. 2009（8）：11-13；史世伟：工业 4.0 与德国国家高科技战略（中德智造高峰论坛会议材料）［EB/OL］.［2014-10-23］. http://finance.huanqiu.com/roll/2014-10/5176909.html.

（二）国内经济社会环境有利于职业教育发展

1. 经济转型升级对职业教育提出了新要求

改革开放以来，我国创造了世界经济史上的奇迹。2012年，实现了经济总量居世界第二位，货物进出口总额居世界第二位，进入世界500强企业数量居世界第二位，外汇储备居世界第一位，研发（R&D）支出居世界第二位，以及申请发明专利数居世界第一位等傲人成绩[①]。但与此同时，长期快速发展产生的负面影响也逐渐暴露，主要表现为：工业化（重工业化）主导的经济增长方式不可持续；高消耗、高投入和高排放特征的经济增长方式不可持续；低附加值出口导向的经济增长方式不可持续。经济的持续健康发展，要求从根本上转变经济增长动力，调整产业结构。产业转型升级的过程也是劳动力结构调整的过程，经济结构的调整不仅需要拔尖创新人才的引领，更加需要来自一线的工程师和技术技能人才的支撑。促进科技创新成果的转化和先进技术的转移、应用、积累，突破科技成果向现实生产力转化的瓶颈，关键在于加快培养大批技术技能型人才。技术技能人才培养已日益成为制约我国产业转型升级和创新驱动发展的关键因素。能否培养数以亿计掌握先进技术和现代装备的工程师和高层次技术技能人才，是我国职业教育面临的重大挑战，也是经济持续健康发展对职业教育提出的新要求。

2. 跨越中等收入陷阱为职业教育带来了机遇

2012年，我国人均国内生产总值达到6100美元。依据世界银行的标准，我国已进入中等偏上收入国家的行列，面临着从中等收入向高收入国家转变的种种困难。从成功跨越"中等收入陷阱"的国家经验来看，技术技能人才的培养是实现可持续发展的关键因素，职业教育在此过程中承担着重要的历史使命。韩国、日本和新加坡等亚洲国家，以及中国台湾地区是成功跨越"中等收入陷阱"的典型代表，其共同点在于重视职业教育与

---

① 胡鞍钢，鄢一龙，杨竺松. 打造中国经济升级版：背景、内涵与途径［J］. 国家行政学院学报，2013（4）：9-15.

经济建设的协同发展，这些国家和地区都在这一发展阶段对职业教育进行了全方位、系统性的改革。例如，韩国积极调整职业教育层次结构，强化了职教和在职培训体系，并设立了专科大学、科技大学等；中国台湾紧紧围绕服务经济、高科技产业进行专业结构和课程设置的调整，根据不同时期产业发展重点，设置相关专业；新加坡和中国香港则加强了技能型人力资本投资。新加坡设立专门基金鼓励企业培训工人，中国香港大力发展非正规职业教育（见表1-3）。发达国家和地区的经验表明，技术技能型人才培养对跨越中等收入陷阱至关重要，这一过程会对技术技能人才的数量和质量提出较高要求，也意味着现阶段是我国职业教育改革发展的关键时期，既获得了难得的发展机遇，同时面临巨大挑战。

表1-3　亚洲四小龙国家跨越"中等收入陷阱"的职业教育发展政策

政策领域	典型国家	主要措施
调整职业教育层次结构	韩国	颁布《产业教育振兴法》，调整中等教育结构，强化职业教育和在职培训体系，缩短高等职业教育学制；实施重化工业教育方案，设立专科大学、科技大学等
调整专业结构和课程设置	中国台湾	根据不同时期重点产业的不同，设置不同的专业。20世纪50—60年代，职业教育重点在于农业；70年代优化设置工业类专业；80年代加大工商类专业比例；90年代后职业教育重点则围绕服务经济、高科技产业进行专业设置与课程整合
加强技能型人力资本投资	新加坡、中国香港	新加坡设立技能发展基金鼓励企业培训工人。中国香港大力发展非正规职业教育，其主要措施包括：成立24个工业训练中心；实行学徒训练计划，训练时间3—4年；实行毕业生训练计划

资料来源：付卫东. 跨越"中等收入陷阱"：职业教育大有可为［J］. 中国职业技术教育，2013（33）：21-25.

3. 教育优先发展战略为职业教育提供强力支撑

长期以来，党和国家始终坚持"把教育摆在优先发展的战略地位"，制定和实施了一系列政策支持教育事业的发展。《国家中长期教育改革和发展规划纲要（2010—2020年）》、国务院总理李克强在十二届全国人大二次会议上的政府工作报告等相关文件中明确提出，要"促进教育事业优先发展、公平发展"、"深化教育综合改革"、"加快构建以就业为导向的现代职业教育体系"等目标与要求。各种政策安排从顶层设计上给予教育事业发展前所未有的重视，从国务院、教育部等相关部门颁布的政策文件可以看出，在未来一段时间内，职业教育是教育领域改革发展的重点，也是促进高等教育结构调整的突破口。除政策支持外，各级政府一直把教育投入摆在公共财政的突出位置，对教育的支持力度不断加大。据统计，2001—2011 年，我国财政性教育经费逐年增加，从 3057 亿元增加到 18586.7 亿元，总规模扩大了 5 倍，平均年增长率高达 20%左右①。2012年，财政性教育支出达 21242.1 亿元，占财政支出的比例达 16.9%，教育支出已经成为我国第一大财政支出项目。在良好的发展环境中，教育事业蓬勃发展，职业教育也获得了更多的政策扶持与投入支持。2007—2011年，我国职业教育经费总量不断增加，2011 年，职业教育总经费约为 2889.3 亿元，其中，专科高职院校与中等职业学校经费投入分别为 1250.8亿元和 1638.5 亿元，较 2007 年都翻了一番②。

二、我国区域经济发展战略为职业教育注入新活力

区域经济发展与技术技能人才培养相辅相成、相互促进。区域经济发展为技术技能人才培养提供必要的物质基础，技术技能人才培养是区域经济发展的必然要求，为区域经济发展提供人才供给和智力支持。

（一）区域协调发展战略统筹技术技能人才布局

区域协调发展战略实施以来，我国技术技能人才的总体需求量保持不断

---

① 中华人民共和国教育部财务司. 中国教育经费统计年鉴 2012 ［M］. 北京：中国统计出版社，2012.

② 中华人民共和国教育部财务司. 中国教育经费统计年鉴 ［M］. 2008—2012. 北京：中国统计出版社，2008—2011.

上升的态势，作为区域协调发展战略的重要措施，公共服务均等化尤其是教育均等化加强了对技术技能人才的培养，促进了技术技能人才质量的提升。

1. 不同地区技术技能人才分布差异显著

在知识经济时代，技术与人力资本已经成为提升国家竞争力和产业竞争力的核心要素，技术技能人才作为人力资本不可或缺的有机组成部分，在区域发展过程中发挥着重要作用。随着我国区域协调发展战略的实施，技术技能人才的总体需求量呈现出不断上升的趋势。据中国劳动力市场信息网监测中心对全国部分城市劳动力市场职业供求信息的统计调查显示，从 2001—2012 年，全国 106 个地级以上城市的专业技术人员需求量由 13.56 万人增加至 83.27 万人，总规模增长了 5 倍多，平均增幅 42.85%[①]。虽然受全球金融危机的影响，2010 年专业技术人员需求有所下降，但自 2011 年专业技术人员的需求量迅速回升，并保持旺盛的增长势头。根据中国人力资源市场信息监测中心发布的《2012 年第四季度部分城市公共就业服务机构市场供求状况分析》显示，与 2011 年同期相比，2012 年中高级技能人才供不应求，初中级技能劳动者的用人需求大幅度增长；从人才招聘需求来看，有 60.7% 的用人需求对技术等级或职称有明确要求，并主要集中在初级技能人员、中级技能人员和技术员。

由于不同区域的产业结构和经济发展方向不同，技术技能人才的空间分布呈现较为明显的区域特征，东部地区技术技能人才相对集中，中部和西部地区技术技能人才流失严重。从表 1-4 可以看出，技术技能人才空间分布的区域差异性较大，2012 年，65% 以上的 2009 届专科高职毕业生分布在泛长江三角洲区域经济体、泛渤海湾区域经济体、泛珠江三角洲区域经济体，中原区域经济体和西南区域经济体拥有 25% 以上毕业生；陕甘宁青区域经济体、东北区域经济体和西部生态经济体则没有体现出较强的吸引力，仅有不到 10% 的毕业生分布在该地区。由此可见，东部地区表现出了较为强劲的吸引力，除西南地区外，中部和西部地区都出现了不同程度

---

① 中华人民共和国劳动和社会保障部 [EB/OL]．[2012-12-05]．http：//www. molss. gov. cn/gb/zwxx/ghytj. htm.

的技术技能人才流失，技术技能人才的区域分布总体上呈现出"东高西低"的特点。

表1-4 **2009届各经济区域专科高职毕业生调查样本分布与实际分布对比**

	2009届专科高职毕业生三年后调查样本分布（%）	2009届专科高职毕业生实际分布（%）
泛长江三角洲区域经济体	25.4	23.1
泛渤海湾区域经济体	24.2	23.1
泛珠江三角洲区域经济体	16.5	12.4
中原区域经济体	15.2	18.5
西南区域经济体	12.2	9.1
陕甘宁青区域经济体	4.0	5.6
东北区域经济体	2.5	7.1
西部生态经济区	<1.0	1.1

资料来源：麦可思研究院.2013年中国大学生就业报告［M］.北京：社会科学文献出版社，2013.

从岗位需求的统计数据来看，区域差异也较为明显。根据2012年第四季度全国分属不同区域的十大城市岗位需求与求职排行榜来看，上海、重庆、石家庄、福州、郑州、武汉、成都等城市的岗位空缺大于求职人数。特别是郑州，该项数据排在十大城市之首，岗位空缺相对严重；天津、贵阳求职人数大于岗位空缺，沈阳则基本持平。从具体的工作岗位来看，十大城市也呈现出了共性特征，对餐厅服务员、推销人员、保安保卫人员等初级技能人才的需求较为旺盛，对行政管理人员、财会人员等职位需求相对较少（见表1-5）。

表1-5 **2012年第四季度全国十大城市岗位需求与求职排行榜**

城市	岗位空缺与求职人数的比率	第二产业需求（%）	第三产业需求（%）
天津	0.85	24.1	75.9
上海	1.07	8.0	92.0

续表

城市	岗位空缺与求职人数的比率	第二产业需求（%）	第三产业需求（%）
重庆	1.10	40.9	58.2
沈阳	0.97	31.5	65.7
石家庄	1.04	11.2	88.5
福州	1.27	61.6	37.8
郑州	1.39	4.1	95.7
武汉	1.28	26.1	73.2
成都	1.01	36.7	62.9
贵阳	0.84	22.8	74.9

资料来源：人力资源与社会保障部中国人力资源市场信息监测中心. 2012 年第四季度部分城市公共就业服务机构市场供求状况分析［EB/OL］. （2013-01-15）［2013-08-25］. http：// www. mohrss. gov. cn/SYrlzyhshbzb/zwgk/szrs/sjfx/201301/t20130115_ 66151. htm.

2. 教育均等化增加了技术技能人才供给总量

受我国经济和产业结构的区域特征影响，职业教育对技术技能人才的培养规模与质量也存在区域性差异。相对于中西部地区而言，东部地区职业教育发展程度更高，从业人员获取职业技术教育与培训的机会更多。为了缩小职业教育发展的区域差距，公共服务均等化战略尤其是教育均等化成为必要的途径与方法。从教育保障的角度来看，公共服务均等化战略要求为各区域经济体的社会从业人员提供一个平等的受教育权利和机会，提供在不同人生阶段具有不同标准、大致均等的职业教育服务。教育均等化策略的实施大大促进了从业人员的技术技能水平和质量的提升。我国就业人口受教育程度水平的统计数据可以在一定程度上说明我国各区域技术技能人才供给数量的变化。按照国家统计标准，受教育程度一般可以分为未上过学、小学、初中、高中、大学专科、大学本科和研究生七个等级。表 1-6 呈现了 2006 年、2012 年按受教育程度划分的八大区域经济体部分省市的就业结构。从表 1-6 可以看出，从教育均等化策略开始实施至今，我国各个区域经济体中专科、本科及研究生学历的从业人员在总就业人口中的比重均有所增长，比较而言，专科学历就业人员的增长最为明显，以大西北区域的甘肃省为例，专科人员的就业比重由 2006 年的 2.8% 上升到 2012 年的 7.4%，说明在教育均等化战略的实施背景下，我国各区域高水平的技术技能人才规模在不断扩大，从业人员的技能水平得到显著提升。

表 1-6　按受教育程度划分的八大区域经济体部分省市的就业结构

省份	所属区域	2006 年			2012 年		
		专科（%）	本科（%）	研究生（%）	专科（%）	本科（%）	研究生（%）
辽宁	东北	6.0	3.3	0.28	7.7	5.2	0.34
北京	北部沿海	16.3	16	3.41	19.3	27.5	6.79
江苏	东部沿海	5.4	2.4	0.34	9.2	5.8	0.45
广东	南部沿海	4.6	2.4	0.31	7.8	4.1	0.25
山西	黄河中游	5.3	2.6	0.17	10.0	5.2	0.22
湖北	长江中游	4.4	2.5	0.6	8.3	5.0	0.41
四川	大西南	2.6	1.1	0.02	5.8	3.5	0.28
甘肃	大西北	2.8	0.7	0.04	7.4	4.4	0.31

资料来源：中华人民共和国统计局人口和就业统计司．中国人口与就业统计年鉴［M］．2007，2013．北京：中国统计出版社，2007，2013．

（二）区域差异发展优化技术技能人才成长环境

区域经济发展差异及区域人才政策的实施加快了技术技能人才流动，推动了区域人力资源竞争格局的形成，刺激了技术技能人才培养与市场需求的有效对接。

1. 有利于区域高层次技能人才流动

近年来，不少地方政府出台了一系列人才政策吸引培育科技人力资源，高层次技术技能人才作为科技人力资源的重要组成部分，也在积极的外部环境的影响下加快了在不同区域之间的流动，获得了良好的成长空间。2010 年，我国省内流动人口中男性和女性分别有 44% 和 40% 受过高中及以上教育，跨省流动人口中相应比例也分别提高到 30% 和 27%，其中流动人口中从事专业技术人员比例呈现上升趋势。可见，差异化的区域人才政策为高层次技术技能人才流动提供了有力保障。为了衡量区域科技人才流动趋势，通常采用科技人才占劳动者总数的比值作为衡量地区对科技人才吸引力的强弱，此项比值越高反映该地区对科技人才的吸引力越强，科技人才越倾向于向这个地区集中。这一数据也可以在一定程度上反映不同区域对高层次技术技能人才的吸引力。2011 年，我国四大经济区的科技人才吸引力指数为：东部地区对科技人才的吸引力最强，中部、西部和东北部地区的科技人才吸引力指数比较接近，东北部和中部地区二者仅相差0.08，说明这两个地区在科技人才方面的竞争激烈。东部地区为保持科技人才吸引优势，加大了相关投入力度，为科技人才的培养和引进营造优越的软硬件环境。中西部地区为了从东部地区引进高层次技术技能人才，不仅制定和实施了诸多相对更加优越的政策和措施，而且还结合自身产业特点从技术技能人才成长角度采取了更多的手段和方法。从经济学的角度来看，竞争是最有效的市场选择机制，只有在更开放的竞争中，技术技能人才的职业知识和技能水平才可以得到提升，并且在竞争中"优胜劣汰"法则的作用下才能得到最大限度的发挥。因此，区域间的人才竞争越激烈，越有利于高层次技术技能人才的成长（见图 1-1）。

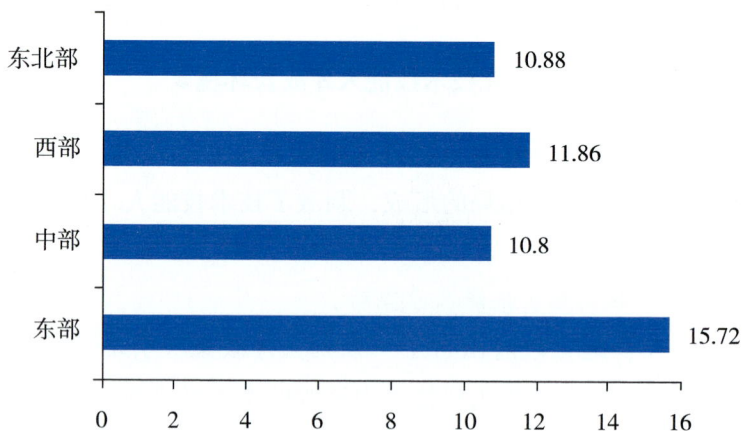

图 1-1 2011 年我国四大经济区的科技人才吸引力指数

资料来源：中华人民共和国统计局人口和就业统计司，人力资源和社会保障部规划财务司.
中国劳动统计年鉴 2012 ［M］.北京：中国统计出版社，2013.

2. 促进区域技术技能人才培养多样化

区域差异化发展的客观事实决定了不同地区产业发展差异显著，职业教育面临的社会经济条件与基础也具有明显的差异性，要求不同区域制定适合自身发展需要的职业教育发展政策和手段。国家政策制定颁布之后，各省市往往根据自身情况出台更细致的方案或计划，形成国家与地方两个层级的政策体系。以《中华人民共和国职业教育法》为例，各省市根据该法精神与要求相应出台了一系列地方性法规，如《上海市职业教育条例》《北京市实施〈中华人民共和国职业教育法〉办法》等。从我国各省市的职业教育发展政策来看，在指导原则、总体思路上与国家层面的法规政策基本保持一致，但是在具体实施细节上则呈现出多样性，如职业培训政府补贴机制在不同省市的做法差异明显。为落实国务院《关于加强职业培训促进就业的意见》，江西省、广州市、上海市及东莞市等部分省市先后制定了具体的实施办法，对补贴范围和标准、资金核拨、审核流程等具体操作办法进行了详细规定。从这些规定中可以看出，不同区域在鼓励从业人员在职培训、职业技能认定与提升方面的政策多种多样，都与本区域经济与职业教育发展基础、职业教育财政支出情况相匹配（见表1-7）。

表 1-7　部分省市的职业培训政府补贴政策

政策名称	区域范围	具体规定
《江西省职业培训政府补贴管理暂行办法》	江西省	对通过初次职业技能鉴定并取得职业资格证书或专项职业能力证书的人员给予一次性职业技能鉴定补贴
《东莞市人力资源局自主参训补贴办法》	东莞市	获得国家职业资格证书、专业技术职称证书、行业职业资格认证，通过自考、成人高考、电大开放教育或网络教育获得大专或本科学历证书，可申请自主参训补贴
《广州市职业技能培训券管理暂行办法》	广州市	参加培训并考取职业资格证书的，按培训等级给予职业技能培训费定额补贴；出勤率达80%以上但当次未考取且经补考后仍未考取职业资格证书的，给予50%的补贴

续表

政策名称	区域范围	具体规定
《上海市职业技能培训补贴暂行办法》	上海市	参加社会化职业技能培训，或者直接参加职业技能鉴定，由市失业保险基金按规定给予相应的职业技能培训补贴

资料来源：关于印发《江西省职业培训政府补贴管理暂行办法》的通知［EB/OL］.（2012-11-01）［2012-11-26］. http：//www. jxzp. gov. cn/htm/2184/176572. html；关于印发《东莞市人力资源局自主参训补贴办法》的通知［EB/OL］.（2011-03-31）［2015-05-23］. http：//cjx. ccdgut. edu. cn/webfile/NewsView. asp? ID = 419&SortID = 230&SortPath = 0，111，230；广州市职业技能培训券管理暂行办法［EB/OL］.［2014-06-03］. http：//www. zhiyepeixun. net/mianfeipeixun/ 2011-05-29/778. html；关于印发《上海市职业技能培训补贴暂行办法》的通知［EB/OL］.［2010-01-13］. http：//baike. baidu. com/link? url = UywzF1SW8y74uiCmaQDFjGqXC48Hn F3QNfoYdTpv2Kl5GEfRmDs5mcAPZ2GNAl2Q6ymDqVZDjU6R47gxk8FUja.

3. 推动了区域人才培养与市场需求对接

职业教育培养的技术技能人才是为区域产业服务的，特别是为支柱产业、新兴产业和特色产业服务的；不同的区域产业结构对技术技能人才的需求是不相同的，技术技能人才培养模式要与区域产业发展需求相适应。区域产业的差异化发展有效推动了技术技能人才培养模式与市场需求的对接，在国家层面和省级层面进行着系统性的改革。首先，启动专科高职专业目录修订工作。按照国家社会与经济发展、产业升级、技术进步及区域产业结构调整的新要求，调整专业设置，优化专业结构。鼓励战略性新兴产业、高新技术产业及实体经济相关专业的发展，引导、推动专科高职院校主动适应区域经济社会发展和产业结构调整对高端技术技能人才需求。其次，推进中高职专业设置相衔接。目前正在探索建立区域中高职专业设置管理的宏观统筹机制，实施专业设置动态调整，优化专业结构、层次和类型。国家示范性中等和高等职业学校率先开展探索，力争形成适合系统化培养的专业设置、专业管理、专业建设的衔接模式。最后，加强专业设置管理和信息发布。对区域产业，特别是支柱产业、新兴产业、特色产业人力资源情况进行调查，进行人才预测，从而及时调整专业设置，形成科学化、制度化、规范化、信息化和常态化的调整机制。下表为我国部分省份技术技能人才需求的重点产业，可以看出不同区域的技术技能人才培育重点与主导产业或特色产业发展方向的一致性相对较高。湖南省的主导产业为装备制造业，其技术技能人才需求也主要集中在工程机械、轨道交通、汽车及零部件、特高压输变电等特色产业部门；而云南的特色产业以烟草和旅游为主，其职业教育培养与烟草及其配套、能源、冶金、生物、化工、装备制造、旅游文化、商贸物流等产业发展需求相一致（见表1-8）。

表1-8　部分省份技术技能人才需求的重点产业

省份	人才需求的重点产业
湖南	工程机械、轨道交通、汽车及零部件、特高压输变电等为代表的现代装备制造业
福建	新型平板显示、新一代网络和高端通信设备、生物医药、半导体照明（LED）和太阳能光伏、节能环保技术及装备
四川	装备制造、油气化工、汽车制造、零部件生产研发基地、饮料食品、现代中药
内蒙古	能源、钢铁建材和农畜产品加工业
安徽	汽车、装备制造、家电、食品
云南	烟草及其配套、能源、冶金、生物、化工、装备制造、旅游文化、商贸物流

资料来源：湖南国民经济和社会发展十二五规划纲要（全文）［EB/OL］．（2011-01-25）［2011-07-22］．http：//www. hnfgw. gov. cn/site/ZXGH/20974. html；福建国民经济和社会发展十二五规划纲要（全文）［EB/OL］．（2011-01-18）［2011-01-31］．http：//www. fjdpc. gov/cn/show. aspx? id=46952；四川国民经济和社会发展十二五规划纲要（全文）［EB/OL］．（2011-01-24）［2011-01-28］．http：//sichuandaily. scol. com. cn/2011/01/28/20110128626144058922. htm；内蒙古国民经济和社会发展十二五规划纲要（全文）［EB/OL］．（2011-01-22）［2012-03-20］．http：//www. bynezsw. gov. cn/system/2012/03/20/010736714. shtml；安徽国民经济和社会发展十二五规划纲要（全文）［EB/OL］．［2011-09-16］．http：//www. masgb. gov. cn/Article/ShowArticle. asp? ArticleID=4900；云南国民经济和社会发展十二五规划纲要（全文）［EB/OL］．［2011-06-11］．http：//district. ce. cn/zt/zlk/bg/201206/11/t20120611_ 23397049. shtml.

（三）区域创新体系给技术技能人才新定位

构建区域创新体系的基础在教育，关键在人才。在国家创新体系建设的大背景下，地方政府纷纷把构建区域创新体系列入社会与经济发展规划，在全国掀起了一股区域创新体系培育热潮，也使技术技能人才拥有了更加全新的定位。

1. 技术技能人才成为区域创新的重要力量

区域创新体系是在整合创新资源的基础上，以创新活动为最终产出，由在地理上相互分工与关联的生产企业、科研单位和教育机构等有机组成的区域性组织体系。无论是生产企业、科研单位，还是教育机构，利用资源进行创新活动的行为主体都是创新人才；创新人才掌握或控制着知识和技术的生产、流动、扩散、应用和更新。区域创新体系构建的最终目标是要实现科研成果的成功转化，所以在创新链条中既需要具有开阔性思维和非凡创造力的研发人员，也需要服务生产一线将研发阶段的成果成功转化为产品的技术技能人才。在区域创新网络中，技术技能人才对加快产品由实验室走向生产线具有积极的推动作用，同时也是技术升级、工艺改造等创新形式的直接实施者。但是，目前我国技术技能人才培养的数量和质量都远不能满足服务国家创新体系建设的需求，严重影响了我国自主研发产品的转化和推广。部分地方政府已经逐渐意识到技术技能人才在区域创新体系构建中的重要作用，纷纷将高技能人才引进与培养作为区域创新体系建设的关键环节开展了系列工作，广东、福建等诸多省份都对高技能人才的引进设置了诸多优惠条件。以厦门为例：2013 年，厦门出台了《厦门市高技能人才集聚暂行办法》，明确了高技能人才培养机制和引进机制，进一步提高高技能人才创新水平①。

---

① 厦门市高技能人才集聚暂行办法［EB/OL］.（2013-03-19）［2014-03-02］. http：//www. xmzzb. gov. cn/zcfg/rcgz/201303/t20130319_ 619642. htm.

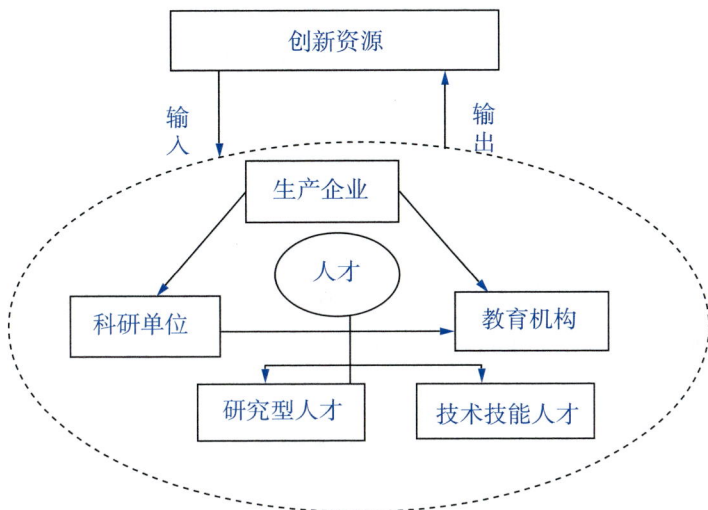

图 1-2　区域创新体系基本结构

2. 技术技能人才成为科技成果转化的关键

2006—2012 年，我国从事科学实验与研究的人员数量不断攀升，研究与开发（R&D）人员全年当量由 150.25 万人年增加到 324.70 万人年，创新技术成果（发明专利、实用新型、外观设计）也保持着持续增加的趋势，由 2006 年的 26.83 多件增加到 2013 年的 125.5 万多件。从相关数据可以看出，创新技术成果的年增长率大约是同一时期 R&D 人员全年当量年增长率的 2—3 倍，2010 年这一比例高达 3.48 倍[①]。这表明技术人才或研发人才投入的创新成果产出水平相对较高，每多增加一倍的 R&D 人员的投入能够带来 2—3 倍的创新技术成果。但是，研发人员数量的不断增加以及研发投入的不断加大，并没有从根本上解决我国自主创新能力不强的现状，根据相关统计，2013 年，我国全社会研发投入已达 1.2 万亿元，其中财政科研经费 5000 亿元，居世界前列，但科技成果转化率仅为 10% 左

---

①　由表 1-9 可知 2010 年，创新技术成果年增长率为 40.01%，R&D 人员的年增率为 11.47%，二者之比为 3.48。

右，远低于发达国家 40% 的水平，产业化步伐缓慢①。不注重成果对经济的实际推动作用，应用技术研究薄弱和成果转化率低，已成为制约区域创新体系构建乃至国家创新驱动发展的短板。这些趋势性的变化要求我国重新审视技术技能人才的定位，通过加强对应用型技术技能人才的培养实现创新链条的全方位激活，促进创新成果向现实生产力的转化。要适应生产要素、市场竞争和消费需求的变化，全面深化人才培养模式改革，加快培养生产服务一线的复合型、创新型应用技术人才，培育我国新的比较优势，为实施创新驱动发展战略提供全面支撑。

表 1-9　R&D 人员与创新技术成果情况（2006—2012）

年份	2006	2007	2008	2009	2010	2011	2012
R&D 人员（万人／年）	150. 25	173. 62	196. 54	229. 13	255. 40	288. 30	324. 70
年增长率（%）	—	15. 55	13. 20	16. 58	11. 47	12. 88	12. 63
发明专利	5. 8	6. 8	9. 3	12. 8	13. 5	17. 2	21. 7
实用新型	10. 8	15. 0	17. 8	20. 4	34. 4	40. 8	57. 1
外观设计	10. 3	13. 4	14. 2	25. 0	23. 5	38. 0	46. 7
合计	26. 9	35. 2	41. 3	58. 2	81. 4	96. 0	125. 5
年增长率（%）	—	31. 26	17. 11	41. 27	40. 01	17. 88	30. 67

资料来源：中华人民共和国统计局、科学技术部 . 中国科技统计年鉴 2013 ［M］. 北京：中国统计出版社，2014.

三、产业结构调整升级要求技术人才具有新特征

在全球产业结构调整的背景下，传统产业的转型升级和高新技术产业的迅猛发展对技术技能人才的数量和质量都提出了新的要求。传统技术技

---

① 丁静，等 . 研经费怪象：年投入 1. 2 万亿元 科技成果转化率仅 10% ［EB/OL］. （2014-12-22）［2014-12-30］. http：//scitech. people. com. cn/n/2014/1222/c1007-26254999. html.

能人才也在新的需求下不断提升自身专业技术水平，质量结构也由早期的单一化趋向于复合化。

（一）产业结构调整升级带动人才需求提高

1. 产业结构调整升级推动就业结构随之演变

根据西方工业化国家的发展经验，产业结构的演变会推动就业结构相应的变化。产业结构的升级往往伴随着技术进步和生产力水平提高，企业使用效率更高的技术生产更多的物质财富，其间劳动生产率逐渐提高，技术逐步替代传统体力劳动，人力资本重要性日益凸显；就业结构变动与产业结构升级趋势相一致，劳动人口随着产业结构的演变而流动，呈现出从第一产业向第二产业，再向第三产业转移的趋势。因此，三次产业就业人员的构成比例成为衡量一个国家或地区就业结构是否具有高级化演变可能的重要指标。在产业结构升级的推动下，虽然我国就业人员总数变化幅度不大，但是在三次产业之间的就业人员比例结构却变化明显。从 2006—2012 年数据来看：从事农业生产活动的劳动人口在全社会总就业人员中的比重不断下降，由 2006 年的 42.6% 降至 2012 年的 33.6%；第二产业和第三产业就业人口在全社会总就业人口中的比重逐年上升，2006—2012 年第二产业在总就业人口中的构成比例上升了 5.1 个百分点，第三产业在总就业人口中的构成比例上升了 3.9 个百分点。在三次产业中，第三产业已经成为吸纳就业人口最多的产业，约 36.1% 的劳动人口在服务业工作，就业结构总体呈现出"三一二"① 的特征。从产业结构升级和就业结构的演进过程来看，农业人口逐渐被工业人口和服务人口所取代，从事制造业和现代服务业的技术技能型人才将成为就业人口的生力军，未来的职业教育专业布局也应该紧跟产业发展步伐，形成动态调控机制（见表 1-10）。

---

① "三一二"是指就业结构中三次产业就业人口比重由大到小的排列顺序。

表 1-10 按三次产业划分的就业结构变动趋势 (2006—2012)

年份	就业人员（万人）	构成（合计为100%）		
		第一产业	第二产业	第三产业
2006	74978	42.6	25.2	32.2
2007	75321	40.8	26.8	32.4
2008	75564	39.6	27.2	33.2
2009	75828	38.1	27.8	34.1
2010	76105	36.7	28.7	34.6
2011	76420	34.8	29.5	35.7
2012	76704	33.6	30.3	36.1

资料来源：中华人民共和国统计局. 中国统计年鉴 [M]. 北京：中国统计出版社，2007—2013.

2. 产业结构调整升级提升技术人才需求层次

近年来，从中央到地方各级政府，从顶层设计到基层活动都在强调产业结构调整升级的重要性和紧迫性。产业结构调整、技术改造与革命对产业劳动者提出了更高要求，高层次技术技能人才的需求量大幅增加，迫使生产一线劳动者积极参与劳动技能培训，提高专业技术与技能水平。由此，高素质技术技能人才逐渐成为产业结构升级和经济增长的核心驱动力。据我国劳动和社会保障部的统计：世界固定资本每增加1%，只能使生产增长0.2%；劳动投入每增加1%，可使生产增长0.76%；而经过科技训练的人力每增加1%，可使生产增长1.8%[①]。又据我国劳动和社会保障部的统计：1996—2011年新增职业技能人员数据来看，越来越多的劳动者通过职业技能评定，2011年鉴定通过的职业技能人员数为1482.05万人，是1996年的7倍。在职业技能考核中，职业技能等级分为初级工、中级工、高级工、技师和高级技师五级，在这五个层次职业技能人才中，高级技师数量增长速度最快，其次是高级工，再次是初级工。1996年新增高级技师仅2263

---

① 陈斌. 紧扣产业集群 发展高职教育 [J]. 继续教育研究，2011（9）：39-41.

名，到 2011 年新增高级技师数量为 71723 名，比 1996 年增加了 30 多倍，年均增长率高达 50.4%①。由此可知，产业结构调整和技术经济发展促进了劳动人口的技能水平提升，尤其是刺激了高素质技能人才数量的提升。但是，从总量上来看，目前我国高素质技术技能劳动者数量还不能满足社会需求，根据 2013 年中国人力资源市场信息监测中心对全国 104 个城市第四季度公共就业服务机构市场供求信息的统计分析，从供求状况对比看，各技术等级的岗位空缺与求职人数的比率均大于 1，劳动力需求大于供给。其中，高级技师、技师、高级工程师的岗位空缺与求职人数的比率较大，分别为 1.89、1.79 和 1.66（见图1-3）。

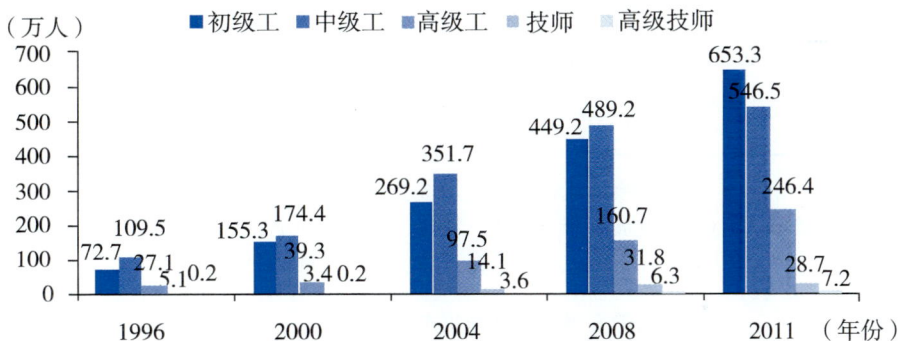

图1-3　我国部分年份五类职业技能人员数量增加值

资料来源：中华人民共和国统计局人口和就业统计司，人力资源和社会保障部规划财务司. 中国劳动统计年鉴 2012 [M]. 北京：中国统计出版社，2013.

3. 现代产业体系使人才需求呈现新特征

2010 年 9 月 8 日，国务院常务会议审议并原则通过《国务院关于加快培育和发展战略性新兴产业的决定》，将战略性新兴产业定为信息、先进能源、航空航天、海洋、高材料、先进制造、现代农业、生物、节能环保以及高技术服务等 10 个产业方向。根据国家"十二五"规划，我国产业结构的调整方向为：第一产业主要发展现代农业，坚持走中国特色现代化农业道路；第二产业建设方向主要是改造提升制

---

① 人社部. 2013 年第四季度部分城市公共就业服务机构市场供求状况分析 [EB/OL]. （2014- 01-23）［2014-02-02］. http://www.hrssgz.gov.cn/zt/jyzjy/sjytj/201402/t20140208_ 210423.html.

造业，其中培育发展战略性新兴产业是产业升级的重要方向，能源、综合交通体系、信息化水平和海洋经济的发展也是现代产业体系构建的重要领域；第三产业调整的主要方向是生产性服务业和生活性服务业的发展，营造有利于产业发展的环境。与产业结构调整相伴生的是技术技能人才需求特征的变化，由统计数据可知，2010—2012届专科高职毕业半年后的就业率排名前 10 的专业分别为制药技术类、电力技术类、食品类、建筑设备类、机电设备类、能源类、公共事业类、自动化类、纺织服装类以及材料类[①]。其中有 8 个专业都与我国今后优先发展的高技术产业关联，可以认为，职业教育的人才培养和专业设置已经体现出了我国发展新兴战略产业的需求，职业教育办学的市场敏感度已经在逐步提高（见表 1-11）。

表 1-11　我国建立现代产业体系的方向

加快发展现代农业	发展现代种植业，加快农业机械化， 发展高产、优质、特效、生态、安全农业， 促进园艺产品、畜产品、水产品规模种养
改造提升制造业	培养发展战略性新兴产业， 推动能源生产和利用方式改革， 构建综合交通运输体系， 全面提升信息化水平， 推进海洋经济发展
营造环境， 推动服务业大发展	加快发展生产性服务业， 大力发展生活性服务业， 营造有利于服务业发展的环境

资料来源：国家"十二五"规划纲要 [EB/OL]．[2011-03-16]．http：//www. china. com. cn/policy/txt/2011-03/16/content_ 22156007_ 4. htm.

---

① 麦可思研究院．2013 年中国大学生就业报告 [M]．北京：社会科学文献出版社，2013：51.

（二）职业教育人才培养部分满足了产业需求

1. 技术技能人才供需结构性矛盾突出

我国劳动力资源丰富，但技术工人尤其是高级技工数量严重不足。我国技术工人结构是典型的金字塔形，而根据国际劳动组织的分析，发达国家的技术工人结构则是呈现高端比重更大的纺锤形。我国以初级工为主体的技术工人结构，与发达国家以中高级技术工人为主体的技术工人结构存在差距，尤其是高级工层面差距甚大，成为制约我国经济转型升级的重要因素。此外，劳动力市场供需的结构性矛盾明显，学校培养的人才结构与劳动力市场需求结构不匹配，直接表现为高校毕业生就业难问题连年存在。2011 年度，中国人力资源市场信息监测中心对全国 117 个城市的就业市场供求信息的统计显示：从需求看，对文化程度要求在大学本科以上的占 8%，其中硕士以上要求的占 0.3%；大学专科要求占 17%，中职教育要求占 59.3%（见图 1-4）。从求职看，11.5% 具有大学本科学历，0.4% 具有硕士以上学历，22.3% 具有大学专科学历，58% 的求职者都具有中职学校学历（见图 1-5）。大学专科、大学本科、硕士以上各文化程度的岗位空缺与求职人数的比率仅为 0.94、0.85 和 0.98；而初中及以下、高中、职高、技校、中专文化程度岗位空缺则要超过求职人数，比率分别为 1.12、1.14 和 1.36。从表象上来看，我国劳动力市场呈现出了高等教育培养的人才供过于求的局面，但进一步深入剖析就会发现，高校毕业生就业难现象的根源在于就业的结构型矛盾，是高等教育人才培养与产业需求的错位，重学术轻实践的教育模式导致了高校毕业生动手能力的低下，体现在劳动力市场就是毕业生就业难与企业用工难的并存。

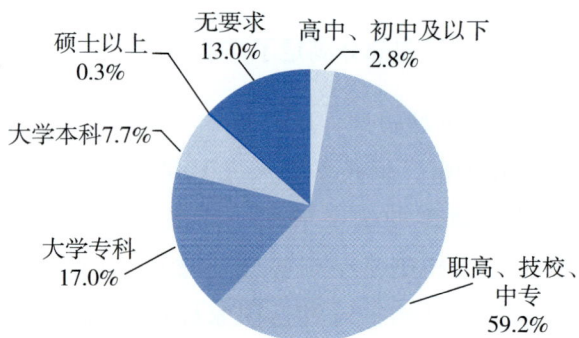

图 1-4　2011 年我国 117 个城市按文化程度的人才需求比

资料来源：2011 年部分城市公共就业服务机构市场供求状况分析［EB/OL］．［2012-01-08］．http：//www.mohrss.gov.cn/SYrlzyhshbzb/zwgk/szrs/sjfx/201203/t20120306_66147.htm.

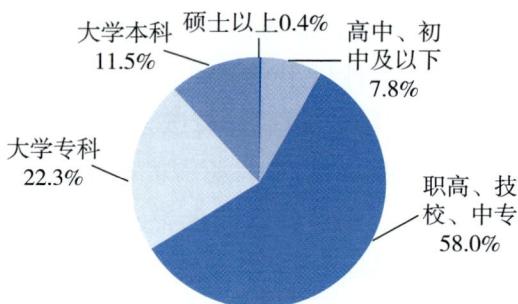

图 1-5　2011 年我国 117 个城市按文化程度的人才求职人数比

资料来源：2011 年部分城市公共就业服务机构市场供求状况分析［EB/OL］．［2012-01-08］．http：//www.mohrss.gov.cn/SYrlzyhshbzb/zwgk/szrs/sjfx/201203/t20120306_66147.htm.

2. 职业教育在第二产业发挥作用巨大

近年来，专科高职毕业生的总体就业形势向好，呈现出供不应求的特征。如表 1-12 所示，2010、2011 和 2012 届专科高职主要专业类毕业半年后的平均就业率分别为 88.1%、89.6% 和 90.4%，呈现出高位增长态势①。在就业形势相对严峻的 2012 年仍然呈现出较高的就业水平，相比普通本科毕业生优势更加明显。总体来看，我国专科高职毕业生

---

①　麦可思研究院 . 2013 年中国大学生就业报告［R］. 北京：社会科学文献出版社，2013：51.

的就业率变动趋势和总体就业特征与我国产业发展特征基本一致，特别是在第二产业领域发挥了相当大的作用。如表 1-12 所示，2010—2012 届专科高职主要专业类毕业生毕业半年后的就业率均保持在 85% 以上，特别是制药技术类、电力技术类、建筑设备类、机电设备类、能源类等国家大力发展的产业就业率逐年攀升，建筑业、电子电气仪器设备及电脑制造业、零售商业、机械五金制造业、媒体、信息及通信产业成为专科毕业生三年内转入最多的行业①。机械设计制造类、电子信息类、公里运输类等传统产业的就业情况则相对较为稳定，没有出现大的波动。从 2013 年中国大学生就业报告的统计数据来看，学前教育、铁道交通运营管理、电气化铁道技术、临床医学、火电厂集控运行、铁道机车车辆、电机与电器、电力系统继电保护与自动化、高分子材料应用技术、高压输配电线路施工运行与维护等 10 个专业是 2012 届就业率较高的专科高职专业②。

（%）

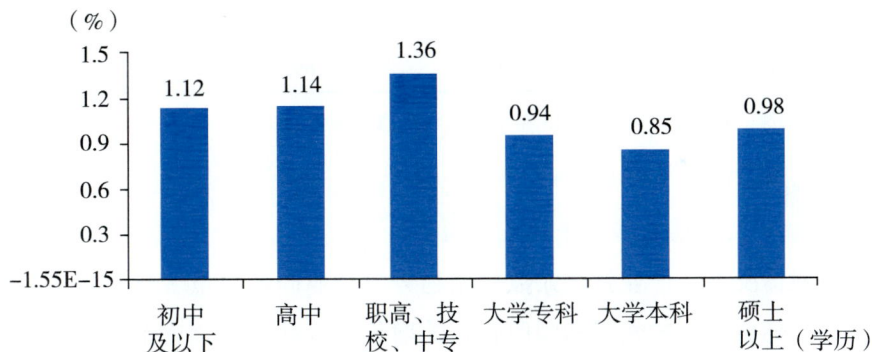

图 1-6 **2011 年按教育程度分类的岗位空缺与求职人数比率**

资料来源：2011 年部分城市公共就业服务机构市场供求状况分析 [EB/OL]. [2012-01-08]. http：//www. mohrss. gov. cn/SYrlzyhshbzb/zwgk/szrs/sjfx/201203/t20120306_ 66147. htm.

---

① 麦可思研究院 . 2013 年中国大学生就业报告 [R]. 北京：社会科学文献出版社，2013：177.

② 麦可思研究院 . 2013 年中国大学生就业报告 [R]. 北京：社会科学文献出版社，2013：59.

表1-12　2010—2012届专科高职主要专业类毕业半年后的就业率变化趋势

专科高职主要专业类名称	2012届 就业率（%）	2011届 就业率（%）	2010届 就业率（%）
制药技术类	93.6	91.5	90.7
电力技术类	93.3	93.2	93.1
食品类	93.1	89.4	90.6
建筑设备类	92.8	93.8	93.8
机电设备类	92.6	94.1	91.5
能源类	92.3	91.0	93.5
公共事业类	91.9	90.0	93.0
自动化类	91.5	91.7	91.3
纺织服装类	91.5	90.7	91.1
材料类	91.1	92.0	90.8
机械设计制造类	91.1	89.3	90.6

数据来源：麦可思研究院.2013年中国大学生就业报告［R］.北京：社会科学文献出版社，2013.

3. 职教人才培养滞后于产业结构变迁

一般情况下，产业就业人数变化趋势与产业产值总量变化趋势应该基本一致。随着经济的发展和国民收入的增长，劳动力应该逐渐由第一产业向第二产业转移，当产业结构进一步优化时，大多数劳动力将转移至第三产业。但是目前我国仍然存在产业结构与就业结构变动的不同步，以2011年为例，全国第一产业、第二产业、第三产业比例为10%：46.6%：43.4%，而就业结构比例则为34.8%：29.5%：35.7%，农业就业比例大于工业并且接近第三产业，说明我国农业劳动生产率仍然不高，人才结构虽有所调整但还远没有跟上产业结构调整的步伐。从职业教育毕业生的就业情况来看，目前大多数毕业生的就业领域集中在第二产业，为我国制造业的快速发展所需的技术技能人才提供了强有力的支持。但是，大多数职业院校对于第三产业所需人才的培养还在摸索阶段，已滞后于产业发展需要，根据 2013 年中国大学生就业报告可知，2013 年就业率较低的 10 个专科高职专业主要集中于第三产业，影视动画、艺术设计、应用韩语、投资与理财、新闻采编与制作、动漫设计与制作、装潢艺术设计、语文教育、人物形象设计以及园林工程技术等专业成为就业率较低的 10 个专业。这10 个专业就业率均低于全国专科高职 90.4% 的平均水平：职业教育人才供给与市场需求的错位再一次得到了印证。职业教育要积极引导学生就业，必须紧盯产业发展方向和市场走向，根据需求变换专业类型和人才培养模式，以更好地满足就业市场对人才的需求，从而成为产业转型升级的推手（见表 1-13）。

表 1-13　**2013 高考专业：就业率较低的 10 个专科高职专业**

主要专科高职专业名称	毕业半年后就业率（%）
影视动画	82.5
艺术设计	84.7
应用韩语	84.7
投资与理财	85.4
新闻采编与制作	86.2
动漫设计与制作	86.3
装潢艺术设计	86.7
语文教育	87.2
人物形象设计	87.3
园林工程技术	87.5
全国专科高职	**90.4**

数据来源：2013 高考专业就业率较低的十个高职高专专业 ［EB/OL］．［2013-06-09］．http：//career.eol.cn/zhuanye_ jiuye_ 4657/20130609/t20130609_ 959260.shtml.

第二章

职业教育发展规模整体稳定

职业教育为初、高中毕业生和城乡新增劳动者、下岗失业人员、在职人员、农村劳动者及其他社会成员提供多种形式、多种层次的学校教育和职业培训，已成为我国教育体系不可或缺的有机组成部分，成为支撑我国经济转型升级和产业结构调整的重要力量。本章主要分析职业学校和学生的规模现状及其变化趋势。

一、职业教育规模在回落中向高层次发展

我国职业学校着力于培养技术技能人才，中等职业学校承担中级技术技能人才的培养培训任务，重点培养现代农业、工业、服务业和传统工艺发展需要的一线技术技能人才；专科高职院校承担高级技术技能人才的培养培训任务，重点产业链条中叫高级别的技术技能人才。近年来，我国职业教育总体规模有所回落，但随着社会经济发展和产业结构升级对技术技能人才的层次要求越来越高，职业教育有向高层次发展的趋势，主要表现在不同层次学校和学生的数量变化上。

（一）院校规模在回落中向高层次发展

2003 年以来的 10 年间，我国职业院校总体数量呈现先缓慢增加后快

速减少的趋势。2003 年，我国拥有职业院校 15590 所，2004 年略有下降。此后缓慢增长，2008 年数量达到最高，为 16003 所。此后职业院校数量快速减少，2012 年减至 13951 所，比 2008 年减少了 2052 所。

从不同层次的职业院校数据看，2008 年以后我国中等职业学校数量减少较快，专科高职院校数量一直稳步增加，表明为了适应社会经济发展的需求，职业院校也逐渐向高层次发展。

1. 中等职业学校数量减少

2008 年以后，中等职业学校数量快速减少。2002 年，《国务院关于大力推进职业教育改革与发展的决定》提出，"要以中等职业教育为重点，保持中等职业教育与普通高中教育的比例大体相当"，受此政策影响，中等职业教育在 1999 年高校扩招的影响下艰难发展。2007 年，中等职业学校数量达到顶峰，为 14832 所。此后，受适龄人口数量下降、毕业生升学渠道不畅等因素影响，中等职业学校数量快速减少。2012 年，全国中等职业学校数量下降到 12654 所，5 年间减少了 2178 所（见图 2-1）。

（所）

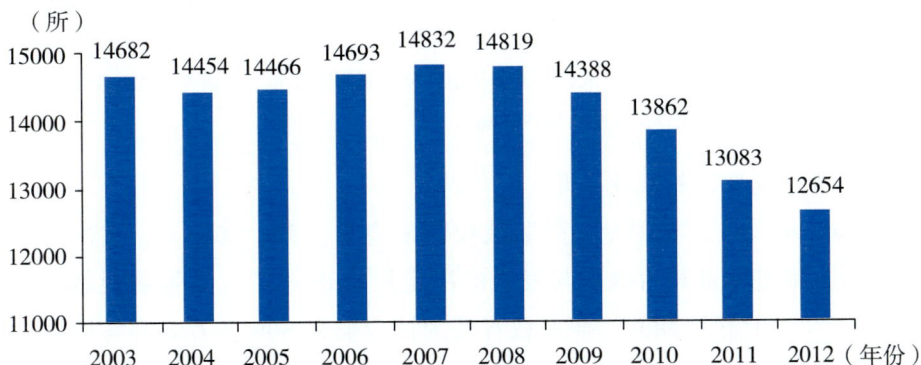

图 2-1　**2003—2012 年全国中等职业学校数量变化情况**

数据来源：中等职业学校数量由中等职业学校和技工学校数量相加而成。中等职业学校（不含技工学校）数据来源于中华人民共和国教育部发展规划司 . 中国教育统计年鉴［M］. 2003—2012. 北京：人民教育出版社，2004—2013；技工学校数据来源于国家统计局人口和就业统计司，人力资源和社会保障部规划财务司 . 中国劳动统计年鉴［M］. 2004—2013. 北京：中国统计出版社，2005—2014。

从中等职业学校的类型结构①看，2008 年以来，职业高中数量下降最快，2012 年为 4517 所，比 2008 年减少 23.6%；其次是成人中专，2012 年为 1564 所，减少 21.1%；技工学校和普通中专数量相对平稳，2012 年分别为 3681 所和 2892 所，分别减少 4.3% 和 6%（见图 2-2）。

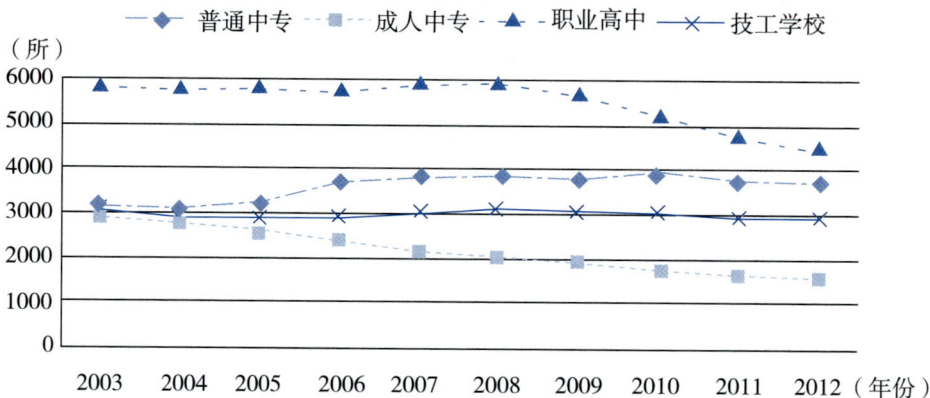

图 2-2　**2003—2012 年全国各类中等职业学校数的变化情况**

数据来源：普通中专、成人中专和职业高中数据来源于中华人民共和国教育部发展规划司. 中国教育统计年鉴［M］. 2003—2012. 北京：人民教育出版社，2004—2013；技工学校数据来源于国家统计局人口就业统计司，人力资源和社会保障部规划财务司. 中国劳动统计年鉴［M］. 2004—2013. 北京：中国统计出版社，2005—2014.

2. 专科高职院校数量上升

2003 年以来，我国专科高职院校数量稳步上升。2002 年，《国务院关于大力推进职业教育改革与发展的决定》提出 "扩大高等职业教育的规模"，"'十五'期间，职业教育要为社会输送 800 多万名高等职业学校毕业生"，受此政策的影响和推动，高等职业教育稳步发展。2004 年专科高职院校数量为 1047 所，比上年增长 15.3%，此后专科高职院校数量持续增长，但增幅略有下降，尤其是 2007 年以后，年增幅基本维持在 3% 以内。2012 年，我国拥有专科高职院校 1297 所，比上年增长 1.3%（见图 2-3）。

---

　① 中等职业学校包括普通中等专业学校（简称 "普通中专"）、成人中等专业学校（简称 "成人中专"）、职业高中和技工学校。

（所）

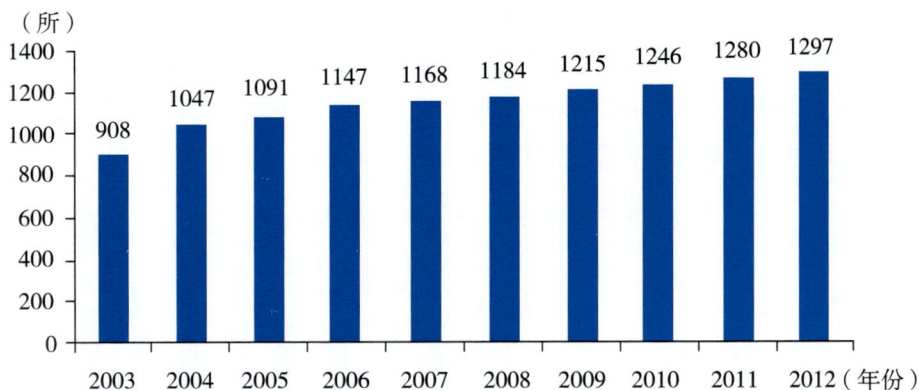

图 2-3 **2003—2012 年全国专科高职院校数量变化情况**

数据来源：中华人民共和国教育部发展规划司．中国教育统计年鉴［M］．2003—2012．北京：人民教育出版社，2004—2013．

（二）学生规模在回落中向高层次发展

2003 年来的 10 年间，我国职业院校在校生数量呈现出先增加后回落的趋势。2003 年，我国职业学校在校生总数为 2140.92 万人，此后逐步增长，2010 年达到最高点，为 3514.62 万人。2010 年以后，我国职业院校在校生数量开始回落，2012 年减至 3412.47 万人，比 2010 年减少了 102.15 万人。

从不同层次职业院校在校生数据看，2010 年以后我国中等职业学校招生和在校生数量都在下降，而专科高职院校招生数和在校生数量一直稳步上升，表明职业教育正逐渐向高层次发展。

1. 中职学校学生规模回落

1998 年以后，中等职业教育招生数量及占高中阶段招生的比例均出现下滑现象，数量由 1997 年的 520.8 万人减至 2001 年的 397.6 万人；同期，占高中阶段招生总数的比例由 62.2% 下滑到 40.7%，下降了 21.5 个百分点。直到 2002 年《国务院关于大力推进职业教育改革与发展的决定》出台，要求中等职业教育与普通高中教育的比例大体相当，才推动了中等职业教育招生数量及占高中阶段招生总数的比例重新回升，2010 年中等职业学校招生 870 万人，占高中阶段招生总数的比例达到 2002 年以来的最高点，即为 51%。此后，受到学龄人口数量下降及吸引力不如普通高中等因素影响，中等职业学校招生数量有所回落，2012 年招生 753.9 万人，占高中阶段招生总数的比例回落至 47.2%（图 2-4）。

图 2-4 1997—2012 年我国中等职业学校招生变化情况

数据来源：中等职业学校招生数量由中等职业学校（不含技工学校）招生数量和技工学校招生数量相加而成。中等职业学校（不含技工学校）数据来源于中华人民共和国教育部发展规划司. 中国教育统计年鉴［M］. 1997—2012. 北京：人民教育出版社，1998—2013；技工学校数据来源于国家统计局人口和就业统计司，人力资源和社会保障部规划财务司. 中国劳动统计年鉴［M］. 2000—2015. 北京：中国统计出版社，1999—2014.

2003—2010 年，中等职业学校招生数量增长，但增幅下降，2010 年以后招生数量更是出现负增长。受此影响，中等职业学校在校生数量的增幅也逐渐回落，尤其是 2010 年后，在校生数量出现负增长（图 2-7）。2003 年，我国中等职业学校在校生数量为 1256.68 万人，2006 年达 1809.87 万人，年均增幅近 13%。此后增幅逐渐放缓，但在校生数量仍在继续增加，2010 年达到峰值，为 2237.45 万人。2010 年后，中等职业学校在校生数量开始回落，2012 年为 2112.68 万人，两年间下降了 5.6%（见图 2-5）。

图 2-5 **2003—2012 年我国中等职业学校在校生变化情况**

数据来源：中等职业学校在校生数量由中等职业学校（不含技工学校）在校生数量和技工学校在校生数量相加而成。中等职业学校（不含技工学校）数据来源于中华人民共和国教育部发展规划司. 中国教育统计年鉴［M］. 2003—2012. 北京：人民教育出版社，2004—2013；技工学校数据来源于国家统计局人口和就业统计司，人力资源和社会保障部规划财务司. 中国劳动统计年鉴［M］. 2004—2013. 北京：中国统计出版社，2005—2014.

2. 专科层次学生规模增长

我国专科高职院校和部分本科院校承担专科层次技术技能人才的培养任务。受高校扩招影响，2003—2012 年，我国专科层次（包括普通专科和成人专科）招生总体呈现稳步增长趋势。2003 年，我国专科招生 360.95 万人，2012 年增至 460.25 万人，年均增长 2.7%。由于本科层次招生扩张速度超过专科，专科招生占高等教育阶段招生的比例逐年下降，由 2003 年的 59.7%降至 2012 年的 49.3%，招生数量开始少于本科（图 2-6）。

受招生增幅变化影响，2003—2012 年，专科在校生数量增幅也变化较大。2003 年，我国专科在校生 884.2 万人，2004—2006 年迅速增长，2006 年增至 1108.4 万人，年均增幅达 12.6%；此后，增幅逐渐下降，尤其是 2010 年、2011 年出现小幅负增长，2012 年重新增长，达到 2003 年以来的最高点，为 1299.8 万人。总体看，2003—2012 年的 10 年间，我国专科在校生数量处于增长趋势（见图 2-7）。

图 2-6 2003—2012 年我国专科招生及占高等教育招生的比例变化情况

数据来源：专科招生数据来源于中华人民共和国教育部发展规划司．中国教育统计年鉴［M］．2003—2012.北京：人民教育出版社，2004—2013.

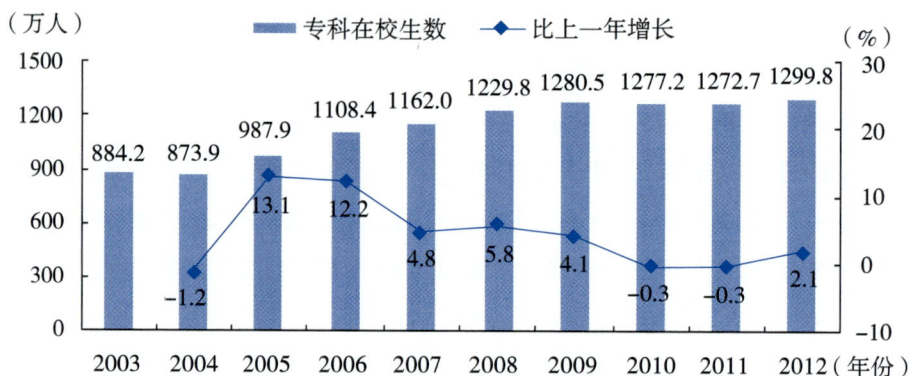

图 2-7 2003—2012 年我国专科在校生数量及增长率变化情况

数据来源：中华人民共和国教育部发展规划司．中国教育统计年鉴［M］．2003—2012.北京：人民教育出版社，2004—2013.

（三）职业院校校均规模逐渐扩大

适度的学校规模有助于发挥规模优势，充分利用学校的师资和设备，提高办学效益。学校的规模、结构调整过程也是优化配置教育资源的过程。

1. 中职学校校均规模扩大

2003 年以来，全国部分中等职业学校通过合并、升格等措施，进行布局调整和结构优化，校均规模不断扩大。2003 年，中等职业学校校均规模仅为 856 人，2012 年达到 1670 人，校均规模增长近 1 倍（见图 2-8）。有学者曾经对北京市 300 多所中等职业学校进行实证分析，得出中等职业学校存在显著规模效益现象，适度规模在 1600—1900 人等结论[①]。由此来看，全国中等职业学校的平均规模正越来越向适度规模方向发展，规模效益逐渐显现。

（人）

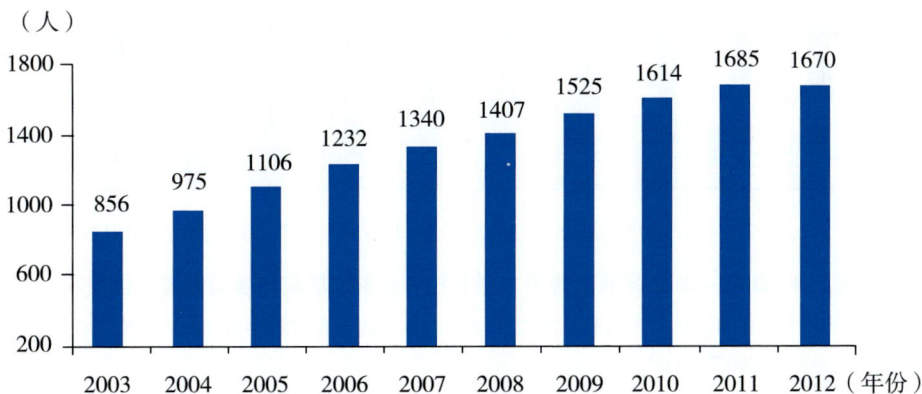

图 2-8 2003—2012 年我国中等职业学校校均规模变化情况

注：中等职业学校校均规模由中等职业学校在校生数除以中等职业学校数获得。

数据来源：中华人民共和国教育部发展规划司. 中国教育统计年鉴［M］. 2003—2012. 北京：人民教育出版社，2004—2013；国家统计局人口和就业统计司，人力资源和社会保障部规划财务司. 中国劳动统计年鉴［M］. 2004—2013. 北京：中国统计出版社，2005—2014.

2. 专科高职校均规模扩大

2003 年，我国普通专科高职院校校均规模为 2893 人，此后逐步扩大，2010 年达到 5904 人的峰值，2011 年后略有回落并趋于稳定，2012 年为 5858 人。与普通本科院校相比，专科高职院校的校均规模增长更快。2003 年，专科高职院校校均规模不到本科院校的 25%，2012 年则达到了 41.8%

---

① 史士本，杨晓明. 中等职业学校规模效益的实证分析［J］. 教育科学研究，2000（6）：33-37.

（见图 2-9）。职业院校比普通院校规模小，也反映了职业院校要面向市场需求，适应产业发展，强调实践实训，对师资、实践实训设备的生均拥有率要求更高，需要院校规模适度发展的特点，不宜进行大规模批量培养学生。

■ 普通本科学校　■ 专科高职院校

图 2-9　**2003—2012 年我国普通本科高校和专科高职院校校均规模变化情况**

数据来源：中华人民共和国教育部发展规划司．中国教育统计年鉴［M］．2003—2012．北京：人民教育出版社，2004—2013．

二、职业教育发展区域差异较为显著

受地方社会经济发展水平、地方政府对职业教育发展的重视程度以及社会资本投入程度等诸多因素的影响，我国职业教育区域发展差异较大。

（一）院校规模存在区域差异

受经济发展水平、产业结构和人口数量等因素的影响，我国中部地区中等职业学校数量最多，东部地区专科高职院校数量最多。

1. 中等职业学校数量和中职教育人口存在差异

就中等职业学校数量而言，中部地区最多。2012 年，中部地区拥有中等职业学校数 4981 所，占全国总数的 39%；其次是东部地区拥有 4814 所，占 38%；再次是西部地区 2859 所，占 23%。从各省市来看，河南、河北、山东拥有中等职业学校的数量位列前三，分别为 918、833 和 773 所；青海、宁夏、西藏拥有中等职业学校的数量最少，分别为 58、53 和 6 所（见图 2-10）。

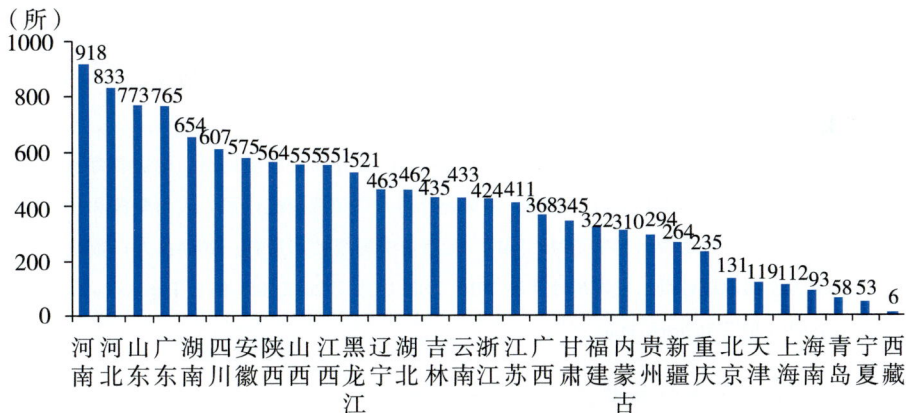

图 2-10 **2012 年我国分地区拥有中等职业学校数**

数据来源：中等职业学校数量由中等职业学校和技工学校数量相加而成。中等职业学校（不含技工学校）数据来源于中华人民共和国教育部发展规划司 . 中国教育统计年鉴［M］. 2003—2012. 北京：人民教育出版社，2004—2013；技工学校数据来源于国家统计局人口和就业统计司，人力资源和社会保障部规划财务司 . 中国劳动统计年鉴［M］. 2004—2013. 北京：中国统计出版社，2005—2014.

从每十万人口中职在校生数来看，西部最多，为 1874 人；其次是东部，为 1487 人；再次是中部 1425 人。从具体省市来看，广东与广西最高，分别为 2247 人和 2060 人，天津、上海和西藏最低，分别为 899 人、657 人和 595 人。这与各地的经济发展水平与产业结构存在着紧密联系。北京、上海和天津人均 GDP 较高，产业层次相对较高，并且普通教育尤其是高等教育在全国处于领先地位，因此中等职业教育在这几个市发展相对较弱（见图 2-11）。

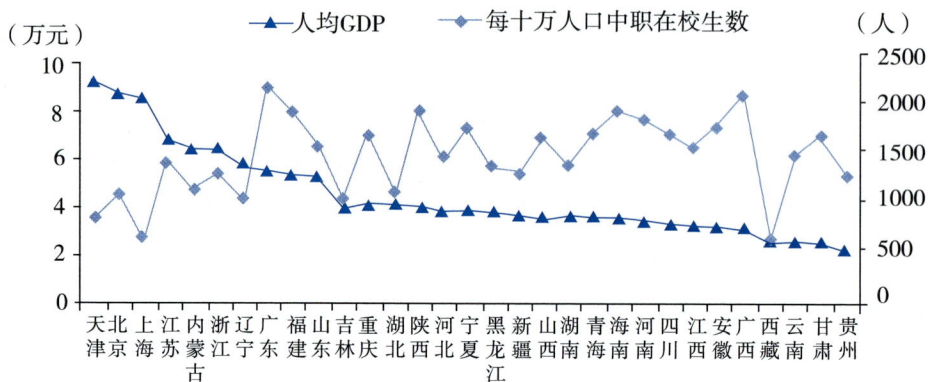

图 2-11　**2012 年各省市人均 GDP 和每十万人口中职在校生数**

注：每十万人口中职在校生数由中职在校生数除以人口数量而得。

数据来源：中职在校生数数据来源于中华人民共和国教育部发展规划司. 中国教育统计年鉴 2012 [M]. 北京：人民教育出版社，2013；国家统计局人口和就业统计司. 人力资源和社会保障部规划财务司. 中国劳动统计年鉴 2013 [M]. 北京：中国统计出版社，2014；人口数量、人均 GDP 数据来源于国家统计局. 中国统计年鉴 2013 [EB/OL]. [2012-05-16]. http：//www. stats. gov. cn/tjsj/ndsj/2013/indexch. htm.

2. 东部地区专科高职院校数量及受教育人口都最多

2012 年，东部地区拥有专科高职院校数量最多，为 579 所，占全国专科高职院校总数的 45%；其次是中部地区拥有 473 所，占 36%；再次是西部地区拥有 245 所，占 19%。从具体省份来看，江苏、广东、山东和湖南拥有专科高职院校的数量位列前三，分别为 82、80、75 和 75 所；宁夏、青海、西藏拥有专科高职院校数量最少，分别为 8、5 和 3 所（见图 2-12）。

由于各地区经济发展水平不同，拥有人口数量不同，从每十万人口专科高职在校生数这个指标来看，东部最高，为 2019 人，其次是西部，为 1859 人，再次是中部，为 1840 人。从具体省市来看，天津、北京和陕西最高，分别为 3348、2857 人和 2734 人；云南、西藏和青海最低，分别为 1099、1087 和 849 人（见图 2-13）。总体而言，东部地区经济发达，其专科高职院校发展较快。

（所）

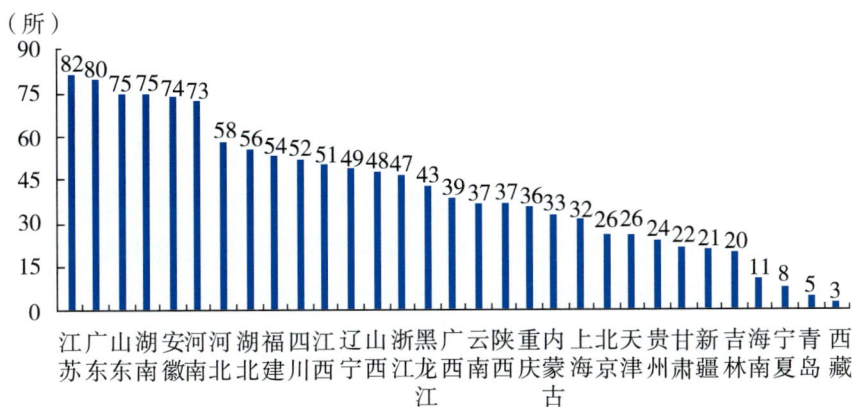

图 2-12　2012 年我国分地区拥有专科高职院校数

数据来源：中华人民共和国教育部发展规划司 . 中国教育统计年鉴 2012 ［M］. 北京：人民教育出版社，2013.

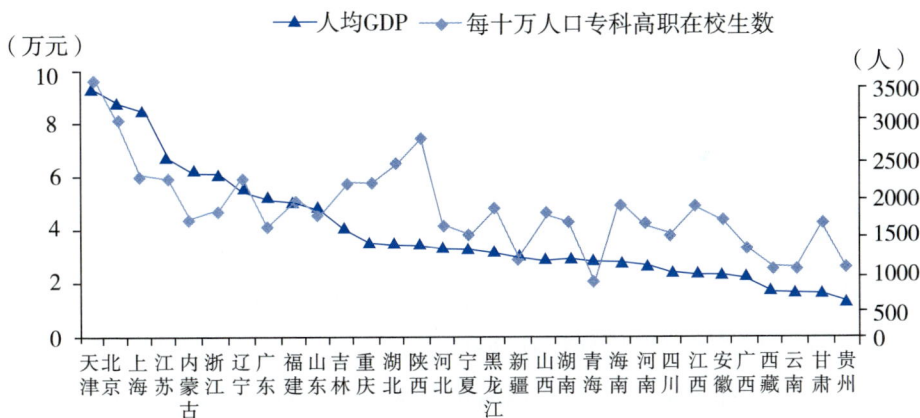

图 2-13　2012 年各省市人均 GDP 和每十万人口专科高职在校生数

注：每十万人口专科高职在校生数由专科高职在校生除以人口数量而得。

数据来源：专科高职在校生数数据来源于中华人民共和国教育部发展规划司 . 中国教育统计年鉴 2012 ［M］. 北京：人民教育出版社，2013；人口数量、人均 GDP 数据来源于国家统计局 . 中国统计年鉴 2013. ［EB/OL］. ［2012-05-16］. http：// www. stats. gov. cn/tjsj/ndsj/2013/indexch. htm.

（二）校均规模存在区域差异

职业院校经过布局结构调整，校均规模不断扩大，但地区之间仍存在差异。相对而言，东部地区的职业院校办学规模较大，一定程度上表明效益较高。

1. 东部地区中等职业学校校均规模较高

2012 年，东部地区拥有中等职业学校在校生 975.77 万人，占全国总数的 46%；其次是中部地区拥有 672.88 万人，占 32%；再次是西部地区 464.06 万人，占 22%（表 2-1）。将在校生数结合学校数量来看，中部地区虽然拥有中等职业学校数量最多，但校均规模最低，仅有 1351 人；东部地区的校均规模最大，为 2027 人，远超过中部和西部地区，在一定程度上表明东部地区的中等职业学校办学效益较好。

表 2-1　**2012 年我国分地区中等职业学校发展规模情况**

	中等职业学校数（所）	在校生数（人）	校均规模（人）
东部	4814	9757689	2027
中部	4981	6728752	1351
西部	2859	4640595	1623

注：校均规模根据学校数和在校生数计算而得。

数据来源：中等职业学校数、在校生数据来源于中华人民共和国教育部发展规划司．中国教育统计年鉴 2012［M］．北京：人民教育出版社，2013；国家统计局人口和就业统计司．人力资源和社会保障部规划财务司．中国劳动统计年鉴 2013［M］．北京：中国统计出版社，2014.

从分省统计来看，多数省、自治区、直辖市中等职业学校校均规模在 1000—2000 人之间。校均规模在 3000 人以上的有广东和西藏 2 个省份，分别为 3112 人和 3048 人；校均规模在 1000 人以下的有黑龙江、内蒙古和吉林 3 个省份，分别为 996 人、947 人和 626 人。各个省、自治区、直辖市中等职业学校的办学规模效益差距较大（见表 2-2）。

表 2-2　**2012 年我国各省市中等职业学校校均规模**

校均规模（人）	省份数（个）	省份名称
3000 以上	2	广东、西藏
2500—3000	2	江苏、广西
2000—2500	5	福建、四川、重庆、宁夏、山东

续表

校均规模（人）	省份数（个）	省份名称
1500—2000	7	河南、海南、安徽、北京、浙江、青海、云南
1000—1500	12	贵州、上海、湖南、湖北、陕西、河北、江西、甘肃、新疆、山西、天津、辽宁
1000 以下	3	黑龙江、内蒙古、吉林

数据来源：校均规模根据学校数和在校生数计算而得。中等职业学校数、在校生数据来源于中华人民共和国教育部发展规划司．中国教育统计年鉴 2012［M］．北京：人民教育出版社，2013；国家统计局人口和就业统计司，人力资源和社会保障部规划财务司．中国劳动统计年鉴 2013［M］．北京：中国统计出版社，2014.

2. 东部地区专科高职院校校均规模较高

2012 年，东部地区专科高职院校拥有在校生 444.6 万人，占全国总数的 46.1%；其次是中部地区 339.56 万人，占 35.2%；再次是西部地区 180.07 万人，占 18.7%（见表 2-3）。将学生数和院校数结合起来看，东部地区专科高职院校校均规模最大，为 7679 人（见表 2-3），在一定程度上表明东部地区专科高职院校办学规模效益较好。中部地区专科高职院校校均规模最小，为 7180 人。总体来说，与中职学校校均规模的区域差异相比，专科高职院校的校均规模区域差异较小。

表 2-3　**2012 年我国分地区普通高等职业（专科）院校发展规模情况**

	高等职业（专科）院校数（所）	在校生数（人）	校均规模（人）
东部	579	4445958	7679
中部	473	3395622	7180
西部	245	1800657	7350

注：这里的在校生数未折合非学历教育学生，只包括了普通专科在校生数，且其中有部分学生包括了本科院校的专科在校生，因此校均规模的计算存在一定的偏差，仅供大致的比较。

数据来源：学校数和在校生数来源于中华人民共和国教育部发展规划司．中国教育统计年鉴 2012［M］．北京：人民教育出版社，2013．校均规模根据学校数和在校生数计算而得。

据分省统计，多数省份专科高职院校校均规模在 5000—9000 人。校均规模在 10000 人以上的有陕西、山东和湖北 3 个省份，分别为 10125

人、10096 人和 10091 人；校均规模在 5000 人以下的有黑龙江、上海、宁夏、西藏、北京和青海 6 个省份，其中青海最低，仅为 3401 人（见表 2-4）。

表 2-4　2012 年我国各省市普通高等职业（专科）院校校均规模

校均规模（人）	省份数（个）	省份名称
10000 以上	3	陕西、山东、湖北
8000—10000	6	河南、四川、河北、广东、江苏、广西
6000—8000	10	浙江、江西、甘肃、吉林、贵州、海南、安徽、重庆、天津、湖南
4000—5000	6	山西、辽宁、新疆、内蒙古、福建、云南
5000 以下	6	黑龙江、上海、宁夏、西藏、北京、青海

数据来源：校均规模根据学校数和在校生数计算而得。学校数和在校生数来源于中华人民共和国教育部发展规划司．中国教育统计年鉴 2012 ［M］．北京：人民教育出版社，2013.

三、职业院校专业规模变化受市场调节

社会经济与产业结构的调整，促使职业院校对专业结构进行调整。职业院校的专业办学规模在一定程度上体现了学校办学与社会经济发展结构的匹配程度。职业院校的专业办学规模，这里采用各专业招生规模这一指标表达，而专业办学是否与市场匹配则通过毕业生就业率及对口率这两个指标表达。

（一）招生随市场需求与政策引导变化

2010 年以来，职业教育招生出现分化趋势，中等职业学校多数专业大类招生下降，而专科高职院校超半数专业大类招生出现增长。在各专业大类中，对应第三产业的专业大类招生呈现出增长趋势，比对应第一、第二产业的专业大类更为明显，这与我国国民经济产业结构调整的方向整体一致。

1. 中职学校五个专业大类招生增加

与 2010 年相比，2012 年中等职业学校 18 个专业大类中，仅有教育类、交通运输类、土木水利工程类、体育与健身、休闲保健类 5 个大类招生有所增加，其他 13 个大类招生数量均呈现下降趋势。其中，农林牧渔类专业招生比例下降最大，达 5.4 个百分点；其次是信息技术类，达 4.7 个百分点；再次是加工制造，达 3.8 个百分点（见表 2-5）。中等职业学校招生数量下降，既有产业结构调整的影响，也是适龄人口下降的结果，是全国的总体趋势。在这种下降的趋势中，也仍有部分专业大类招生增长，尤其是对应第三产业中新兴行业，如体育与健身、休闲保健类专业等增长明显，表明中等职业学校招生根据市场需求变化，学校办学服务产业能力逐渐增强（见表 2-5）。

表 2-5　2010—2012 年中等职业学校分专业招生数

	2010 年（万人）	2011 年（万人）	2012 年（万人）	比上一年增长（%）
总数	711.40	649.96	597.08	−16.1
教育类	35.60	49.52	50.78	2.1
交通运输类	38.87	39.81	42.85	0.6
土木水利工程类	21.20	24.72	22.54	0.2
体育与健身	4.44	4.70	5.20	0.1
休闲保健类	3.42	3.09	3.16	0.04
资源与环境类	5.31	4.95	4.83	−0.1
石油化工类	5.09	4.64	4.16	−0.1
能源与新能源类	3.44	3.46	2.69	−0.1
司法服务类	2.94	2.87	2.54	−0.1
旅游服务类	29.99	25.76	27.08	−0.4
公共管理与服务类	9.80	7.74	7.08	−0.4
轻纺食品类	11.85	7.87	6.91	−0.7
财经商贸类	71.69	67.79	65.05	−0.9
医药卫生类	58.28	53.05	51.34	−1.0

续表

	2010 年 （万人）	2011 年 （万人）	2012 年 （万人）	比上一年 增长（%）
文化艺术类	34.86	30.06	27.69	-1.0
加工制造类	116.44	105.07	89.62	-3.8
信息技术类	138.36	121.87	104.84	-4.7
农林牧渔类	110.43	85.43	71.99	-5.4

注：不包括技工学校数据。

数据来源：中华人民共和国教育部发展规划司.中国教育统计年鉴［M］.2010，2011，2012.
北京：人民教育出版社，2011，2012，2013。

2. 专科高职半数专业大类招生增加

与 2011 年相比，专科高职院校 19 个专业大类中，公共事业大类等 10
个大类招生有所增加，其他 9 个大类招生数量减少。其中，公共事业管理
大类招生增长幅度最大，达 13.11%；轻纺食品大类和环保、气象与安全
大类招生下降幅度最大，分别达 7.36% 和 7.42%（见表 2-6）。从专业大
类的总体数据可以看出，对应第三产业的专业大类招生多呈现增长趋势，
而对应第二产业的专业大类仅有交通运输和土建大类等国民经济发展中基
础设施相关专业招生增长，表明专科高职院校的招生也能根据市场需求变
化进行自我调节，符合产业结构变化的趋势（见表 2-6）。

表 2-6　2011—2012 年我国普通专科分专业招生数

	2011 年（万人）	2012 年（万人）	比上一年增长（%）
总　　数	453.6	460.2	1.45
公共事业大类	7.0	7.9	13.11
交通运输大类	18.7	20.1	7.22
资源开发与测绘大类	8.7	9.1	4.97
文化教育大类	48.0	50.4	4.96
公安大类	1.2	1.3	4.64
土建大类	45.6	47.7	4.51
财经大类	104.1	106.8	2.59
旅游大类	13.1	13.4	2.44

续表

	2011 年（万人）	2012 年（万人）	比上一年增长（%）
医药卫生大类	50.1	50.8	1.35
法律大类	5.5	5.5	0.45
制造大类	58.2	57.8	−0.70
艺术设计传媒大类	18.8	18.6	−1.28
水利大类	2.0	2.0	−1.43
农林牧渔大类	8.3	8.1	−2.79
电子信息大类	41.0	39.2	−4.44
材料与能源大类	5.8	5.5	−5.77
生化与药品大类	9.1	8.4	−7.03
轻纺食品大类	6.5	6.0	−7.36
环保、气象与安全大类	1.8	1.7	−7.42

数据来源：中华人民共和国教育部发展规划司．中国教育统计年鉴［M］．2011，2012. 北京：人民教育出版社，2012，2013.

此外，国家相关政策的颁布和实施也会引导职业教育招生变化。如，为了集成示范高等职业院校专业建设和课程开发成果，面向全国高等职业院校共享优质教学资源，教育部启动了国家共享型专业教学资源建设项目，主要由专业教学资源库建设、公共服务平台建设两部分组成。继 2010年教育部启动数控技术等 11 个专业建设高等职业教育专业教学资源库以后，2011 年，又选择了园林技术等 17 个专业，开展高等职业教育专业教学资源库立项建设工作，要求园林技术、高速铁道技术、药物制剂技术、软件技术、工程测量技术、印刷与数字印刷技术、电子商务、特警、数字校园学习平台等第一批 9 个专业须于 2013 年 4 月月底前，畜牧兽医、轮机工程技术、生物技术及应用、数控设备应用与维护、网络技术、金融、艺术设计、酒店管理等第二批 8 个专业须于 2013 年 12 月月底前，完成项目建设工作，并开展至少 3 个月的应用推广，同时建立起科学有效的专业教学资源库建设、应用与运行管理机制①。

---

① 教育部．关于确定高等职业教育专业教学资源库 2011 年度立项建设项目的通知［EB/OL］．2014 − 12 − 01. http：//www. moe. gov. cn/publicfiles/business/htmlfiles/moe/s3876/201109/xxgk_ 124999. html.

（二）毕业生就业率和对口率均较高

毕业生的就业率和对口率一定程度上体现出职业教育培养学生与市场需求的匹配程度。近年来，职业教育毕业生的就业率和对口率一直都比较高，表明职业教育专业结构与社会经济发展需求匹配度较高。

1. 中等职业学校毕业生就业率和对口率高

2008—2012 年，中等职业学校的毕业生数量持续保持在 580 万以上，就业率保持在 95% 以上，表明中等职业教育办学与社会经济发展需求的契合度很高。从毕业生的就业地来看，60% 以上的毕业生在本省就业，并且这一比例不断提高，2012 年比 2008 年提高了近 7 个百分点，表明中等职业教育服务地方经济发展的能力逐渐提高（见表 2-7）。

表 2-7　**2008—2012 年中等职业学校毕业生就业状况**

		2008 年	2009 年	2010 年	2011 年	2012 年
毕业生数（万人）		589.15	608.9	636.4	662.8	658.21
就业率（%）		95.77	95.99	96.56	96.71	96.85
就业地（%）	本省	61.19	61.97	65.53	68.16	—
	异地	38.26	36.71	34.2	31.56	—
	境外	0.55	1.33	0.27	0.28	—

注：毕业生数和就业率数据包括技工学校，就业去向、从事产业和就业地数据不包括技工学校。

数据来源：2008 年中职学校毕业生平均就业率 95.77% ［EB/OL］.［2012-06-15］. http：／／ www. moe. gov. cn/ publicfiles/ business/ htmlfiles/ moe/ moe ＿ 2819/200905/48479. html；2009 年全国中等职业学校毕业生平均就业率 95.99% ［EB/OL］.［2012-06-15］. http：／／ www. moe. gov. cn/ publicfiles/ business/ htmlfiles/ moe/ s3785/201007/91446. html；2010 年全国中等职业学校毕业生平均就业率 96.56% ［EB/OL］.［2012-06-15］. http：／／ www. moe. gov. cn/ publicfiles/ business/ htmlfiles/ moe/ s5737/201106/121022. html；2011 年全国中等职业学校毕业生平均就业率 96.71% ［EB/OL］.［2012-06-15］. http：／／www. moe. gov. cn/ publicfiles/ business/ htmlfiles/ moe/ s5987/201207/139826. html；2012 年全国中等职业学校毕业生就业率 96.85% ［EB/OL］.［2012-06-15］. http：／／ www. moe. gov. cn/ publicfiles/ business/ htmlfiles/ moe/ s5987/201308/ 156550. html.

从专业大类来看，2009—2012 年，加工制造类的毕业生最多，且一直保持高就业率（97%以上），一直保持在专业大类中前两名，这与我国经济快速发展时期对加工制造类等重工业需求较大有关。2010 年开始，交通运输类和石油化工类就业率提升，进入前二，其中交通运输类招生 2012 年比 2010 年提升了 0.6 个百分点。但从招生来看，尽管加工制造类就业率最高，但近两年招生数量降幅较大，2012 年比 2010 年下降了 3.8 个百分点，在一定程度上反映了适应国家产业结构调整升级的需求。2010 年开始，信息技术类就业率下降，同时 2012 年比 2010 年招生数量下降了 4.7 个百分点（见表 2-8）。

表 2-8 2009—2012 年每年就业率最高的两个专业大类（%）

	加工制造类	信息技术类	交通运输类	石油化工类
2009 年	97.94	96.57	—	—
2010 年	97.82	—	99.19	—
2011 年	97.80	—	97.11	—
2012 年	97.38	—	—	97.38

数据来源：2008 年中职学校毕业生平均就业率 95.77%［OB/OL］.［2012-06-15］. http：//www.moe.gov.cn/publicfiles/business/htmlfiles/moe/moe_2819/200905/48479.html；2009 年全国中等职业学校毕业生平均就业率 95.99%［EB/OL］.［2012-06-15］. http://www.moe.gov.cn/publicfiles/business/htmlfiles/moe/s3785/201007/91446.html；2010 年全国中等职业学校毕业生平均就业率 96.56%［EB/OL］.［2012-06-15］. http：//www.moe.gov.cn/publicfiles/business/htmlfiles/moe/s5737/201106/121022.html；2011 年全国中等职业学校毕业生平均就业率 96.71%［EB/OL］.［2012-06-15］. http：//www.moe.gov.cn/publicfiles/business/htmlfiles/moe/s5987/201207/139826.html；2012 年全国中等职业学校毕业生就业率 96.85%［EB/OL］.［2012-06-15］. http：//www.moe.gov.cn/publicfiles/business/htmlfiles/moe/s5987/201308/156550.html.

从中等职业学校毕业生的就业去向来看，学生于企事业单位就业占 75%以上，2008 年以来比例有所下降；从事个体经营的比例有所提高；升学深造的毕业生约有 10%。从毕业生所从事的产业来看，从事第一产业尤其是第三产业的毕业生比例越来越高，与 2008 年相比，分别提高了 2.3 和 8.15 个百分点，而从事第二产业的毕业生比例下降了约 10 个百分点，这与我国产业经济发展的趋势比较吻合（见表 2-9）。

表 2-9　2008—2012 年中等职业学校毕业生就业去向和从事产业

		2008 年	2009 年	2010 年	2011 年	2012 年
就业去向（％）	企事业单位	79.38	78.54	77.96	77.26	75.40
	个体经营	10.42	—	12.84	13.36	13.00
	升学	10.19	10.00	9.19	9.38	11.60
从事产业（％）	第一产业	6.64	7.12	6.42	7.91	8.94
	第二产业	43.86	44.14	42.09	39.06	33.41
	第三产业	49.50	48.73	51.49	53.03	57.65
	境外	0.55	1.33	0.27	0.28	—

数据来源：2008 年中职学校毕业生平均就业率 95.77%［EB/OL］.［2012-06-15］. http：//www. moe. gov. cn/ publicfiles/ business/ htmlfiles/ moe/ moe ＿ 2819/200905/48479. html；2009 年全国中等职业学校毕业生平均就业率 95.99%［EB/OL］.［2012-06-15］. http：// www. moe. gov. cn/ publicfiles/ business/ htmlfiles/ moe/ s3785/201007/91446. html；2010 年全国中等职业学校毕业生平均就业率 96.56%［EB/OL］.［2012-06-15］. http：// www. moe. gov. cn/ publicfiles/ business/ html-files/ moe/ s5737/201106/121022. html；2011 年全国中等职业学校毕业生平均就业率 96.71%［EB/OL］.［2012-06-15］. http：//www. moe. gov. cn/ publicfiles/ business/ htmlfiles/ moe/ s5987/201207/139826. html；2012 年全国中等职业学校毕业生就业率 96.85%［EB/OL］.［2012-06-15］. http：//www. moe. gov. cn/ publicfiles/ business/ htmlfiles/ moe/ s5987/201308/156550. html.

2. 专科高职院校毕业生就业率和对口率较高

根据《2013 年度麦可思——大学生就业年度指标》数据，2012 年，全国专科高职学生毕业半年后就业率为 90.4%，略低于全国本科就业率 91.5%。学前教育、铁道交通运营管理等 11 个专业的半年就业率在 95% 以上，就业率最高的是交通运输大类专业。总体来看，就业率排前 30 位的专业，除了学前教育、临床医学等专业，其他专业基本都属于工科大类，表明工科类的专业就业情景较好，与国民经济发展的支柱产业相吻合（见表 2-10）。

表 2-10　2012 届毕业后半年就业率较高的主要专科高职专业（前 30 位）

就业率	专业个数	专业名称
95%以上	11	学前教育、铁道交通运营管理、电气化铁道技术、临床医学、火电厂集控运行、铁道机车车辆、电机与电器、电力系统继电保护与自动化、高分子材料应用技术、高压输配电线路施工运行与维护、铁道通信信号

续表

就业率	专业个数	专业名称
90%—95%	19	电厂热能动力装置、多媒体设计与制作、供热通风与空调工程技术、电力系统自动化技术、制冷与空调技术、食品生物技术、食品营养与检测、水利水电建筑工程、铁道工程技术、发电厂及电力系统、生物制药技术、图形图像制作、材料工程技术、城市轨道交通控制、药物制剂技术、食品加工技术、汽车运用技术、机械制造与自动化、数控设备应用与维护
全国专科高职院校就业率90.4%		

注：就业率：专科高职毕业生的就业率=已就业专科高职毕业生数/需就业的总专科高职毕业生数；其中，已就业人数不包括专转本人数，需就业的总毕业生数也不包括专转本人数。

数据来源：2013 年度麦可思——大学生就业年度指标［EB/OL］．［2012-07-20］. http：// www.eol.cn/html/c/ 2013jylps/.

从《2013 年度麦可思——大学生就业年度指标》数据来看，2012 届专科高职毕业生工作与专业相关度较高，达 62%。在与专业相关度较高的前 30 个专业中，护理、学前教育、康复治疗技术和水利水电建筑工程 5 个专业相关度高达 90% 以上；15 个专业的毕业生专业与工作的相关度处于85%—90%。这 30 个专业在大多数属于工科类，表明工科毕业生更容易从事与专业相关的工作（见表 2-11）。

表 2-11 **2012 届工作与专业相关度较高的主要专科高职专业（前 30 位）**

对口率	专业个数	专业名称
90%以上	5	护理、学前教育、康复治疗技术、水利水电建筑工程、煤矿开采技术
85%—90%	15	电力系统继电保护与自动化、电气化铁道技术、火电厂集控运行、铁道交通运营管理、建筑工程技术、发电厂及电力系统、电厂设备运行与维护、电力系统自动化技术、高压输配电线路施工运行与维护、工程造价、铁道机车车辆、工程监理、建筑工程管理、铁道通信信号、药学
80%—85%	6	道路桥梁工程技术、建筑电气工程技术、供热通风与空调工程技术、电厂热能动力装置、工程测量技术、制冷与冷藏技术

续表

对口率	专业个数	专业名称
75%—80%	4	会计与审计、建筑设计技术、制冷与空调技术、语文教育
全国专科高职专业对口率62%		

注：工作与专业相关度是指受雇全职工作并且与专业相关的毕业生人数/受雇全职工作的毕业生人数。

数据来源：2013年度麦可思——大学生就业年度指标［EB/OL］.［2012-07-20］. http://www.eol.cn/html/c/2013jylps/.

四、民办职业教育规模在起伏中增长

相较普通教育而言，职业教育与社会经济发展、劳动力市场的直接联系更为紧密。一方面，我国劳动力素质总体不高，需要职业院校加大教育和培训力度，仅靠政府力量举办职业教育难以满足社会需求；另一方面，企业、行业和社会团体等由于置身于市场环境之中，对社会需求更加敏感，举办职业教育有其天然优势，需要鼓励他们积极参与举办职业教育，尤其是要充分发挥企业办学主体的地位。当前，我国政府鼓励多元主体办学，行业企业、社会团体、科研机构等均可以举办职业教育，也允许发展股份制、混合所有制职业院校，探索公办和社会力量举办的职业院校相互委托管理和购买服务，为民办职业教育的发展创造了良好的政策环境。在这种形势下，我国民办职业教育改革积极发展。

（一）民办院校规模在回落中向高层次发展

当前，我国民办职业教育发展比较迅速，随着市场对人才层次的要求越来越高，民办中等职业学校数量回落，而民办专科高职院校数量则逐步增长，民办职业院校在总量回落中向高层次发展。2003年，我国拥有民办职业院校1546所，2008年增至3503所，此后有所回落，2012年为2965所。

1. 民办中等职业学校数量和比例回落

2002 年,《国务院关于大力推进职业教育改革与发展的决定》指出,"深化职业教育办学体制改革,形成政府主导、依靠企业、充分发挥行业作用、社会力量积极参与的多元办学格局","鼓励和支持民办职业教育的发展"。受政策影响,2003 年以来,我国民办中等职业学校呈现出蓬勃发展之势,由 2003 年的 1382 所,迅速增加到 2008 年的 3234 所,增长了 1.3 倍。2008 年后有所回落,2012 年降为 2649 所。民办中等职业学校占中等职业学校(不包括技工学校)的比例由 2003 年的 11.8%上升到 2010 年的 28.7%,此后略有下降,2012 年降为 27.1%(见图2-14)。

图 2-14 2003—2012 年民办中等职业学校数及其占中等职业学校的比例

注:图中数据不包括技工学校。

数据来源:民办中等职业学校数据来源于中华人民共和国教育部发展规划司.中国教育统计年鉴[M]. 2003—2012. 北京:人民教育出版社,2004—2013.

2. 民办专科高职院校规模和比例增长

2003 年以来,专科高职院校一直保持以地方举办和管理为主,但地方举办比例正在下降;民办专科高职院校的规模和比例稳步增长,规模由2003 年的 164 所发展到 2012 年的 316 所,比例由 2003 年的 18.1%增至2012 年的 24.4%,增长了 6.3 个百分点(见图 2-15)。

（所）　　　　　民办学校数　　◆ 民办所占比例　　　　　　（%）

图 2-15　**2003—2012 年民办专科高职院校数及其占专科高职院校的比例**

数据来源：民办专科高职院校数据来源于中华人民共和国教育部发展规划司．中国教育统计年鉴［M］．2002—2013．北京：人民教育出版社，2003—2013．

（二）民办职业院校学生规模先增加后回落

2004 年以来，我国民办职业院校在校生数量呈现出先增加后回落的趋势。2004 年，我国民办职业院校在校生总数为 173.3 万人，此后逐步增长，2009 年达到最高点，为 511.8 万人。2009 年以后开始回落，2012 年减至 461.1 万人，比 2009 年减少了 50.7 万人。

从不同层次民办职业院校在校生数据看，2010 年以后我国民办中等职业学校招生和在校生数量正在下降，而民办专科高职院校招生和在校生数量则基本保持稳定。

1. 民办中职学校学生规模先增加后回落

2004 年以来，我国民办中等职业学校招生数量总体呈现先增长后回落的趋势。2004—2009 年，我国民办中等职业学校招生数量增长迅速。2003 年，我国民办中等职业学校招生数量为 51.5 万人，2009 年达 128 万人，年均增长近 20%。2009 年以后总体呈现下降趋势，2011 年降至 83.8 万人；2012 年略有回升，为 95.7 万人。民办中等职业学校招生数占高中阶段招生数的比例也呈现先上升后下降的趋势。2004 年，这一比例为 11.3%，2007 年达到最高为 18.2%，2011 年降至 12.9%，2012 年有所回升，升至 16%（见图 2-16）。

图 2-16 **2004—2012 年我国民办中等职业学校招生数及占高中阶段招生数的比例**

注：不包括技工学校数据。

数据来源：民办专科高职院校数据来源于中华人民共和国教育部发展规划司. 中国教育统计年鉴 [M]. 2004—2012. 北京：人民教育出版社，2005—2013.

受招生数量影响，我国民办中等职业学校在校生数量也呈现先增长后回落的趋势。2004—2009 年，我国民办中等职业学校在校生数量迅速增长，由 2004 年的 109.9 万人增至 2009 年的 318.1 万人，年均增长 23.7%。2009 年以后总体呈现下降趋势，2011 年降至 240.9 万人；2012 年略有回升，为 269.2 万人。民办中等职业学校在校生数占高中阶段在校生数的比例也呈现先上升后下降的趋势。2004 年，这一比例为 9.4%；2009 年达到最高，为 17.9%；2011 年降至 13.8%；2012 年有所回升，升至 15.9%（见图 2-17）。

2. 民办专科高职学生规模增长速度趋于平稳

2004 年以来，我国民办专科高职招生数量总体呈现先增长后平稳发展的趋势。2004—2008 年，我国民办专科高职招生数量增长迅速，由 2004 年的 29.7 万人增至 2008 年的 67.6 万人，年均增长 22.8%。2008 年以后，民办专科高职招生数量比较稳定，保持在 64 万—68 万人。民办专科高职招生数占专科高职招生数的比例也呈现先上升后平稳的趋势。2004 年，这一比例为 12.5%；2008 年达到最高，为 21.8%；2008 年以后基本保持在 20% 左右（见图 2-18）。

图 2-17 图表

■ 在校生数　◆ 占高中阶段比例

（万人）　　　　　　　　　　　　　　　　　　　　　　（%）

年份	在校生数	占高中阶段比例
2004	109.9	9.4
2005	154.1	11.6
2006	202.6	13.6
2007	257.5	15.9
2008	291.8	17.3
2009	318.1	17.9
2010	307.0	16.9
2011	240.9	13.8
2012	269.2	15.9

图 2-17　2004—2012 年我国民办中等职业学校在校生数及占高中阶段在校生数的比例

注：不包括技工学校数据。

数据来源：民办专科高职院校数据来源于中华人民共和国教育部发展规划司．中国教育统计年鉴［M］．2004—2012．北京：人民教育出版社，2005—2013．

■ 招生数　◆ 占专科层次比例

（万人）　　　　　　　　　　　　　　　　　　　　　　（%）

年份	招生数	占专科层次比例
2004	29.7	12.5
2005	39.9	14.9
2006	45.6	15.6
2007	52.7	18.6
2008	67.6	21.8
2009	67.3	21.5
2010	64.2	20.7
2011	65.4	20.1
2012	65.7	20.9

图 2-18　2004—2012 年我国民办专科高职招生数及占专科层次招生数的比例

数据来源：中华人民共和国教育部发展规划司．中国教育统计年鉴［M］．2004—2012．北京：人民教育出版社，2005—2013．

受招生数量影响，2004 年以来，我国民办专科高职在校生数量总体呈现先增长后平稳发展的趋势。2004—2009 年，我国民办专科高职在校生数量增长迅速，由 2004 年的 63.3 万人增至 2009 年的 193.7 万人，年均增长

25.1％。2009 年以后，民办专科高职在校生数量比较稳定，保持在 192—196 万人。民办专科高职在校生数占专科高职在校生总数的比例也呈现先上升后平稳的趋势。2004—2009 年，这一比例快速增长，由 10.6％增至 20.1％，2009 年以后基本保持在 20％左右（见图 2-19）。

图 2-19　2004—2012 年我国民办专科高职在校生数及占专科层次在校生数的比例

数据来源：中华人民共和国教育部发展规划司．中国教育统计年鉴［M］．2004—2012．北京：人民教育出版社，2005—2013．

（三）民办职业教育发展存在区域差异

民办教育已发展成为我国教育不可或缺的组成部分，在我国教育财政支出有限的情况下，有力地弥补了我国教育资源的紧缺状况。民办职业院校在职业教育领域也已占据一定份额。

1. 中部地区民办中等职业学校发展较快

2012 年，中部省份拥有中等职业学校最多，为 1163 所，占总数的 43％；其次是东部省份拥有 916 所，占 35％；再次是西部省份拥有 570 所，占 22％（见图 2-20）。

从各省份分布来看，河南、四川、湖南拥有民办中等职业学校的数量位列前三，分别为 234 所、233 所和 229 所；青海、宁夏、西藏拥有民办中等职业学校的数量最少，分别为 7 所、5 所和 0 所。北京、江苏和上海等省份由于普通教育尤其是高等教育在全国处于领先地位，因此层次较低的中等职业教育在这几个省份发展较弱，随之民办学校也比较弱。从各省、自治区、直辖市民办中等职业学校数占本地区中等职业学校总数的比例来看，四川、湖南和陕西的民办中等职业学校办学最为发达，分别达到中等职业学校总数的45.2%、43.6%和39.2%；上海、新疆和西藏的民办中等职业学校比例最低，分别为中等职业学校总数的5.4%、44.4%和0（见图2-21）。

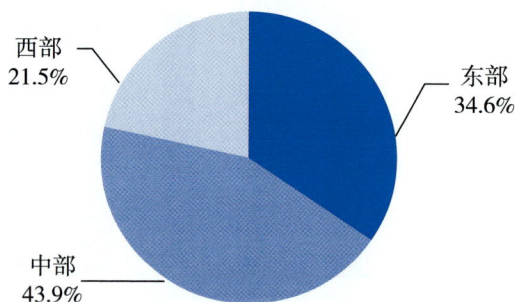

图 2-20　2012 年我国分地区拥有民办中等职业学校比例

注：不包括技工学校。

数据来源：中华人民共和国教育部发展规划司．中国教育统计年鉴 2012［M］．北京：人民教育出版社，2013.

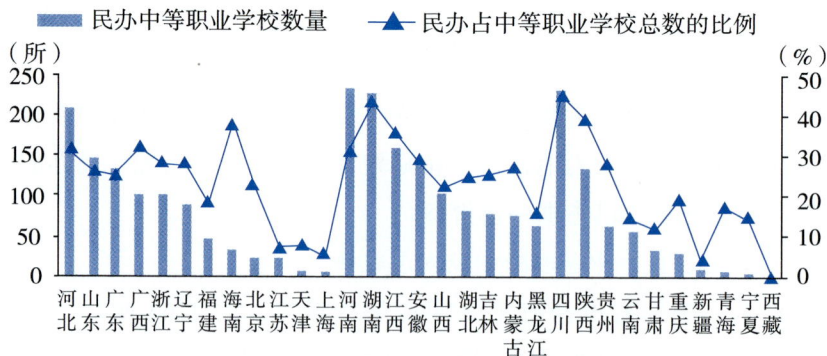

图 2-21　2012 年我国各省市民办中等职业学校发展情况

注：不包括技工学校。

数据来源：中华人民共和国教育部发展规划司．中国教育统计年鉴 2012［M］．北京：人民教育出版社，2013.

2. 东部地区民办专科高职院校发展较快

2012 年，东部省份拥有民办专科高职院校最多，为 164 所，占全国总数的 51%；其次是中部省份拥有 98 所，占 30%；再次是西部省份拥有 63 所，占 19%（见图 2-22）。

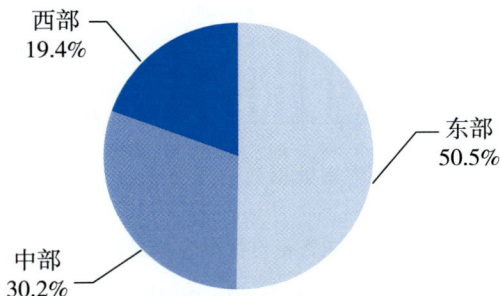

图 2-22　2012 年我国分地区拥有民办专科高职院校比例

数据来源：中华人民共和国教育部发展规划司．中国教育统计年鉴 2012 ［M］．北京：人民教育出版社，2013．

从各省份来看，广东、福建和江苏 3 个东部省份拥有民办专科高职院校的数量位列前三，分别为 29 所、23 所和 22 所；天津、青海、宁夏、西藏 4 个省份没有民办专科高职院校。从民办专科高职院校所占的比例来看，海南、重庆和上海的民办专科高职院校办学最为发达，分别达到本地区专科高职院校总数的 45.5%、44.4% 和 43.8%；除天津、青海、宁夏和西藏四省份没有民办专科高职院校外，山西、贵州和甘肃的民办专科高职院校比例最低，分别为 12.5%、12.5% 和 4.5%（见图 2-23）。

可见，社会人口的发展趋势和现役劳动者的素质现状与经济社会发展不相适应，需要极大提高劳动者素质，对职业教育发展提出了新的要求和更为艰巨的任务，需要肩负起更重要的使命。

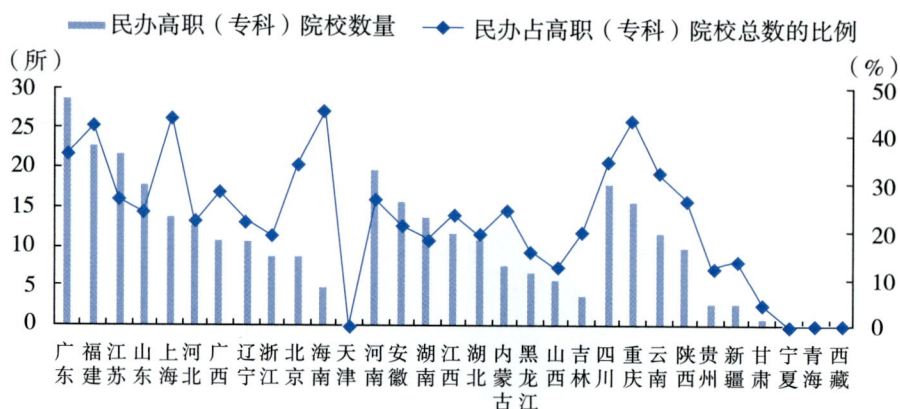

图 2-23 **2012 年我国各省份民办专科高职院校发展情况**

数据来源：中华人民共和国教育部发展规划司．中国教育统计年鉴 2012 ［M］．北京：人民教育出版社，2013.

第三章

职业教育教师规范化发展

2010 年 7 月，国务院颁布的《国家中长期教育改革和发展规划纲要（2010—2020 年）》提出，"以'双师型'教师为重点，加强职业院校教师队伍建设。加大职业院校教师培养培训力度"。2012 年，国务院颁发《关于加强教师队伍建设的意见》提出，"职业院校教师队伍建设要以'双师型'教师为重点，完善'双师型'教师培养培训体系，健全技能型人才到职业学校从教制度"，要"大力提高教师专业化水平"，"建立健全教师管理制度"，"确保教师队伍建设政策措施落到实处"。为贯彻落实上述两个文件，从 2012 年起，教育部等部委相继出台了《职业学校兼职教师管理办法》和《中等职业学校教师专业标准（试行）》两个职业院校教师管理的重要文件，加上之前的《教师法》和 2010 年颁布实施的《中等职业学校设置标准》，目前我国职业院校教师队伍的准入、培训、管理、评价等各环节的政策体系正在逐步建立和完善。未来，国家可能还将继续出台中等职业学校和专科高职学校的编制标准、专科高职的教师专业标准，我国职业院校教师队伍建设正朝着专业化、规范化发展。2012 年，我国职业院校教师队伍发展势头良好，队伍规模趋于稳定，专任教师队伍结构进一步优化，双师型教师占专任教师比例继续提高，校外兼职教师队伍管理进一步规范。

一、教师队伍规模趋于稳定

具有足够数量的教师队伍是发展高质量职业教育的前提和保证。从2012年的情况来看，我国职业教育教师队伍整体规模相对稳定，专任教师数占教职工整体的比例继续提升，基本满足了职业教育发展的需要。受中等职业学校招生数减少的影响，中职学校教职工和专任教师规模均略有下降，生师比也随之下降。专科高职院校教师规模则继续稳步增长，生师比持续低于普通本科院校。

（一）中职教师队伍规模略有下降

1985年，国家教委会同劳动人事部修订了《全日制普通中等专业学校人员编制标准（试行）》；1986年，劳动人事部颁布《技工学校机构设置和人员编制标准暂行规定》。两个文件中对行政人员和工勤人员占教职工总数都做出了"不得超过35%"的要求。2001年，中央编办、教育部、财政部颁布《关于制定中小学教职工编制标准意见的通知》，提出"确实需要配备职员、教学辅助人员和工勤人员的，其占教职工的比例，高中一般不超过16%"；"职业中学参照普通中学标准执行"。2001年的通知比1985年颁布的《全日制普通中等专业学校人员编制标准（试行）》中对非教学人员占35%的要求有了很大提高。从实际情况来看，由于各地中等职业学校规模较小等问题，非教学人员所占规模一直没有达到政策规定的要求。随着近几年中等职业学校的关停并转，学校数量在逐步减少的同时，校均规模在逐步提高，为减少非教学人员比例创造了条件。

中等职业学校教职工总数持续下降。自2008年，中职学校教职工总数开始逐渐减少，至2012年减少到92.13万人，累计减少了5.21万人。特别是2011—2012年度，随着中等职业教育在校生规模从持续增加转变为略微减少，这一年度教职工规模减少的幅度达2.51%，是近几年来的最高值（见图3-1）。

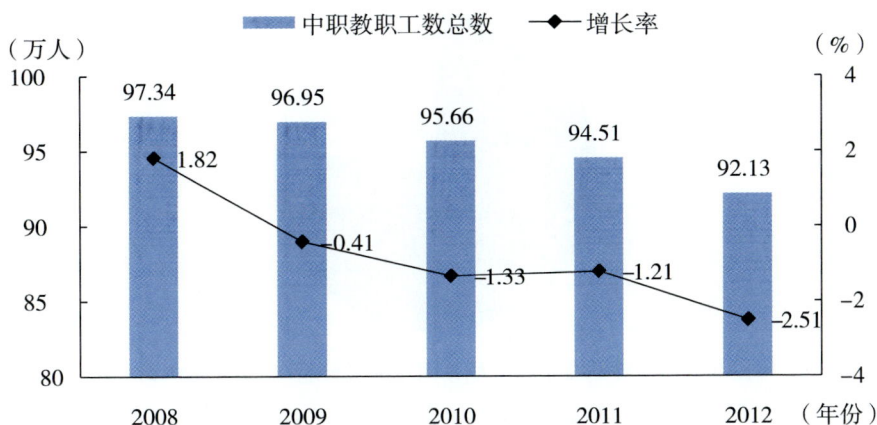

图 3-1　中等职业学校教职工总数及变化情况（2005—2011）

数据来源：中华人民共和国教育部发展规划司. 中国教育统计年鉴［M］. 2005—2011. 北京：人民教育出版社，2006—2012.

　　从中等职业学校教职工减员的总体情况来看，专任教师的比例进一步提高。按照教育统计年鉴的分类，中等职业学校教职工除专任教师外，还包括行政人员、教辅人员、工勤人员、校办企业职工和其他附设机构人员等 5 类人员，后面两类人员不属于学校本部教职工。从 2011—2012 年各类人员减少的情况来看，专任教师占减员总数的 22.28%，仅占专任教师总数的 0.77%，其余 77.72% 都是非教学人员。其中，占比最高的是行政人员占 27.43%，减少了 0.65 万人，占行政人员总数的 6.75%；其次是工勤人员占减员总数的 23.66%，减少了 0.56 万人，占工勤人员总数的 7.31%。教辅人员占减员总数的 19.73%，占到教辅人员总数的 6.86%。校办企业职工和其他附设机构人员总数较少，合计占减员总数的 6.89%，其他附设机构人员减员占到该类人员的 15.26%（见图 3-2）。

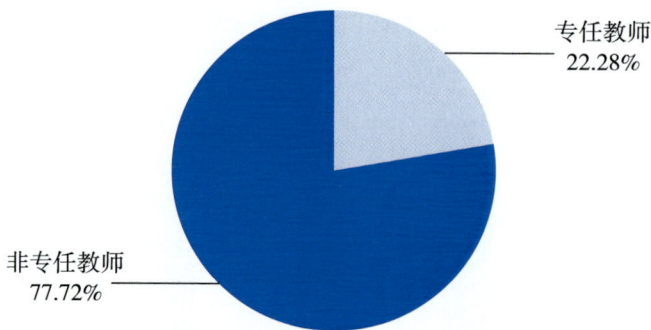

图 3-2　中等职业学校教职工减少人员分析（2011—2012）

数据来源：中华人民共和国教育部发展规划司．中国教育统计年鉴［M］．2011—2012．北京：人民教育出版社，2012—2013．

1985 年，为落实中央颁布的《关于教育体制改革的决定》，国家教委会同劳动人事部修订了《全日制普通中等专业学校人员编制标准（试行）》，1986 年劳动人事部颁布《技工学校机构设置和人员编制标准暂行规定》。这两个编制标准充分考虑了学校的类型、规模、人员结构等因素，对文化理论课、生产实习课教师、教学辅助人员和实习工厂等各类人员所占的比重以及对教师和职工的比例，都作了相应规定。在这两个文件中，对行政人员和工勤人员占教职工总数都做出不得超过 35% 的要求。2001 年，教育部印发《中等职业学校设置标准（试行）》，其中对中等职业学校专任教师的规定包括"城市学校专任教师一般不少于 55 人，农村学校专任教师一般不少于 35 人。专业课教师数应不低于本校专任教师数的 50%。每个专业至少应配备具有相关专业中级以上专业技术职务的专任教师 2 人"。以上规定主要是从学校基本配置的角度出发对专任教师的配备做出的要求，但对于中等职业学校专任教师的具体配置没有做出明确规定。2002 年，《国务院办公厅转发中央编办、教育部、财政部关于制定中小学教职工编制标准意见的通知》发布，文件提出"确实需要配备职员、教学辅助人员和工勤人员的，其占教职工的比例，高中一般不超过 16%"。根据这一文件，高中阶段教育教职工与学生比最高的为农村，达到 1∶13.5。当时对教师队伍的规定主要是出于"逐步进行中小学布局结构调整，精简教师队伍，辞退代课教师和不合格教师，压缩非教学人员，清退临时工勤人员"的目的，职业高中教师编制"参照执行"。因此，实际上即使进入新世纪后的10年间，随着学校办学规模的扩大，中等职业教育教师编制标准没有与教育事业发展相适应。我国中专、技工学校的教师编制标准还在沿袭20世纪80年代的标准，职业高中的教师编制也是参照2001年的高中标准。进入新世纪后，在很长一段时间内我国没有就中等职业学校的教师编制提出新的政策标准和规范化要求，使得中等职业学校教师的数量增长滞后于规模扩大（见表3-1）。

表3-1　中小学班标准额与每班配备教职工数参考表

学校类别		教职工与学生比
高中	城市	1∶12.5
	县镇	1∶13
	农村	1∶13.5
初中	城市	1∶13.5
	县镇	1∶16
	农村	1∶18
小学	城市	1∶19
	县镇	1∶21
	农村	1∶23

2010年，《国家教育中长期改革和发展规划纲要（2010—2020年）》颁布实施后，为在新形势下进一步促进中等职业学校建设，加强学校管理，教育部于2010年7月修订了原有的《中等职业学校设置标准》，明确规定生师比要达到20∶1。这一规定对于中等职业学校合理配备师资有着极为重要的政策意义，一定程度上改变了长期以来中等职业教育师资不足的问题。但由于长期积累形成的问题众多，且地方财力投入有限，师资问题难以在一两年时间内完全解决。这也是直到2012年，中等职业教育的生师比状况距离这一标准还有不小差距的原因。

专任教师规模相对稳定。虽然中等职业学校教职规模逐年下降，但从专任教师规模的变化情况来看，总量基本相对稳定，基本保持了 68 万人以上规模。在 2008—2012 年五年间，中等职业学校教师的规模变化两年上升，两年下降，呈现波动状态。相对于教职工规模的整体变化，专任教师规模增加的幅度更大，减少的幅度更小。在 2008—2009 年和 2010—2011 年的两个时间段，教职工规模都出现下降，但专任教师却增加了 1.18% 和 1.23%。而在 2009—2010 年和 2011—2012 年的两个时间段，教职工规模分别下降 1.33% 和 2.51%，专任教师规模仅下降 0.18% 和 0.77%。受到中等职业教育在校生规模变化的影响，2012 年专任教师规模下降了 0.53 万人，但仍高于 2008 年 0.99 万人，总体保持稳定（见图 3-3）。

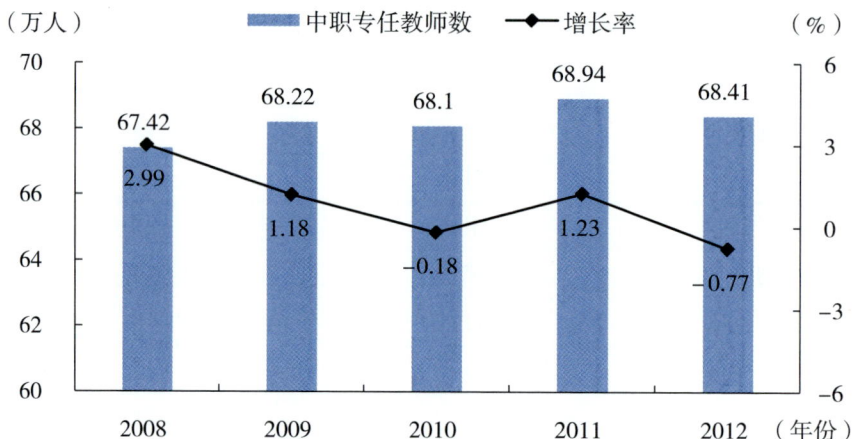

图 3-3　**2008—2012 年中等职业学校专任教师总数及变化情况**

数据来源：中华人民共和国教育部发展规划司. 中国教育统计年鉴 [M]. 2008—2012. 北京：人民教育出版社，2009—2013.

专任教师占教职工总数的比持续上升，专业教师队伍逐渐加强。由于近年来中等职业学校教职工规模的减少主要源于专任教师的精简，使得在 2008—2012 年，专任教师占教职工总数的比例持续提高，从 2008 年的 69.26% 稳定提高到 2012 年的 74.25%，累计提高了 4.99 个百分点。其中，2011—2012 年提高了 1.30 个百分点，提高幅度仅次于 2010—2012 年的 1.76 个百分点（见图 3-4）。

（％）

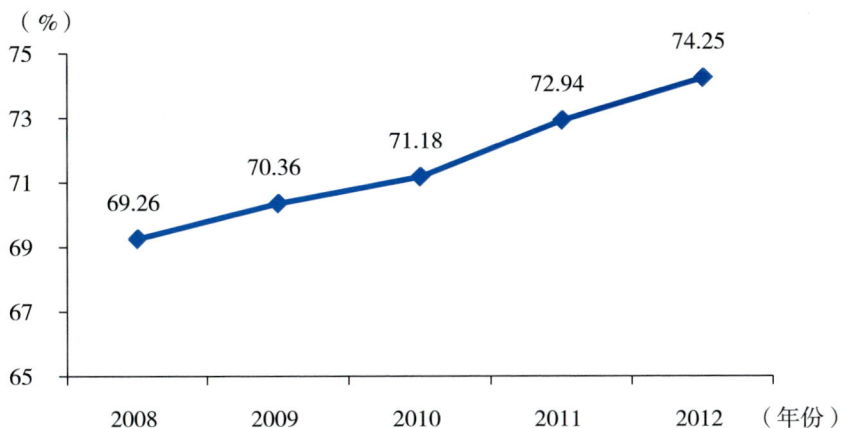

图 3-4　**2008—2012 年中等职业学校专任教师占教职工的比例**

数据来源：中华人民共和国教育部发展规划司．中国教育统计年鉴［M］．2008—2012. 北京：人民教育出版社，2009—2013.

　　生师比持续下降，但距离相关标准仍有较大差距。2008—2012 年，中等职业学校生师比出现拐点，开始由升高变为逐渐降低。2008—2010年，由于在校生规模增加，中等职业学校生师比开始攀升，从 2008 年的 25.04：1 上升到 26.68：1。生师比的快速增加反映出专任教师的补给的力度没有跟上在校生规模扩张的速度。从 2011 年起，生师比开始逐步回落，2011 年和 2012 年分别下降了 0.93 和 1.05。2011—2012 年，生师比回落的比例达到 4.25 个百分点。这一年中等职业学校专任教师规模实际减少 0.53 万人，下降了 0.77 个百分点，说明中等职业学校生师比的回落主要原因不是专任教师数量的增加。另一方面，2011—2012 年度，我国中等职业学校在校生规模从 2205.33 万人减少到 2113.69 万人，招生规模减少了 59.73 万人，在校生规模减少了 91.64 万人，分别减少了7.34％和 4.16％。表明这一年度生师比回落的主要原因是中等职业在校生规模的减少（见图 3-5）。

　　过去 5 年间，由于中等职业教育快速发展，高中阶段教育毛入学率迅速提升，普及程度进一步提高。这一时期，中等职业学校的招生规模和在校生规模不断扩大，专任教师数量不足的矛盾越发突出，教师超负荷工作的情况比较普遍。在校生规模的增加使得专任教师的需求不断旺盛，但却难以及时得到补充。在部分地区，中等职业学校教师总体缺编的问题相当突出。有研究显示，2012 年浙江省中职学校核定教师编制数为 38865 人，实际在编 27869 人，缺编比例达到 29%，将近 1/3。其中，衢州、绍兴和金华三地的中职教师缺编比例分别高达 39.86%、36.86% 和 36.48%[①]。

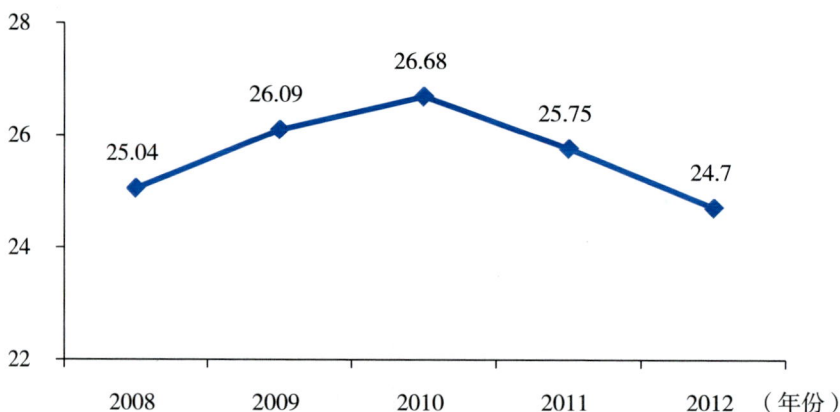

图 3-5　**2008—2012 年中等职业学校生师比及变化情况**

注：不含技工学校。

数据来源：中华人民共和国教育部发展规划司．中国教育统计年鉴［M］．2008—2012. 北京：人民教育出版社，2009—2013.

此外，除配置标准未能及时修订困扰中等职业教师队伍建设外，还有很多因素也影响了中等职业教育拥有足够的师资。例如，目前我国对中职师资的培养数量、专业门类和质量等还不能满足中职学校的实际需要，供需矛盾突出；现有招聘制度缺乏柔性，一些想引进的技能人才因为学历等问题学校不能引进，一些不合格的教师又没有合理的机制淘汰出教师队伍。专任教师占教职工总数的比例仍未达到政策要求。但从目前中等职业学校的普遍情况来看，非教学人员占比过高

---

① 刘晓，史旦旦．中等职业学校教师配置及编制核定的实证研究［J］.中国职业技术教育，2013（12）：14-21.

的问题仍未完全解决。2012 年教职工中非专任教师的比例仍然超过 25%。若到 2020 年实现中等职业学校专任教师占教职工总数 84%的政策目标和要求，每年还需提高 2 个百分点。

（二）专科高职教师规模稳步增长

专科高职院校专任教师数量达到政策要求。根据 2004 年《教育部关于印发〈普通高等学校基本办学条件指标（试行）〉的通知》的规定，各类专科高职院校生师比在 13—18。尽管缺少专科高职院校的具体分类数据和院校数据，无法详细判定每所院校或每类院校的专任教师配备是否达到相关标准，但从 2009 年起专科高职院校的生师比就从 17.35 持续走低。根据这一情况判断，我国专科高职院校的专任教师从数量上判断基本达标，为高等职业教育的质量发展打下了重要基础（见表 3-2）。

表 3-2　专科高职院校生师比要求

高职（专科）	生师比
综合、师范、民族院校	18
工科、农、林院校	18
医学院校	16
语文、财经、政法院校	18
体育院校	13
艺术院校	13

资料来源：教育部. 普通高等学校基本办学条件指标（试行）［Z］. 北京，2004.

专科高等职业学校教职工规模继续稳步增长，增幅持续回落。2008—2012 年，专科高职院校教职工规模持续增加，从 57.07 万人增加到 62.24 万人。其中 2011—2012 年，专科高职院校增加教职工 0.77 万人，增加 1.25%。但增长速度逐步放缓，2008—2012 年，每年分别增加 2.22 万人、1.03 万人、1.15 万人和 0.77 万人，除 2010—2011 年度外均呈下降趋势。专科高等职业学校教职工规模的变化与高等职业院校校均规模的逐步稳定密切相关。

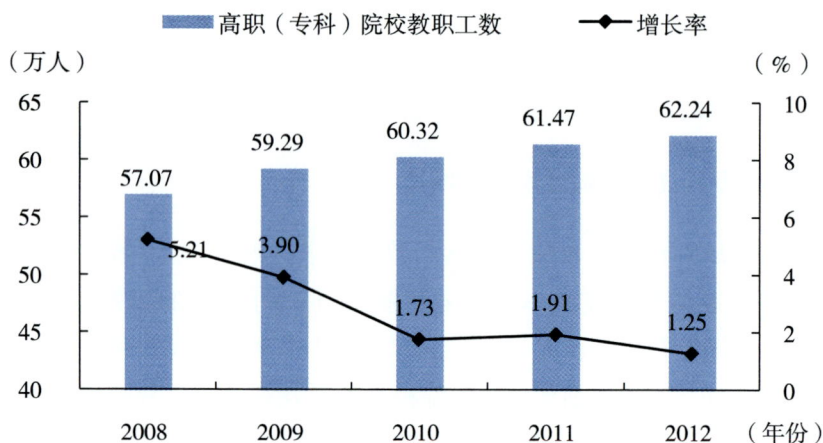

图 3-6　**2008—2012 年专科高职院校教职工数变化情况**

数据来源：中华人民共和国教育部发展规划司．中国教育统计年鉴［M］．2008—2012．北京：人民教育出版社，2009—2013．

专科高职专任教师规模变化趋势与教职工总数一致，即在保持增长的同时增长速度也在逐步减缓。2012 年，专任教师规模上升到 42.34 万人，相较于 2011 年增加了 1.08 万人，增长 2.61%；相对于 2010—2011 年度专任教师增长幅度来说有所下降，但仍高于教职工总数 1.25%（0.77 万人）的增长幅度。从总的趋势来看，2008—2012 年专科高职院校专任教师规模的增长幅度在逐步减小，从 2008—2009 年的 4.74% 逐步下降。虽然 2011—2012 年度专科高职院校专任教师规模增长率略高于 2010—2011 年度，总的趋势没有发生大的变化。从专任教师的增长率来看，2010—2012 年仍然高于这段时间高等职业教育在校生规模的增长率（见图 3-7）。

专任教师占教职工总数比例持续上升。2008—2012 年，专科高职院校专任教师占教职工总数的比例持续提高，从 2008 年的 66.08% 稳步提高到 2012 年的 68.02%，累计提高了 1.94 个百分点。其中，2011—2012 年提高了 0.90 百分点，是近年来生师比提高幅度的最大一年（见图 3-8）。

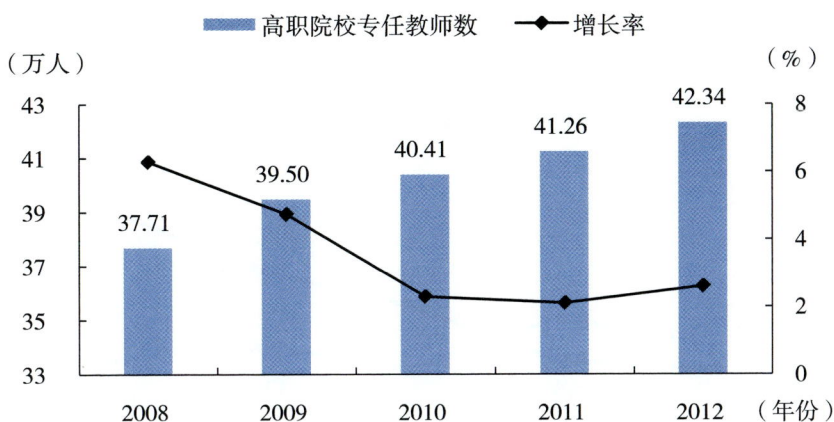

图 3-7　专科高职院校专任教师数变化情况

数据来源：中华人民共和国教育部发展规划司．中国教育统计年鉴［M］．2008—2012．北京：人民教育出版社，2009—2013.

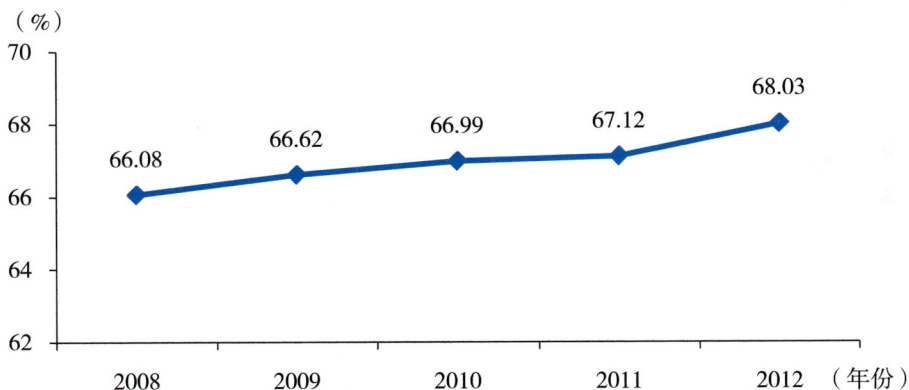

图 3-8　2008—2012 年专科高职院校专任教师占教职工的比例

数据来源：中华人民共和国教育部发展规划司．中国教育统计年鉴［M］．2008—2012．北京：人民教育出版社，2009—2013.

专科高职院校生师比持续低于本科院校，差距开始加大。与本科院校相比较，专科高职院校生师比情况在 2009—2010 年度实现了逆转，开始低于本科院校生。从生师比情况来看，2012 年度生师比为 17.23∶1，在 2008—2012 年处于一个较高水平，而且这几年间生师比在一个小范围内浮动（17.35—17.21），比较稳定。本科院校的生师比从 2008 年的17.21：1 开始，逐年提高，截至 2012 年已经达到 17.65：1（见图 3-9）。

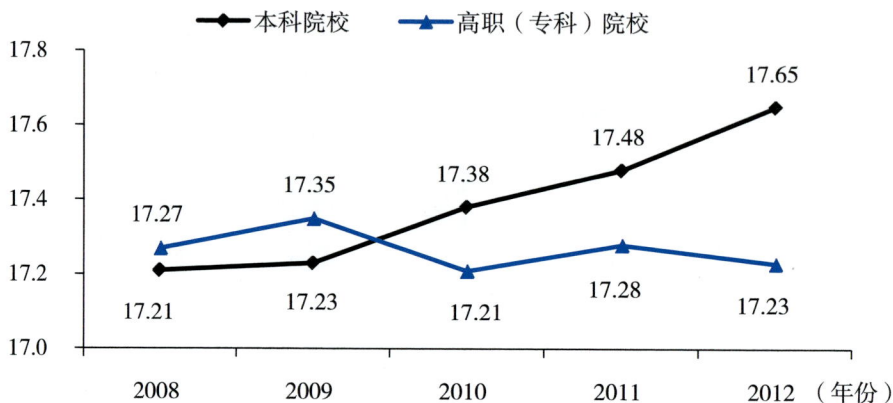

图 3-9　全国本科院校与专科高职院校生师比变化情况

数据来源：中华人民共和国教育部发展规划司．中国教育统计年鉴［M］．2008—2013．北京：人民教育出版社，2009—2013．

（三）在岗教师培训逐渐成为常态

随着产业升级和技术的不断进步，对职业院校在岗教师的继续教育和培训是保证职业教育质量的重要途径。职业教育不同于普通教育的最基本、最重要的方面就是实践性，职业院校专人教师不仅要传授知识，更要对学生进行系统的专业操作能力训练。因此，职业院校在岗教师的培训有别于普通教育教师，不但要在理论培训和教育教学技巧上不断加强，还需要与产业不断互动，了解行业企业的实际情况和最新动态。这使得职业院校专任教师的在岗培训一直是世界各国职业教育关注的焦点。在我国，职业教育专任教师的来源仍然以职业院校、职业师范院校和普通高校的应届毕业生为主，对实践的了解和经验更为不足，更需要为他们走进生产一线以了解新技术、新工艺、新业态和产业发展前沿创造条件。

为此，国家也在不断强化职业教育专任教师队伍的培养和培训。在职业教育师资培养方面，国家从 2013 年开始实施教师资本科专业培养开发项目，计划"十二五"期间投入 1.5 亿元，支持开发 100 个职教师资本科专业的培养标准、培养方案、核心课程和特色教材。这是新中国成立以来第一次出中央财政支持、遴选全国优质资源、系统开发有针对性的教师培养资源建设项目。2011 年，在"中等职业学校教师素质提高计划"的基础上，国家继续启动实施"职业院校教师素质提升计划"，计划"十二五"期间投入 26 亿元，支持 45 万名骨干教师参加培训、2 万名青年教师到企业实践。同时，将进一步完善职教师资培养培训体系，建立了 93 个国家级职业教育师资培养培训基地、8 个职业教育师资专业技能培训示范单位、10 个全国职业学校教师企业实践单位。职业教育教师素质提升进入大发展时期。

二、专任教师结构进一步优化

2012 年，职业教育专任教师中高级职称教师比例持续增加，未定职称教师比例继续减少，专任教师的稳定性增强；而且专业课教师占专任教师比例继续增加，达到 53.69%。在学历结构方面，中等职业学校拥有硕士研究生以上学历专任教师的比例上升了 0.60 个百分点，达到 5.15%；专科高职院校提高了 2.64 个百分点，达到 38.03%。2011—2012 年，中等职业学校 30 岁以下教师占专任教师总数的比例减少了 1.44%，专任教师队伍逐渐成熟。

2013 年，教育部颁布《中等职业学校教师专业标准（试行）》，这是新中国成立以来第一次针对中等职业学校教师制定的专业标准，对于促进教师专业发展、打造高素质"双师型"教师队伍、加快发展现代职业教育具有重要的现实意义。

（一）专业教师标准推动教师队伍发展

为贯彻落实《国家中长期教育改革和发展规划纲要（2010—2020年）》和《国务院关于加强教师队伍建设的意见》。2013 年教育部单独制定颁发了体现"双师"素质要求的《中等职业学校教师专业标准（试行）》（以下简称《专业标准》）。这是新中国成立以来发布的第一个中等职业教育教师专业标准，它由"基本理念、基本内容、实施要求"三大部分组成，基本内容从专业理念与师德、专业知识、专业能力三个维度，分为职业理解与认识、对学生的态度与行为、教育教学态度与行为、个人修养与行为、教育知识、职业背景知识、课程教学知识、通识性知识、教学设计、教学实施、实训实习组织、班级管理与教育活动、教育教学评价、沟通与合作、教学研究与专业发展 15 个领域，以及熟悉技术技能人才成长规律，了解学生身心发展规律与特点达到所教专业涉及的职业资格及其标准，掌握组织学生进行校内外实训实习的方法，有能力安排好实训实习计划，保证实训实习效果等 60 项基本要求。

《专业标准》把"双师型"教师队伍建设的要求融入职业教育教师管理的各个环节，明确了广大中等职业学校教师必须达到的基本规范要求。有助于中等职业学校在聘任专任教师时把好入口关。多年来，我国职业教育缺乏专门的教师专业标准，对于职业教育教师的入职只有学历和一般教育教学能力的要求，没有体现职业教育特点，客观上造成了职业教育教师队伍素质能力的参差不齐。在一定程度上，由于缺乏足够的、合格的职业师资，职业院校在培养能力和质量上力有不逮，培养的学生在职业精神和可持续发展能力上存在不少问题，这是职业教育缺乏吸引力低的重要原因。现在发布了教师专业标准，在中等职业学校专任教师的招聘、任用过程中，就有据可依，把好入口关，选拔符合专业标准的人员从事职业教育工作，做到优者从教，教者更优。

《专业标准》有助于职业学校专任教师的专业化发展和培训。按照国家现有规定，教师每五年都必须接受一定学时的培训，但对培训内容并没有明确规定，致使现实中培训内容差异巨大，培训内容缺乏职业教育特色，使有限的培训经费不能发挥最佳效益，也影响了教师参加培训的积极性，造成教师参加过一次培训就不愿再参加第二次。《专业标准》的出台将职业学校教师与普通中学教师区别开来，为职校专任教师的专业发展指明了方向，同时也规范了职校教师培养培训内容和培训质量、效果的管理和评价，促进职业学校专任教师的在职发展。学校和教育行政部门还可以依照《专业标准》进一步加强教师管理，完善教师岗位职责和考核评价制度，完善职业教育教师资格制度，建立科学的质量评价制度，健全中等职业学校教师绩效管理机制，对于加强教师队伍的管理、提高教师队伍的整体素质、保障教育事业健康持续发展具有重要意义。

（二）教师队伍学历结构持续优化

2011—2012 年，职业教育专任教师队伍中研究生以上学历所占比例继续提高，专科以下学历所占比例逐步减少，专任教师队伍的整体学历水平持续提高。

1. 中职研究生以上学历专任教师持续增加

2008—2012 年，中等职业学校专任教师研究生以上学历专任教师的数量从 1.86 万人逐年上升到 3.52 万人，增加 1.66 万人。研究生以上学历专任教师占专任教师的比例也从 2.76% 稳步上升到 5.15%，累计上涨了 2.39 个百分点（见图 3-10）。

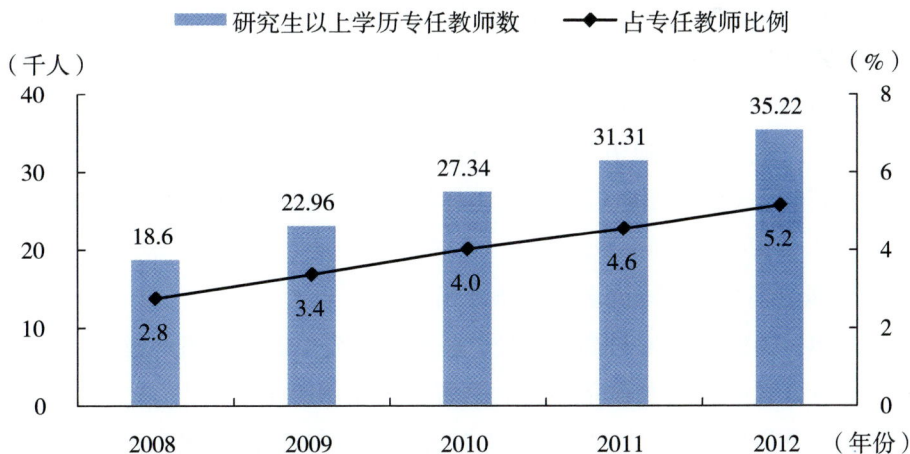

图 3-10 **2008—2012 年中等职业学校研究生以上学历专任教师比例变化情况**

注：不含技工学校。

数据来源：中华人民共和国教育部发展规划司. 中国教育统计年鉴 ［M］. 2008—2012. 北京：人民教育出版社，2009—2013.

与此同时，中等职业学校专科及以下学历专任教师逐年减少。2008—2012 年，从 14.14 万人逐年减少到 8.83 万人。专科及专科以下学历专任教师所占比例随之从 20.97% 下降到 13.05%，累计下降了近 8 个百分点。其中，2011—2012 年度降低了 1.56 个百分点。此外，高中及以下学历专任教师数量 2012 年为 4089 人，占专任教师总数的 0.60%。

按照《中华人民共和国教师法》，中等职业学校专任教师的最低学历为本科，但对实习指导教师资格应当具备的学历由国家教育行政部门另行规定。根据 1996 年《国家教委关于取得中等职业学校实习指导教师资格应当具备的学历的规定的通知》的规定，"考虑到中等专业学校、技工学校和职业高中实习指导教师的岗位职责以及现阶段实习指导教师来源的实际情况，现规定取得中等职业学校实习指导教师资格，应当具备各类中等职业学校、普通高级中学毕业及其以上学历。但对于确有特殊技艺者，经省级教育行政部门核准，其学历要求可以适当放宽"。即除实习指导教师外，中等职业学校专任教师的学历均需达到本科以上层次。2011 年，教育部出台《关于"十二五"期间加强中等职业学校教师队伍建设的意见》提出，"专任教师中，学历达标率超过 95%，研究生层次教师比例逐步提高"。结合我国近年来中等职业学校实习指导教师占专任教师的比例长期不超过 4%，到 2015 年末要完成这一目标，我国中等职业学校专任教师中专科及专科以下学历专任教师所占比例要降低到 4% 以下。这意味着今后三年平均每年专科以下学历教师所占比例要降低至少 3 个百分点（见图 3-11）。

2. 专科高职院校专任教师学历大幅提高

2008—2012 年，专科高职院校专任教师研究生以上学历的提升比例占到整个专任教师队伍中研究生以上学历教师比例的 1/3，是历史上专任教师学历提升最快的时期。从 26.17% 提高到 38.03%，累计提高了 11.86 个百分点。2011—2012 年提高了 2.64 个百分点，虽然低于 2008—2012 年的平均提高速度，但仍保持了较高的速度（见图 3-12）。

根据 2002 年《教育部办公厅关于加强高等职业（高专）院校师资队伍建设的意见》提出的，到 2005 年，获得研究生学历或硕士以上学位的教师基本达到专任教师总数的 35%。这一目标推迟到 2011 年实现，滞后了 6 年时间。

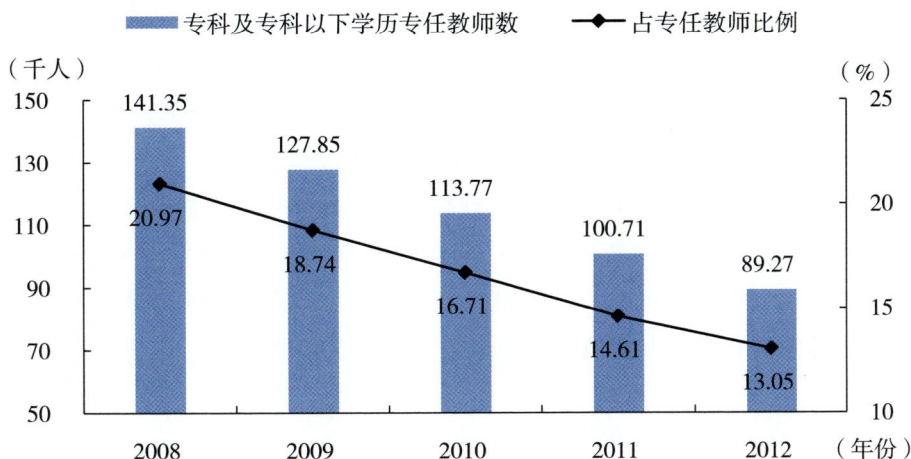

图 3-11　**2008—2012 年中等职业学校专科及专科以下学历专任教师比例变化情况**

注：不含技工学校。

数据来源：中华人民共和国教育部发展规划司. 中国教育统计年鉴［M］. 2008—2012. 北京：人民教育出版社，2009—2013.

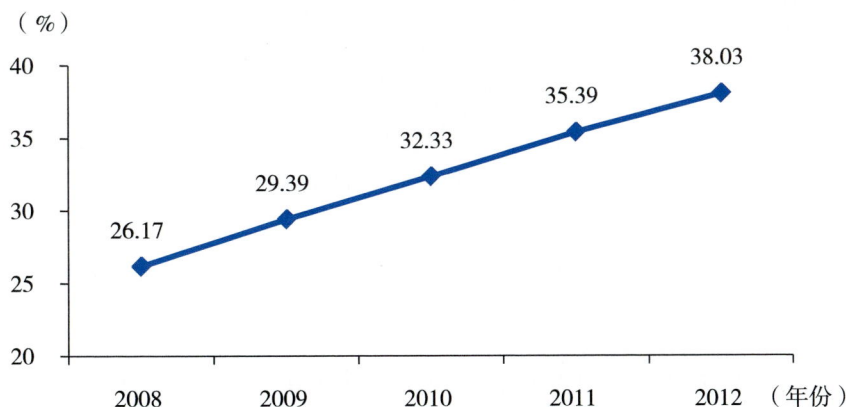

图 3-12　**2008—2012 年专科高职院校研究生学历教师比例**

注：不含技工学校。

数据来源：中华人民共和国教育部发展规划司. 中国教育统计年鉴［M］. 2008—2012. 北京：人民教育出版社，2009—2013.

（三）教师职称结构更加合理

从2011—2012年职业院校专任教师职称结构的变化情况来看，无论中职还是专科高职，高级职称教师所占比例都在增加，未定职称教师比例都在继续下降，但职业教育教师高级职称的比例仍然低于同层次普通教育。

1. 中职高级职称比例教师持续增加

从2012年全国中等职业学校专任教师职称分布来看，拥有正高级职称的专任教师所占比例为0.59%，拥有副高级职称的专任教师比例为22.39%，合计为22.98%，从2009年起连续4年略高于《中等职业学校设置标准》中具有高级专业技术职务人数不低于20%的标准（见图3-13）。

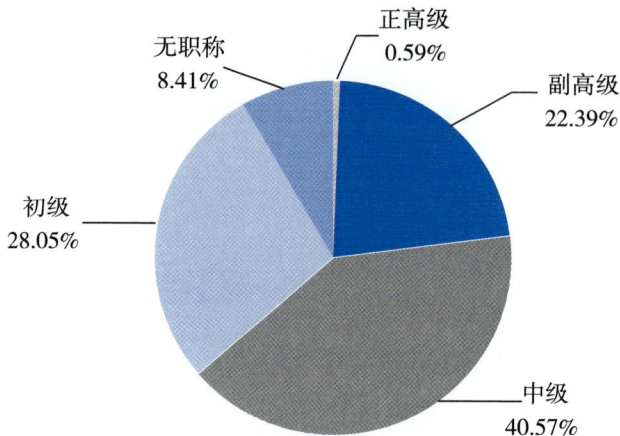

图3-13 **2012年中职专任教师职称分布**

注：不含技工学校。

数据来源：中华人民共和国教育部发展规划司. 中国教育统计年鉴2012 [M]. 北京：人民教育出版社，2013.

从获得高级职称教师占专业教师比例的变化情况来看，从2008年的19.62%稳定上升到2012年的22.98%，上涨幅度分别为0.74%、0.83%、0.86%和0.93%。2011—2012年度提升幅度最大。但是，中等职业学校专任教师高级职称教师比例提高主要是由于副高级职称专任教师比例的提高，而拥有正高级职称的专任教师比例在逐渐下降。2008—2012年，中等职业学校专任教师拥有正高级职称的比例从 0.75% 下降到了 0.59%，下降了 0.16 个百分点（见图 3-14）。

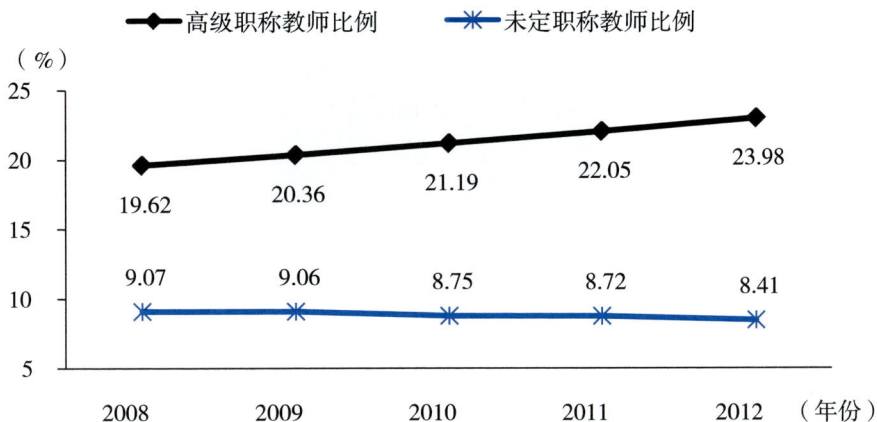

图 3-14　2008—2012 年中职专任教师高级职称及未定职称教师比例变化

注：不含技工学校。

数据来源：中华人民共和国教育部发展规划司．中国教育统计年鉴［M］．2008—2012．北京：人民教育出版社，2009—2013．

中等职业学校专业教师中未定职称的比例在逐年下降，从 2008 年的 9.07% 下降到 2012 年的 8.41%，累计下降 0.66 个百分点。其中，2011—2012 年度下降了 0.31 个百分点，是近 5 年下降幅度最大的一年。未定职称专任教师比例的下降一方面说明中等职业学校新入职教师占比的减少，另一方面也说明专任教师队伍的稳定性在增加。

2. 专科高职院校高职称教师比例偏少

2012 年，全国专科高职院校专任教师中拥有正高级职称的专任教师所占比例为 4.00%，拥有副高级职称的专任教师比例为 25.06%，两者合计为 29.06%；占比最高的为中级职称专任教师，占 39.33%；初级职称专任教师和无职称专任教师比例分别为 23.35% 和 8.25%（见图 3-15）。

与本科院校相比，专科高职院校专任教师的高级职称比例明显偏低。2012 年，全国本科院校正高级职称和副高级职称教师比例分别为 15.02% 和 30.16%，分别比专科高职院校高出 11.02% 和 5.10%，累计高出 16.12%。特别是正高级职称教师的比例，本科院校是专科高职院校的 3 倍多。

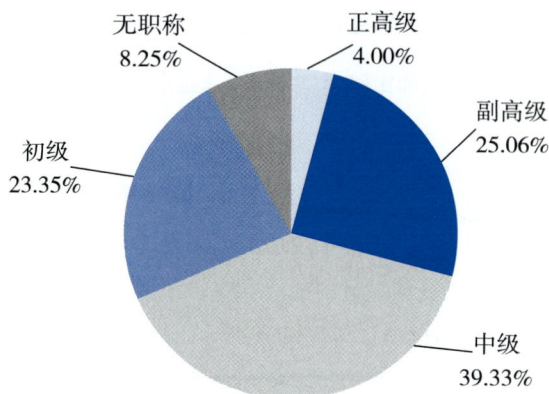

图 3-15　2012 年专科高职院校专任教师职称分布

注：不含技工学校。

数据来源：中华人民共和国教育部发展规划司．中国教育统计年鉴 2012［M］．北京：人民教育出版社，2013.

从 2008—2012 年专任教师高级职称比例和未定职称比例的变化来看，专科高职院校专任教师队伍的职称结构在缓慢改善。其中，高级职称教师比例在这 5 年中持续稳步提升，从 28.14% 提升到 29.06%，累计提升了近 1 个百分点。而未定职称教师比例也是稳步逐年下降，从 9.51% 下降到 8.25%，累计下降了 1.26 个百分点（见图 3-16）。

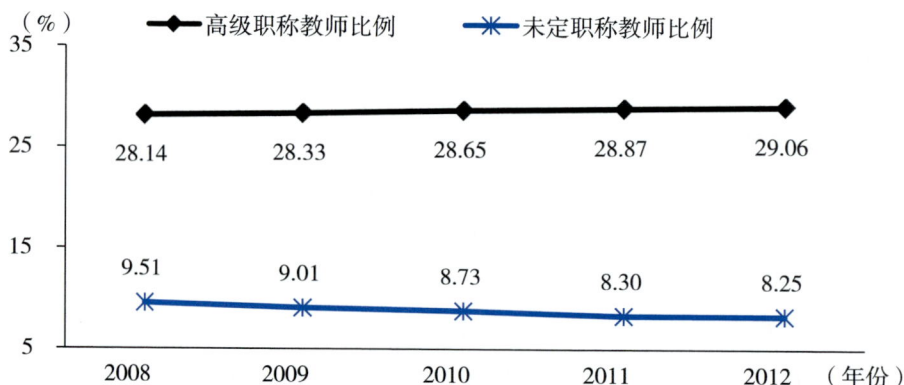

图 3-16　2008—2012 年专科高职院校专任教师高级职称及未定职称教师比例变化

注：不含技工学校。

数据来源：中华人民共和国教育部发展规划司．中国教育统计年鉴［M］．2008—2012．北京：人民教育出版社，2009—2013.

（四）中职教师队伍年轻化过程已经结束

中等职业学校专任教师仍以中青年为主。2012 年，中等职业学校专任教师占比例最高的为 31—40 岁的专任教师（26.69 万人），占专任教师总数的 39.02%；其次为 41—50 岁的专任教师，占到总数的 30.06%；再次为 30 岁以下的专任教师，占 23.04%；40 岁以下专任教师占专任教师总规模的 62.06%（见图 3-17）。

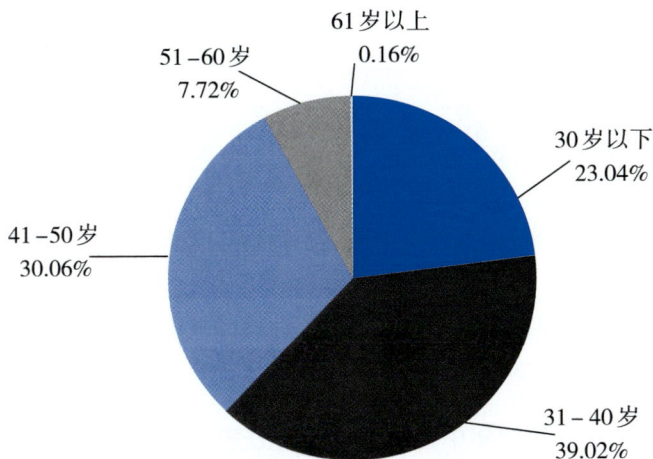

图 3-17 2012 年中等职业学校专任教师年龄分布情况

注：不含技工学校。

数据来源：中华人民共和国教育部发展规划司．中国教育统计年鉴 2012［M］．北京：人民教育出版社，2013.

从年龄结构的变化来看，中等职业学校专任教师队伍年轻化过程已经结束，开始走向成熟。2011—2012 年，30 岁以下专任教师占专任教师总数的比例减少了 1.44%，31—40 岁的专任教师占专任教师总数的比例减少了 0.14%，40—60 岁以上专任教师占专任教师总数的比例提高了 1.63%。从 2002 年开始，中等职业教育招生数量及占高中阶段招生总数的比例逐渐上升，2009 年达到高中阶段招生总数 51.1% 的峰值，2010 年招生规模达到创纪录的 870 万人。学生规模的膨胀带来了教师队伍的扩张，其中，新近教师主要是来源于专科院校毕业生。经过几年的快速发展，如今扩张速度逐步减缓（见图 3-18）。

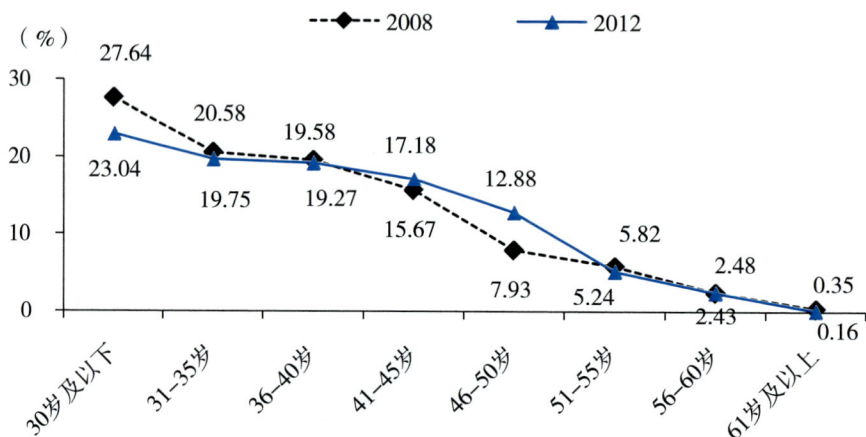

图 3-18　2008—2012 年中等职业学校专任教师年龄结构变化

注：不含技工学校。

数据来源：中华人民共和国教育部发展规划司．中国教育统计年鉴［M］．2008—2012．北京：人民教育出版社，2009—2013．

从 2008—2012 年两年中等职业学校专任教师的年龄结构分布进一步说明这一变化趋势。从图 3-21 中可以发现，2012 年中等职业学校 30 岁以下专任教师的比例从 2008 年的 27.64% 下降到 23.04%，下降了 4.60 个百分点；同时，46—50 岁年龄阶段的专任教师比例从 7.93% 上升到 12.88%，上升了 4.95 个百分点，变化比例大致对应。两个年份中，其他年龄阶段教师所占比例大体相当。2012 年相对于 2008 年，整个中等职业学校专任教师队伍的平均年龄提高了近 1 岁。

（五）中职学校专业课教师比例持续提高

从 2008—2012 年的情况来看，中等职业学校中文化基础课教师的数量和占比都在逐步下降，专科课教师的数量和比例稳步提升，实习指导课教师的规模较小，但波动相对较大。

文化基础课教师数量减少。2008—2012 年，中职学校文化基础课教师的规模呈现小幅波动并稳定下降的趋势。2008年，文化基础课专任教师规模达到30.68万人。此后，2008—2010年，持续下降到29.70万人。然而在2010—2011年度，文化基础课专任教师规模出现反弹，增至30.05万人。在2011—2012年度，文化基础课专任教师规模减少到28.98万人，减少了1.07万人，是近几年减少幅度最大的一年。从五年来文化基础课专任教师占专任教师的比例来看，呈现稳定下降的趋势，从2008年的45.50%持续下降到2012年的42.36%（见图3-19）。

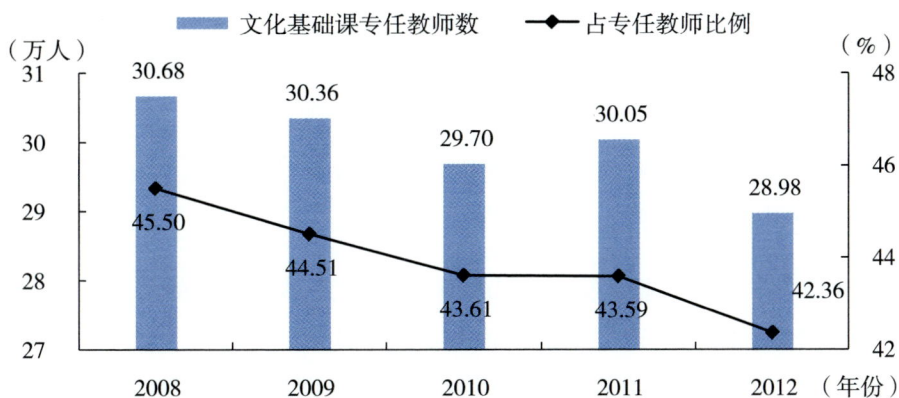

图3-19　2008—2012年中职文化基础课教师及占专任教师比例变化情况

注：不含技工学校。

数据来源：中华人民共和国教育部发展规划司.中国教育统计年鉴［M］.2008—2012.北京：人民教育出版社，2009—2013.

专任教师中专业课教师的规模及其占专任教师总数比例持续增加。中职学校专业课教师规模2008—2012年稳步增长，增长速度超过专任教师规模增长速度。专业课教师的规模从34.45万人增长到36.73万人，增加了2.28万人。同期，专业课教师占专任教师的比例也呈现出小幅波动，除2011年略有下降，整体上保持了持续增长的态势，从2008年的51.11%提升到2012年的53.69%（见图3-20）。

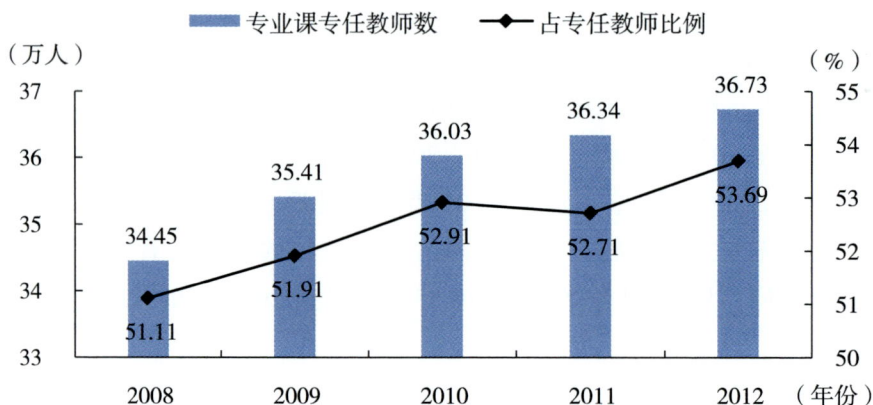

图 3-20 **2008—2012 年中职学校专业课教师规模及占专任教师比例变化情况**

注：不含技工学校。

数据来源：中华人民共和国教育部发展规划司. 中国教育统计年鉴 [M]. 2008—2012. 北京：人民教育出版社，2009—2013.

2012 年，中等职业学校专业课教师变化不大。规模最大的前三个专业是信息技术类、加工制造类和财经商贸类，分为 67.66 万人、52.13 万人和 36.98 万人。这三类专业课教师的总和占到专业课教师总数的 42.68%。在 2011—2012 年度，信息技术类、加工制造类专业课教师的比例分别下降了 0.66% 和 0.29%，财经商贸类略有增加。在所有 19 个专业中，2011—2012 年度，教育类专业课教师继续成为增长幅度的类型，增加了 0.61%，其次是农林牧渔类，增加 0.33%；下降最多的是信息技术类专业课教师（见表 3-3）。

表 3-3 **专业课教师中各专业教师所占比例及变化**

专业	各专业教师人数（千人）		各专业教师占专业课教师比例（%）	
	2012 年	2011 年	2012 年	相较于 2011 年
信息技术类	67.66	69.32	18.42	-0.66
加工制造类	52.13	52.62	14.19	-0.29
财经商贸类	36.98	36.47	10.07	0.03
教育类	34.29	31.71	9.34	0.61

续表

专业	各专业教师人数（千人）		各专业教师占专业课教师比例（%）	
	2012 年	2011 年	2012 年	相较于 2011 年
文化艺术类	32.63	32.89	8.88	-0.17
医药卫生类	25.62	26.00	6.98	-0.18
农林牧渔类	23.14	21.71	6.30	0.33
其他	18.21	19.06	4.96	-0.29
旅游服务类	16.19	16.08	4.41	-0.02
交通运输类	14.86	14.10	4.05	0.17
体育与健身	14.36	14.03	3.91	0.05
土木水利类	10.09	9.43	2.75	0.15
公共管理与服务类	6.20	5.86	1.69	0.08
轻纺食品类	3.92	3.55	1.07	0.09
能源与新能源类	3.45	3.52	0.94	-0.03
石油化工类	2.65	2.41	0.72	0.06
资源环境类	2.12	2.03	0.58	0.02
司法服务类	1.53	1.41	0.42	0.03
休闲保健类	1.26	1.18	0.34	0.02

注：不含技工学校。

数据来源：中华人民共和国教育部发展规划司．中国教育统计年鉴［M］．2011—2012．北京：人民教育出版社，2012—2013．

显然，中等职业学校各学科专任教师的数量变化与各学科的招生数量存在一定的关系。2011—2012 年度，中等职业学校招生人数相较于前一年下降 8.14%，专业课教师则下降 1.06%。从各学科来看，体育与健身、交通运输类、旅游服务类、教育类以及休闲保健类等 5 个专业大类招生实现增长，分别增加 10.64%、7.64%、5.12%、2.54% 和 2.27%。这几个专业大类的专任教师除旅游服务类外，也都实现增长。在招生下滑较多的能源与新能源（下降 22.25%）、农林牧渔类（下降 15.73%）、加工制造类（下降 14.70%）和信息技术类（下降 13.97%）等 4 个专业中，除农林牧渔类外，其专业课教师数量也均出现下降。目前，尚不能确定各学科专业课教师数量变化与招生人数的相关性大小，但从上述数据分析中可以认为，专业招生人数与学科专业课教师数量存在着一定相关性。

实习指导课教师数量较少，波动较大。2008—2012 年，实习指导课教师规模基本呈"一年升、一年降"的态势，保持在 2.29—2.55 万人，年度变化率在 2.32%—7.53%。从实习指导课教师占专任教师的比例来看，基本在 3.39%—3.70%。2011—2012 年，中等职业学校实习指导课教师数量下降 0.06 万人，占专任教师比例下降 0.06%，总体比例和规模仍然偏少（见图 3-21）。

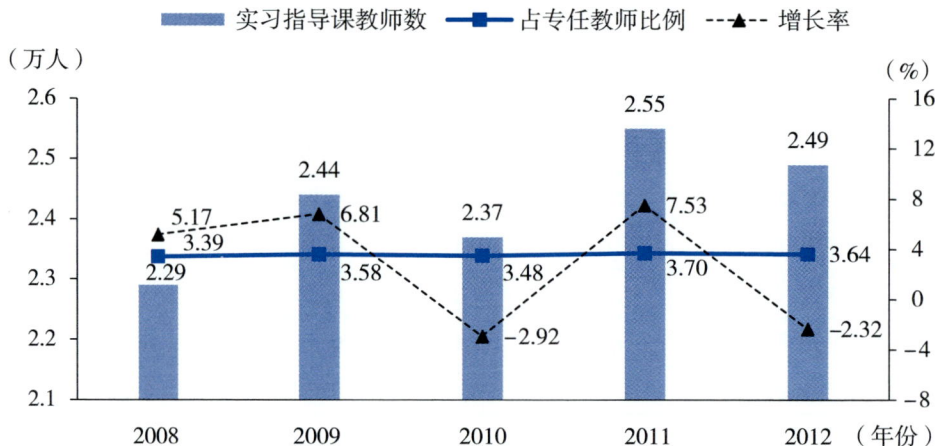

图 3-21　**2008—2012 年中等职业学校实习指导课教师规模、占专任教师比例及增长率**

注：不含技工学校。

数据来源：中华人民共和国教育部发展规划司 . 中国教育统计年鉴［M］. 2008—2012. 北京：人民教育出版社，2009—2013.

（六）东中西部地区职教师资队伍差距拉大

西部地区与全国平均水平差距的拉大是职业教育专任教师队伍建设存在的主要问题，突出表现在生师比和研究生学历专任教师所占比例这两个指标上。2011—2012 年，西部地区中职生师比与全国平均水平的差距从 3.71 上升到 3.87，专科高职院校生师比与全国平均水平的差距从 0.62 上升到 0.96。

专任教师中研究生学历的比例，西部地区与全国平均水平的差距中职从 1.21 个百分点上升到 1.31 个百分点，专科高职院校从 5.65 个百分点上升到 6.03 个百分点。与全国平均水平差距的拉大，说明西部地区职业教育教师队伍的发展速度明显低于中东部地区。西部地区有必要在资源投放和政策上采取倾斜措施，实现跨越式发展，否则将难以改变职业教育发展落后的面貌。

1. 西部地区生师比仍然高于全国平均水平

2011—2012 年度，全国各区域中等职业学校生师比在不同程度上得到改善，同时区域差距在拉大。在这一年度中部地区生师比下降最多，达到 1.71，其次为西部地区 0.89，东部地区下降最少为 0.66。从变化后的生师比情况来看，东部和中部地区生师比差距逐步缩小，从 1.58 缩小到 0.53。西部地区生师比仍然最高为 28.57∶1（见表 3-4）。

表 3-4　2011—2012 年全国分区域中等职业学校生师比变化情况

地区	2011 年	2012 年	变化
全国	25.75	24.70	-1.05
东部	23.80	23.14	-0.66
中部	25.38	23.67	-1.71
西部	29.46	28.57	-0.89

注：不含技工学校。

数据来源：中华人民共和国教育部发展规划司．中国教育统计年鉴［M］．2011—2012．北京：人民教育出版社，2012—2013．

分地区看，2012 年，东部地区的天津、辽宁、上海、浙江和中部地区的吉林、黑龙江、山西以及西部的内蒙古等 8 个省份中职学校生师比低于 20∶1，比上一年新增浙江、山西和内蒙古 3 省。生师比超过 30∶1 的省份仍然有 10 个，分别为东部的福建、广东、海南；中部的江西；西部的广西、四川、贵州、西藏、青海、宁夏。其中广西和宁夏的生师比超过 40∶1。

分区域来看，专科高职院校生师比继续保持由东向西逐步升高的局面。2012 年，专科高职院校生师比略有下降，降低了 0.05。从分区域的情况来看，中东部地区生师比均出现降低，东部地区降低 0.24，中部地区降

低 0.01。但西部地区生师比仍然在继续升高，在 2010—2011 年度升高
0.35 的基础上，继续升高了 0.29（见表 3-5）。

表 3-5　2011—2012 年全国分区域专科高职院校生师比变化情况

区域	2011 年	2012 年	2012 年变化
全国	17.28	17.23	−0.05
东部	16.85	16.61	−0.24
中部	17.34	17.33	−0.01
西部	17.90	18.19	0.29

注：不含部属院校。

数据来源：中华人民共和国教育部发展规划司. 中国教育统计年鉴［M］. 2011—2012. 北京：
人民教育出版社，2012—2013.

2. 西部院校高学历专任教师比例持续低于平均水平

从分区域的情况来看，2012 年中部地区中等职业学校专任教师中拥有研究
生学历的比例为 6.35%，继续领先于东部和中部，超过全国平均水平 1.20 个百
分点；西部仍然最少，为 3.84%，低于全国平均水平 1.31 个百分点；东部地区
为 5.02%，略低于全国平均水平。2011—2012 年度，东、中、西部地区中等职
业学校专任教师中拥有研究生学历的比例均有提高，从提高的比例来看，东部
地区提高最多，达到 0.72 个百分点；中部地区次之，提高了 0.55 个百分点。
从各地区提高的幅度来看，东部地区超过全国平均水平，中、西部地区略低于
全国平均水平。按照这一发展速度，预计东部地区中等职业学校专任教师中拥
有研究生学历的比例 2013 年即将超过全国平均水平，在 2020 年左右超过中部
地区。值得注意的是，西部地区在这一指标上与全国平均水平的差距在逐渐拉
大，西部地区对人才的吸引力明显低于中部和东部地区（见表 3-6）。

表 3-6　2011—2012 年全国分区域中等职业学校研究生以上学历教师比例变化情况

区域	2011 年	2012 年	2012 年增长（%）
全国	4.54	5.15	0.61
东部	4.30	5.02	0.72
中部	5.80	6.35	0.55

续表

区域	2011 年	2012 年	2012 年增长（%）
西部	3.33	3.84	0.51

注：不含技工学校。

数据来源：中华人民共和国教育部发展规划司．中国教育统计年鉴［M］．2011—2012．北京：人民教育出版社，2012—2013．

从分区域的情况来看，专科高职院校专任教师中拥有研究生学历的比例依然由东到西呈逐步降低的趋势，即东部最高，超过全国平均水平 5.48 个百分点；西部最低，低于全国平均水平 6.03 个百分点；中部地区也低于全国平均水平。2011—2012 年，东、中、西部地区专科高职院校专任教师中拥有研究生学历的比例均有提高，从提高的比例来看，东部地区提高最多，达到 3.32 个百分点；西部地区次之为 2.26 个百分点。从各地区提高的幅度来看，东部地区与中、西部地区的差距继续拉大，东部地区对人才的吸引优势明显，凝聚力高出很多（见表 3-7）。

表 3-7　2011—2012 年全国分区域专科高职院校研究生以上学历教师比例变化

区域	2011 年	2012 年	比上年增长（%）
全国	35.39	38.03	2.64
东部	40.19	43.51	3.32
中部	32.99	34.99	2.00
西部	29.74	32.00	2.26

注：不含部属院校。

数据来源：中华人民共和国教育部发展规划司．中国教育统计年鉴［M］．2011—2012．北京：人民教育出版社，2012—2013．

三、双师型教师队伍稳步发展

建设一支教学水平高、专业技能强的"双师型"教师队伍，是职业院校办出特色、办出水平的关键因素。对于一个地区甚至一个国家来说，拥有一支高素质的"双师型"教师队伍，既是专科高职教育事业兴旺发达的标志，也是不断提高职业教育教学质量的根本保证。从 2012 年的情况来看，中等职业学校双师型教师所占比例达到 25.19%，专科高职院校达到 36.13%。但无论是中职还是专科高职，双师型教师所占比例的增幅均出现下降。

西部地区双师型教师队伍建设仍然落后于东部和中部地区。西部地区中等职业学校双师型教师队伍生师比与全国平均水平的差距从 2011 年的 1.36 上升到 2012 年的 1.64，专科高职院校双师型教师队伍生师比与全国平均水平的差距从 2011 年的 4.33 上升到 2012 年的 5.03。

（一）中职学校双师型教师比例继续提高

2008—2012 年，全国中职学校双师型教师比例继续稳步提升。2008 年，双师型教师所占比例仅为 17.16%，5 年间，双师型教师的比例提高了 8 个百分点。按照每年提高 1.6 个百分点的速度，还需要 3 年左右时间才能达到《中等职业学校设置标准》提出的"双师型教师不低于 30%"的标准。然而 2011—2012 年度，双师型教师所占比例从 23.71% 提高到 25.19%，提高了 1.48 个百分点，低于这段时期的平均提升速度，提升速度开始放缓，进一步提升的难度加大。未来一段时间，双师型教师队伍建设应该成为中职学校师资队伍建设的重点（见图 3-22）。

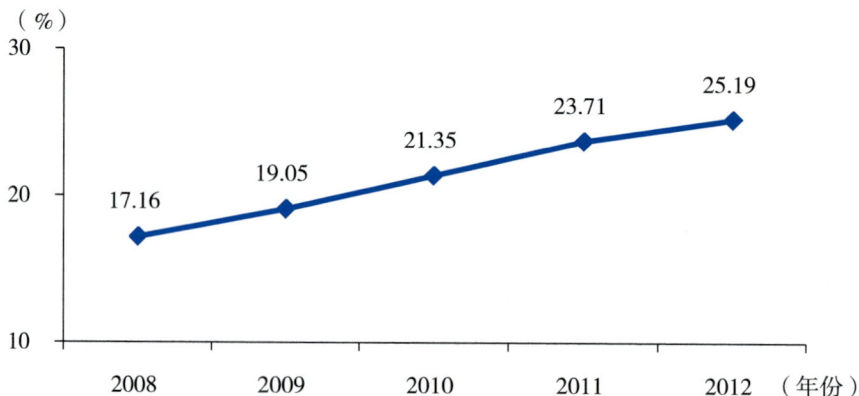

图 3-22 2008—2012 年中等职业学校双师型教师所占比例变化

数据来源：中华人民共和国教育部发展规划司. 中国教育统计年鉴 [M]. 2008—2012. 北京：人民教育出版社，2009—2013.

（二）专科高职院校双师型教师比例增速下降

2008—2012 年，我国专科高职院校双师型教师比例从 29.84% 提高到 36.13%，累计提高了 6.29 个百分点。从年度提高的幅度看，每年分别提高 1.58%、1.91%、2.02% 和 0.78%。如中职学校双师型教师比例增长规律一样，专科高职院校双师型教师比例的增长速度在最近一年开始降低，进入增长的高原期（见图 3-23）。

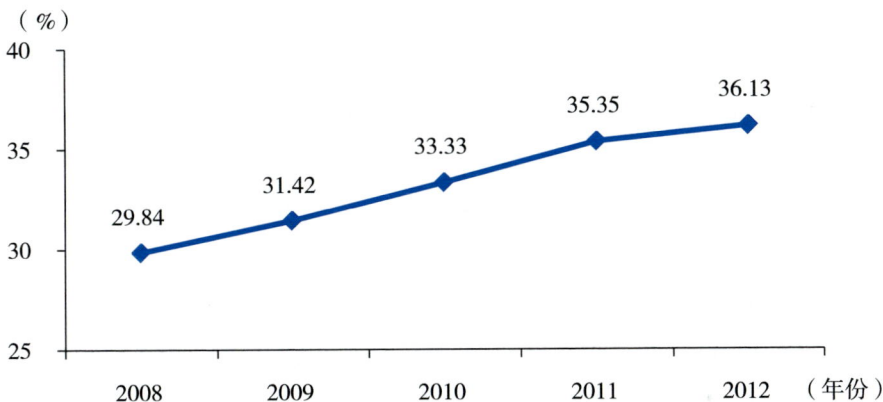

图 3-23　**2008—2012 年专科高职院校双师型教师所占比例变化**

数据来源：中华人民共和国教育部发展规划司．中国教育统计年鉴［M］．2008—2012．北京：人民教育出版社，2009—2013．

（三）西部双师型教师队伍建设落后于全国平均水平

2012 年，全国东、中和西部地区中等职业学校双师型教师比例分别为 28.21%、22.57% 和 23.55%，比上年分别提高 1.62、1.54 和 1.20 个百分点，全国整体提高了 1.48 个百分点，提升比例相对于 2010—2011 年低。东部地区双师型教师的比例和增长速度继续高于中部和西部地区（见表 3-8）。

表 3-8　全国分区域中职学校双师型教师比例变化情况

地区	2011 年	2012 年	比上年增长（%）
全国	23.71	25.19	1.48
东部	26.59	28.21	1.62
中部	21.03	22.57	1.54
西部	22.35	23.55	1.20

注：不含技工学校。

数据来源：中华人民共和国教育部发展规划司．中国教育统计年鉴［M］．2011—2012．北京：人民教育出版社，2012—2013．

　　分省看，全国共有安徽、广西、浙江、广东、江苏、青海等 6 省中等职业学校双师型教师比例超过 30%。双师型教师比例在 25%—30% 的有天津、宁夏、福建、山东、北京、湖南、四川、贵州等 8 个省份。除西藏外，山西的中职双师型教师所占比例最低。从各省数据来看，要实现双师型教师占专任教师比例 30% 的目标还有很长的路要走。

　　从分区域的情况来看，专科高职院校双师型教师所占比例仍然呈现由东到西逐步降低的情况，东部地区最高为 39.38%，高于全国平均水平 3.25 个百分点；西部地区最低为 31.10%，低于全国平均水平 5.03 个百分点；中部地区 35.43%，略低于全国平均水平。从 2011—2012 年度双师型教师的比例提高幅度来看，东部地区提高幅度最高，为 1.68 个百分点；中部地区次之，为 0.15 个百分点；西部地区仅提高不到 0.1 个百分点。相较于 2010—2011 年度，各区域双师型教师提高速度都有所降低（见表 3-9）。

表 3-9　2011—2012 年全国分区域专科高职院校双师型教师比例变化

区域	2011 年	2012 年	比上年增长（%）
全国	35.35	36.13	0.78
东部	37.70	39.38	1.68
中部	35.28	35.43	0.15
西部	31.02	31.10	0.08

注：不含部属院校。

数据来源：中华人民共和国教育部发展规划司．中国教育统计年鉴［M］．2011—2012．北京：人民教育出版社，2012—2013．

四、兼职教师队伍建设取得一定成效

2012 年，《职业学校兼职教师管理办法》的出台规范了职业学校面向社会聘请兼职教师的工作程序，聘用兼职教师应该成为职业学校的常态机制，并要求兼职教师的数量和水平纳入考核企业社会责任的重要内容。从目前兼职教师队伍的状况来看，规模仍然偏小且稳定性差，年度变化不规律。从校外兼职教师的学历结构和职称结构来看，相对于职业学校专任教师有明显的差异，有助于改善专业教师数量不足和技能经验不足的现状。

（一）兼职教师管理进一步规范化

兼职教师不但可以弥补职业院校专任教师不足的问题，还可以加强职业学校的专业建设，推动校企合作。来自生产一线的兼职教师可以为学校带来行业产业发展的最新趋势，解决教师实践技能不足的问题，而且兼职教师还可以为学校和企业建起沟通的桥梁，拉动校企合作。建立一支数量充足、结构合理、业务技能精湛的兼职教师队伍，是强化职业教育实践教学环节，提高人才培养质量的重要手段，是职业教育成功的重要保证。倡导和鼓励职业学校聘请兼职任教，也是我国职业教育教师队伍建设中一项长期坚持的政策导向。《国务院关于大力发展职业教育的决定》和《国家中长期教育改革和发展规划纲要（2010—2020 年）》都对完善兼职教师聘用政策，鼓励和支持职业学校社会和企事业单位聘用兼职教师提出了明确要求。

中共十八大报告把教育放在改善民生和加强社会建设之首，强调要"加强教师队伍建设，提高师德水平和业务能力，增强教师教书育人的荣誉感和责任感"。这一重要论述，充分体现了党和国家对教育工作特别是教师工作的高度重视。为落实十八大报告精神，2012 年 12 月，教育部出台了《职业学校兼职教师管理办法》（以下简称《办法》），为破解职业教育教师队伍建设体制机制难题，规范兼职教师管理，促进兼职教师队伍的科学合理可持续发展提供保障。

《办法》旨在建立优秀人才"共有共享"机制，解决职业院校聘请兼职教师四个核心问题：一是确定了兼职教师的基本条件。职业学校聘请的兼职教师应具备良好的思想政治素质和职业道德，具有中级以上专业技术职称（职务）或高级工以上等级职业资格，专业素养和技能水平较高，年龄一般不超过65岁。二是规范了兼职教师的管理。进一步规范职业学校面向社会聘请兼职教师的工作程序，强调职业学校应建立合作企业人员到职业学校兼职任教的常态机制。同时将选派兼职教师的数量和水平纳入考核企业社会责任的重要内容。三是强化了兼职教师的身份。兼职教师可按照相应系列教师评价标准参与职务评价，给予兼职教师从事职业学校相应教学岗位工作的专业身份。四是明确了聘用兼职教师经费来源。今后，将建立政府、学校、企事业单位多渠道筹措兼职教师经费投入机制，明确职业学校可以在事业收入中安排一定经费支付兼职教师的报酬，鼓励有条件的地方安排财政专项资金予以支持①。《办法》的出台对于规范职业院校聘用和评价兼职教师有着极大的促进意义。

（二）兼职教师结构不同于专任教师

校外兼职教师中具有高级职称的比例高于校内专任教师，同时兼职教师无职称的比例也较高。从2012年的情况来看，中等职业学校聘请校外教师中拥有正高级职称的比例为3.37%，高于专任教师中具有正高级职称的比例2.79个百分点；拥有副高级职称的比例为23.31%，高于专任教师1.09个百分点，合计高级职称比例比专任教师高3.88个百分点。同时，校外兼职教师中无职称的比例高于专任教师10.59个百分点。相对于专任教师，校外教师的职称情况分布更向两头分散，两极分化现象严重（见图3-24）。

校外兼职教师中研究生以上学历比例高于专任教师，而本科学历比例则低于专任教师。校外教师中拥有博士学历的比例为0.54%，高于专任教师0.42个百分点；拥有硕士学历的比例为7.23%，高于专任教师2.20个百分点，合计研

---

① 《职业学校兼职教师管理办法》解读材料［EB/OL］．（2012-12-13）［2014-9-15］．http://www.moe.gov.cn/publicfiles/business/htmlfiles/moe/s6985/201212/145553.html.

究生学历比例比专任教师高 2.62 个百分点。相较于 2011 年，校外教师研究生学历占比与专任教师研究生学历占比的差距在缩小，校外兼职教师中本科学历的比例低于专任教师 10.29 个百分点。因此，从教师总体学历达标来看，校外兼职教师仍然略低于中等职业学校专任教师（见图 3-25）。

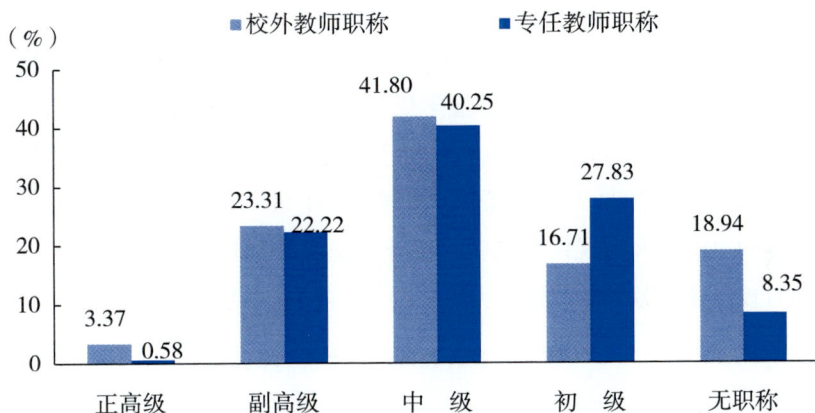

图 3-24 **2012 年中等职业学校校外教师职称情况**

数据来源：中华人民共和国教育部发展规划司 . 中国教育统计年鉴 2012 [M]. 北京：人民教育出版社，2013.

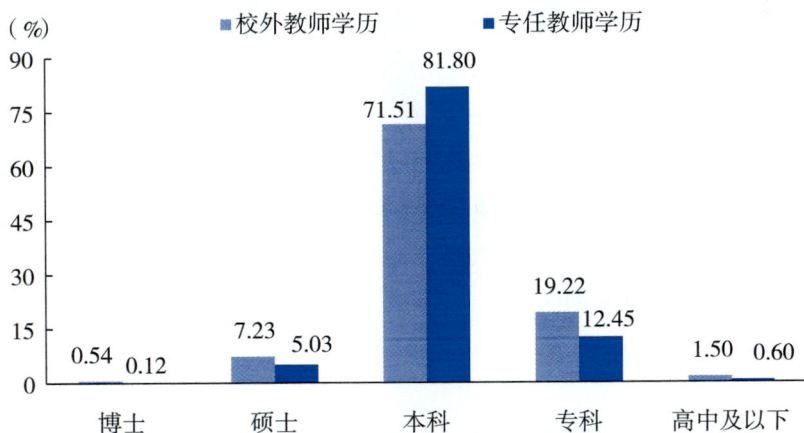

图 3-25 **2012 年中等职业学校兼职教师与专任教师学历对比**

数据来源：中华人民共和国教育部发展规划司 . 中国教育统计年鉴 2012 [M]. 北京：人民教育出版社，2013.

（三）中职学校兼职教师规模仍然偏小

从2008—2012年中等职业学校兼职教师规模趋于稳定，但规模仍然偏小，难以满足实践教学的需求。在这5年里，中等职业学校在校生规模为10.03—10.65万人。在2011—2012年度，校外兼职教师的数量增加了4.13%，是近年来波动幅度最大的一年。但总体来看，校外教师的规模还比较小。按照教育部《关于"十二五"期间加强中等职业学校教师队伍建设的意见》中确定的"全国中等职业学校专兼职教师总量达到135万人左右"的目标，假设我国中等职业教育在校生保持2000万人的规模，按照生师比20∶1的比例配备，专兼职教师应该达到100万人的规模。其中，校外兼职教师的规模应该达到35万人左右，现有校外兼职教师的规模仅为目标的1/3左右（见图3-26）。

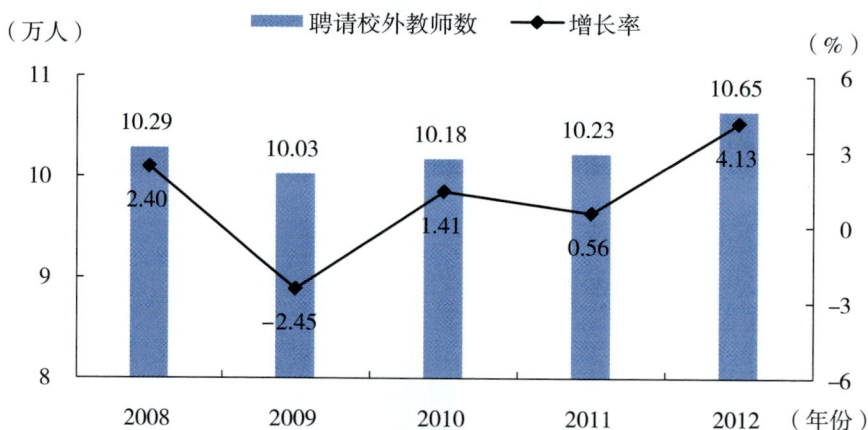

图3-26 2008—2012年中等职业学校校外兼职教师数量及增长率

数据来源：中华人民共和国教育部发展规划司. 中国教育统计年鉴［M］. 2008—2012. 北京：人民教育出版社，2009—2013.

五、中职学校女教师发挥更大作用

进入21世纪，党和政府对职教的高度关注，我国职业教育迎来了发展黄金期。《国务院关于大力推进职业教育改革与发展的决定》《国务院关于大力发展职业教育的决定》等一系列重要文件的出台，职业教育成为我国经济社会的重要基础和教育工作的战略重点。在此大背景下，越来越多的知识女性投身到职教事业当中。自2003年以来，女性专任教师的数量和所占比例稳步上升，成为促进我国职教发展的重要力量。从2011—2012年的情况来看，女性教职工的比例持续提高，达到46.85%；女性专任教师规模逐步稳定，高级职称比例也稳步提高，达到20.27%；女性专任教师硕士以上学历比例达到5.83%，高于专任教师平均水平0.68个百分点。然而，尽管女性专任教师学历结构优于整体专任教师队伍，但女性高级职称专任教师比例仍然低于平均水平2.71个百分点，与其总体比例不匹配。

（一）女性教职工比例持续提高

2008—2012年，中等职业学校女性教职工规模稳中有降，占教职工的比例稳定增长。2008年，中等职业学校女性教职工占教职工的比例为45.43%；2012年提高到46.85%，累计提高1.42个百分点。从女性教职工的规模来看，2008—2012年是稳中有降。2008年，女性教职工规模为44.23万人；2009年达到峰值，为44.54万人。然后是逐年下降，2012年为43.16万，比2008年减少了0.97万人（见图3-27）。

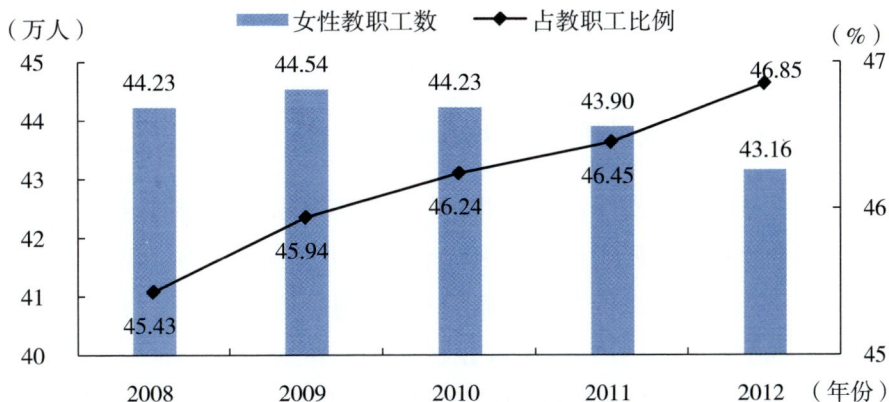

图3-27 2008—2012年女性教职工规模及占教职工的比例变化

数据来源：中华人民共和国教育部发展规划司. 中国教育统计年鉴［M］. 2008—2012. 北京：人民教育出版社，2009—2013.

（二）女性专任教师规模逐渐稳定

中等职业学校女性专任教师的规模在2008—2012年不断增长，增速逐渐放缓，规模逐渐稳定。2008年，中等职业学校女性专任教师有32.69万人，随后几年女性专任教师的规模保持持续增长。至2012年，规模增加到34.18万人，5年间增加1.49万人。从年度增长率来看，女性专任教师的增长速度在逐渐放缓，2011—2012年度，仅增加100人（见图3-28）。

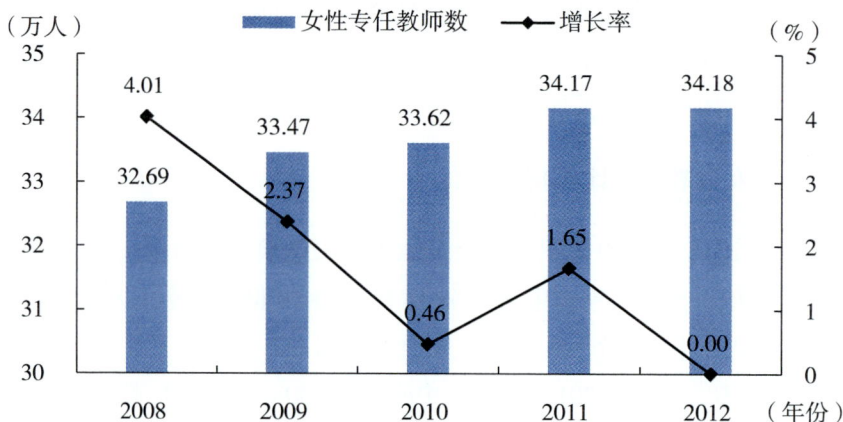

图3-28　**2008—2012年中等职业学校女性专任教师规模及增长率**

数据来源：中华人民共和国教育部发展规划司．中国教育统计年鉴［M］．2008—2012．北京：人民教育出版社，2009—2013．

（三）硕士以上女教师高于平均水平

2008—2012年，女性专任教师的学历结构持续改善，研究生以上学历所占比例持续提高，所占比例从3.02%稳步上升到5.85%，共计上涨了2.81个百分点。专科以下专任教师所占比例进一步减少，从18.31%逐步下降到10.43%，下降了7.88个百分点（见图3-29）。

整体来看，女性专任教师中研究生以上学历比例持续高于专任教师平均水平，2008年高出0.26个百分点，2012年高出0.68个百分点，优势进一步扩大。专科以下学历比例则低于专任教师的平均水平，一直低于平均水平 2.60 个百分点左右（见表 3-10）。

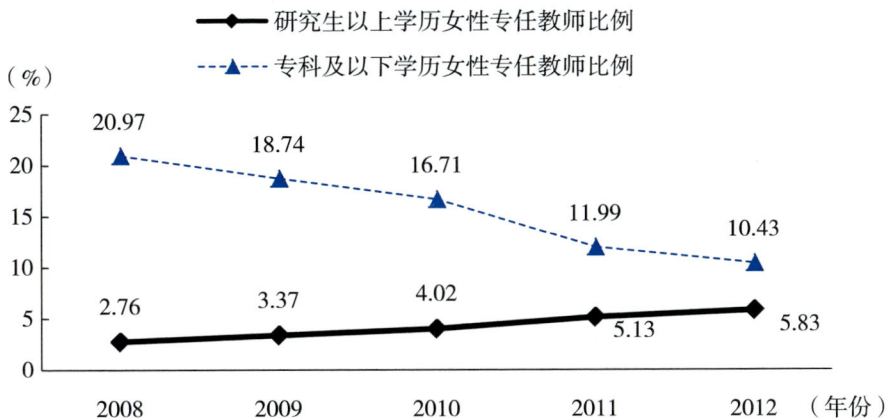

图 3-29 2008—2012 年中等职业学校研究生和专科及以下学历女性专任教师所占比例变化

数据来源：中华人民共和国教育部发展规划司．中国教育统计年鉴［M］．2008—2012. 北京：人民教育出版社，2009—2013.

表 3-10 2008—2012 年中职专任教师与女性专任教师不同学历所占比例及变化

年份	专任教师		女性专任教师		差距	
	研究生以上学历（%）	专科及以下学历（%）	研究生以上学历（%）	专科及以下学历（%）	研究生以上学历（%）	专科及以下学历（%）
2008	2.76	20.97	3.02	18.31	0.26	-2.66
2009	3.37	18.74	3.72	16.06	0.35	-2.68
2010	4.02	16.71	4.48	14.09	0.46	-2.62
2011	4.54	14.61	5.13	11.99	0.59	-2.62
2012	5.15	13.05	5.83	10.43	0.68	-2.62

数据来源：中华人民共和国教育部发展规划司．中国教育统计年鉴［M］．2008—2012. 北京：人民教育出版社，2012—2013.

（四）高级职称女教师比例逐步提高

2008 年，中等职业学校专任教师和女性专任教师中高级职称的比例分别为 19.62% 和 16.97%。2008—2012 年，专任教师和女性专任教师高级职称的比例都有所提高，专任教师中高级职称的比例提高到 22.98%，提高了 3.36 个百分点；女性专任教师高级职称的比例提高到 20.27%，提高了 3.30 个百分点，女性专任教师中高级职称的比例与平均水平的差距依然存在。2012 年，女性专任教师比专任教师高级职称的比例低 2.71 个百分点（见图 3-30）。

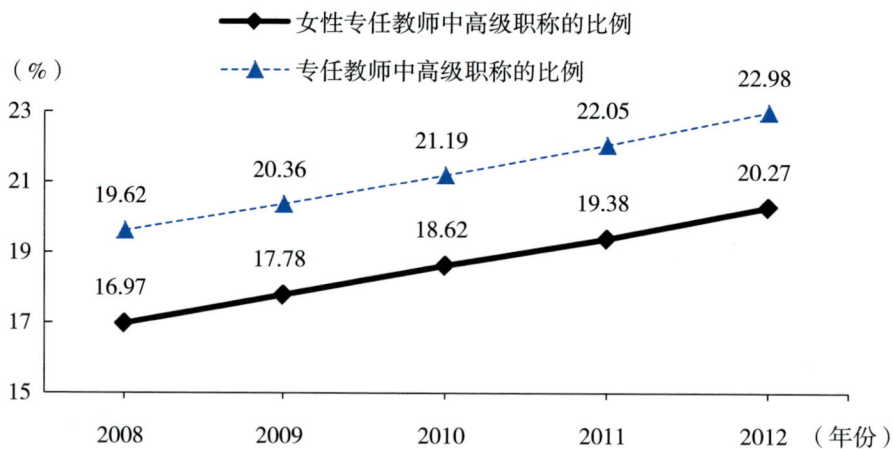

图 3-30 **2008—2012 年中等职业学校专任教师及女性专任教师中高级职称的比例**

数据来源：中华人民共和国教育部发展规划司．中国教育统计年鉴［M］．2008—2012. 北京：人民教育出版社，2009—2013.

第四章

职业教育经费投入还需加强

大力发展职业教育，需要有相应的经费投入作保障。近年来，各级政府不断加大对职业教育的经费投入力度，总量逐年增加，但相对于职业教育规模的增长速度，相应的经费投入还较滞后。在未来的很长一段时间内，要提升职业教育质量，办好职业教育，加强经费投入，拓宽来源渠道是必然趋势和客观要求。

一、以财政为主的经费投入稳步增长

近几年来，我国一直把大力发展职业教育作为繁荣经济、促进就业、消除贫困、保障公平、维护稳定的重要举措，要求把发展职业教育放在更加突出的位置，真正成为面向全社会的教育。

（一）经费投入总量持续增加

从 2007—2011 年，我国职业教育经费总量保持平稳增长，占全国教育经费的比重基本保持在 12% 以上。2011 年，全国职业教育经费总量为2889.3 亿元，比上一年增加了 480.5 亿元，增长 20%；与 2007 年相比，5年间增长了 1405.9 亿元，基本翻了一番。其中，中等职业学校经费

1638.5 亿元，专科高职院校经费 1250.8 亿元，分别比 2007 年增长了 92.4%和98.0%（见图4-1）。

图 4-1　2007—2011 年职业教育经费总量变化①

数据来源：教育部财务司. 中国教育经费统计年鉴［M］. 2008—2012. 北京：中国统计出版社，2008—2012.

（二）经费投入以国家财政为主

我国职业教育经费的来源主要有财政性投入、事业收入、民办院校投入、社会捐赠以及其他等五种渠道。就中职经费来源而言，财政性投入占据了绝对数额，达 70%以上；专科高职经费来源主要由事业收入和财政拨款两种方式，近几年事业收入的比例有所下降，财政拨款有所上升。

1. 中职国家财政性经费占据主导地位

2007—2011 年，全国中等职业教育经费总收入累计 6095.7 亿元，年平均教育经费收入 1219.14 亿元。其中，国家财政性教育经费总收入累计 4236.0 亿元，年均收入约 847.20 亿元；教育事业总收入累计 1607.8 亿元，年均收入约 321.56 亿元。在中等职业教育经费收入的各渠道中，除社会捐赠经费、事业收入外，其余渠道经费投入占职业教育经费总量的比重均呈现增长态势。

---

①　由于专科高职院校 2007 年才开始统计数据，本部分涉及中等职业学校和专科高职院校的比较，均采用 2007—2012 年的统计数据，以下类同，不再逐一说明。

在中等职业教育的经费来源中，国家财政性教育经费和事业收入，二者总和占到总量的96.5%。2011年，国家财政性经费占中等职业学校经费总量的比重达到76.8%，较上一年增长了5.5个百分点；与2007年相比，增长16.7个百分点。而事业收入比重仅为19.7%，较上一年回落了4.8个百分点；与2007年相比，回落15个百分点（见图4-2）。财政性经费占比的增加和事业收入的减少，与我国中等职业教育实施的免学费政策和国家助学金有直接关系。可见，我国中等职业学校经费中国家财政投入占据绝对位置，其他投入渠道仅处于辅助补充地位。

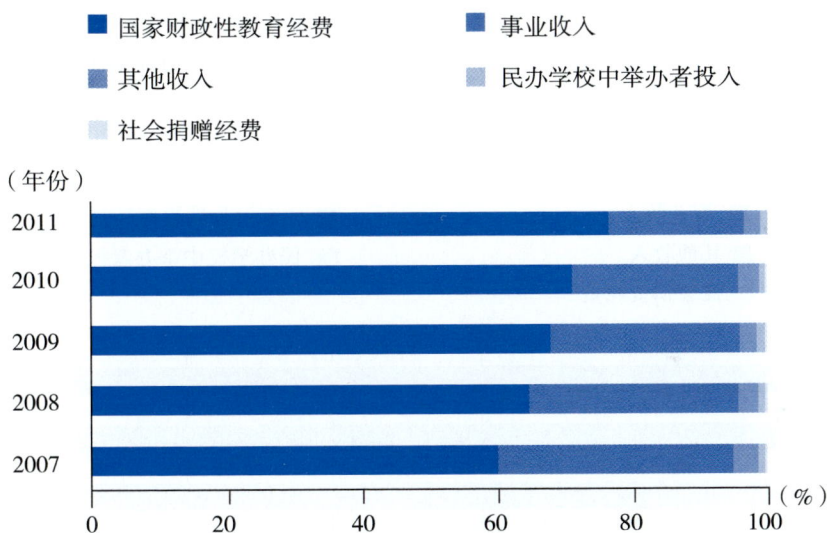

图4-2　2007—2011年中等职业教育经费来源结构

2. 专科高职院校国家财政性经费投入达一半

2007—2011年，全国专科高职院校教育经费总收入累计4657.8亿元，年均收入约931.55亿元。其中，国家财政性经费总收入累计2130.8亿元，年均收入约426.16亿元；教育事业总收入累计2237.5亿元，年均收入约447.5亿元。四年间，专科高职院校各渠道经费投入，除民办学校投入和社会捐赠经费外，其余渠道经费投入均呈现增长态势。

国家财政性教育经费和事业收入两者之和占到专科高职经费总量的94%。其中，2011年国家财政性经费所占比重达到54%，较上一年增长了

7.2 个百分点；与 2007 年相比，增长了 17.2 个百分点。同期，事业收入所占比重为 40.6%，较上一年回落了 6.9 个百分点，与 2007 年相比，回落 15.4 个百分点。这说明，国家财政加大了对专科高职的投入力度，降低了受教育者家庭的受教育成本和支出，是对学生接受高等职业教育的支持。

除国家财政性教育经费和事业收入外，民办学校中举办者投入和社会捐赠也是专科高职院校经费的来源渠道。民办学校举办者投入在经费来源中的占比四年间总体保持在 1%—2%，民间资本进入高等职业教育领域的政策环境尚不宽裕，机制有待健全，难以吸引民间资本进入。社会捐赠经费占比更小，且逐年下降，2011 年只有 0.21%；其他收入占到 5% 左右（见图 4-3）。不管是中职学校还是专科高职院校，我国职业教育经费的来源渠道总体来看还比较单一，主要还是依靠政府投入和受教育者的支出，尚未吸引民间资本进入。

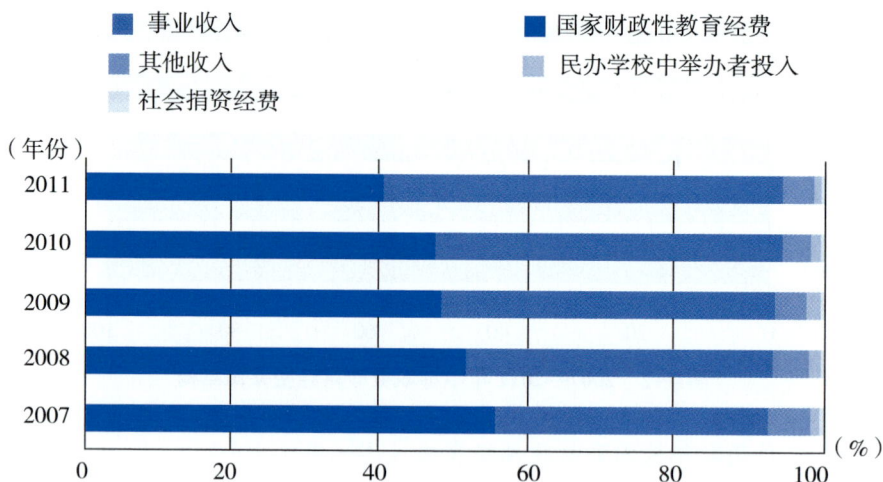

图 4-3　2007—2011 年专科高职院校教育经费来源结构

二、政府对职业教育的财政性投入

在我国职业教育经费来源的五种渠道中，政府的财政投入占据了主导地位，在经历了前几年低速增长之后，2011年投入增幅开始提速，中职和专科高职经费分别增加0.3个百分点，增幅较大。

（一）财政经费增速开始加快

近几年，我国政府大力推进科教兴国和人才强国战略。2011年，国家财政性教育经费占GDP的比例较上年有所增加，达3.9%。就职业教育经费而言，政府投入总量也在持续增加，国家财政性教育经费总量达1933.9亿元（其中，中职国家财政经费1259.1亿元，专科高职674.8亿元），比上一年增加474亿元，增长32.47%。从职业教育国家财政性教育经费占GDP的比重上来看，2011年，全国职业教育国家财政性经费占GDP的比重为0.41%，比上一年增长了0.05个百分点。2010年职教财政性投入占GDP的比重与2009年持平，没有增加；2009年较2008年增加0.03个百分点；2008年较2007年增加0.05个百分点。就中高职分类来看，专科高职经费增长速度高于中职经费。四年间，专科高职经费占GDP的比重增长了0.08个百分点，中职经费占GDP的比例增长了0.05个百分点。整体来看，职教经费占GDP的比重呈现出持续增长的态势，增幅开始加速（见图4-4）。

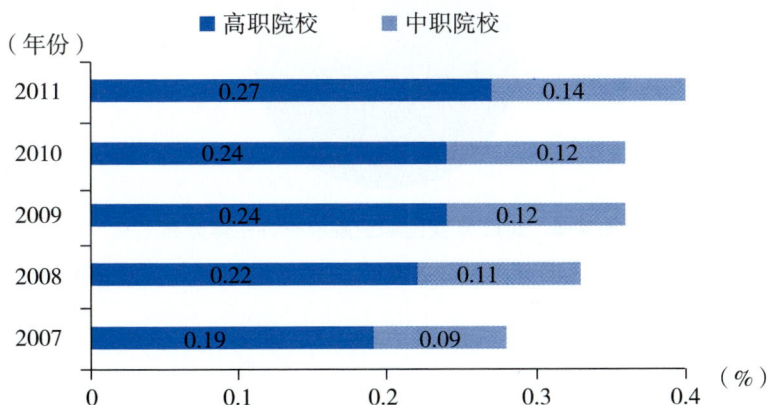

图4-4　2007—2011年职业教育（中高职）
国家财政性教育经费占GDP的比重

（二）财政投入以地方政府为主

我国职业院校以政府举办为主，大多数都为公办院校，而且多为地方政府主办，此种情况造成我国职业教育的财政性经费主要以地方财政投入为主。

1. 我国职业教育以公办学校为主体

从职业院校隶属关系看，2011 年我国职业院校中①由地方政府举办的有 8252 所，占总数的 72.1%，其中，中等职业学校 7283 所，专科高职院校 969 所。由中央政府举办的有 33 所，占职业院校总数的 0.3%，其中，中等职业学校 30 所，专科高职院校 3 所。由民间团体举办的职业院校 3164 所，占职业院校总数的 27.6%②。不管是中央政府主办，还是地方政府主办都属于公办院校，占到职业院校总数的 72.4%。可见，公办院校占据了职业教育办学的主体地位，而在公办院校中又以地方政府举办为主，地方政府成为我国职业院校办学的主要举办者（见图 4-5）。

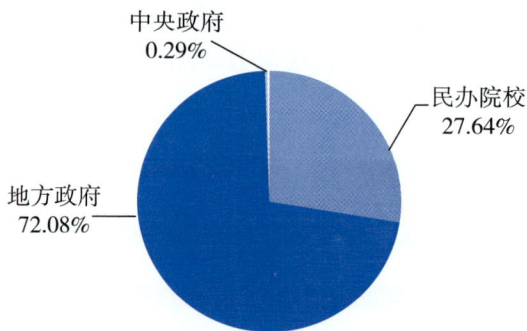

图 4-5　2011 年我国职业院校举办主体分布

数据来源：中华人民共和国教育部发展规划司．中国教育统计年鉴 2011［M］．北京：人民教育出版社，2012.

---

① 职业院校总数由中等职业学校和专科高职院校两部分组成。2011 年数据，按照中职 10169 所（不含技工学校数）、专科高职院校 1280 所计算。

② 中华人民共和国教育部发展规划司．中国教育统计年鉴 2011［M］．北京：人民教育出版社：2011：20-81.

2. 我国职业教育投入以地方财政为主

按照相关法律法规，我国职业教育主要涵盖专科高职和中等职业教育两个层次，二者的举办和管理都以地方为主，财政投入上也就主要依靠地方财政投入，且地方政府对职业教育公共财政支持力度呈现出逐年加大的趋势。2011年，地方政府对职业教育的国家财政性经费投入1914.3亿元，比上一年增加471.5亿元，增长32.7%，是2007年的2.6倍。中央政府投入19.6亿元，比上一年增加2.5亿元，增长14.6%，是2007年的2.2倍。无论是在投入增长的量上，还是投入增加的幅度上，地方政府都高于中央政府投入（见图4-6）。

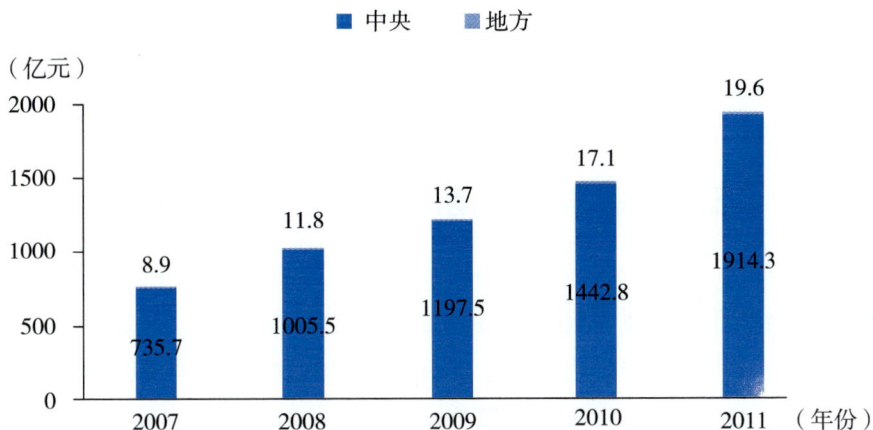

图 4-6 　**2007—2011 年中央政府和地方政府对职业教育的国家财政性经费投入**

在中高职分类中，地方政府对中职教育的投入高于专科高职教育。2007—2011年，地方政府财政性经费处于递增态势，从59.7%增长到76.5%，2011年达到最高值76.5%。相应地，地方政府财政性经费投入专科高职院校的比重从2007年的36%增长到2011年的52.9%（见图4-7）。可见，地方政府分担了绝大部分职业教育的财政支出，且对中等职业学校的投入显著高于对专科高职院校的投入金额，二者之间的差值基本不变，2007年二者差值为23.7%，2011年差值为23.6%。

■ 中等职业学校　■ 高职院校

（年份）

2011　76.5 / 52.9

2010　71.0 / 45.6

2009　67.5 / 42.2

2008　64.5 / 40.9

2007　89.7 / 36.0

0　20　40　60　80　100　（%）

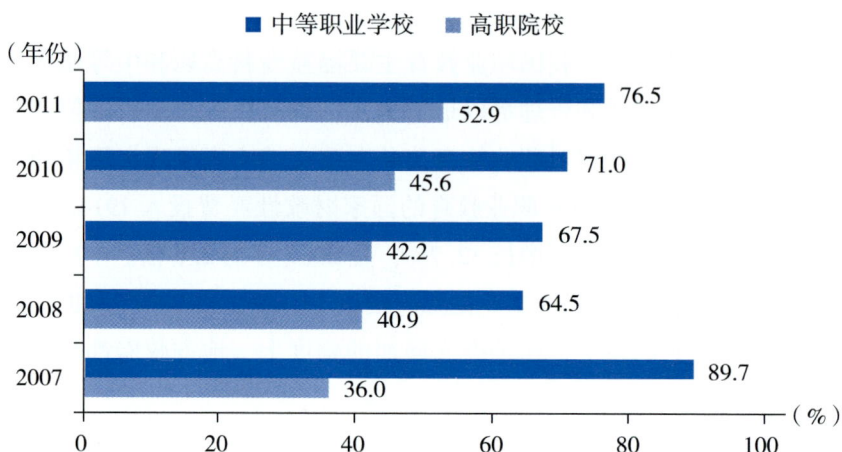

图 4-7　2007—2011 年地方政府投入职业院校财政性教育经费的比重

三、中职学生资助政策社会效益显著

国家对职业院校在校生的资助主要体现在中职学生上。《2012 中国中等职业学校学生发展与就业报告》显示，2012 年农村户籍中职学生占到在校生总数的 82%；长期以来，中职学校学生绝大多数来自农村和城市经济困难家庭，其中，来自中西部地区的学生占在校生总数的近 70%[①]。有鉴于此，对中职学校进行资助，使他们掌握一定的专业技能，摆脱贫困，过上有尊严的生活，对于促进社会公平、实现社会和谐具有重要意义。

（一）资助政策惠及众多学生

从 2005 年《国务院关于大力发展职业教育的决定》发布以来，逐步对中职学生实施资助政策，到目前为止，已经形成了以国家助学金和免学费为主，以顶岗实习、学校和社会资助为辅的资助体系，基本解决了家庭

---

① 闫景臻. 农村户籍占到职业院校在校生总数的 82% ［EB/OL］. （2013-04-16）［2014-09-04］. http：//edu. china. com. cn/2013-04/16/content_28561401. htm.

经济困难学生的就学问题。2007 年资助政策开始实施，至 2011 年，全国共资助中职学生 7496.2 万人次。其中，2011 年资助 1349 万人次（见图 4-8）；资助金额 223.2 亿元，与 2007 年相比，增长了 1.5 倍，5 年资助总金额 1051.3 亿元（见图 4-9）。

（万人次）

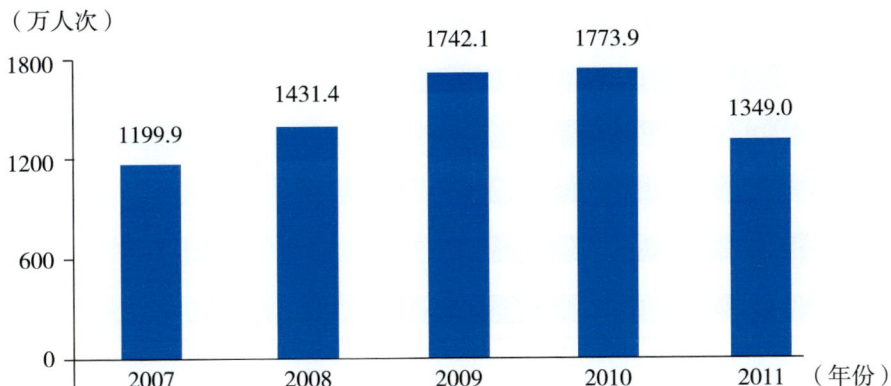

图 4-8　2007—2011 年全国资助中等职业学校在校学生总数

（亿元）

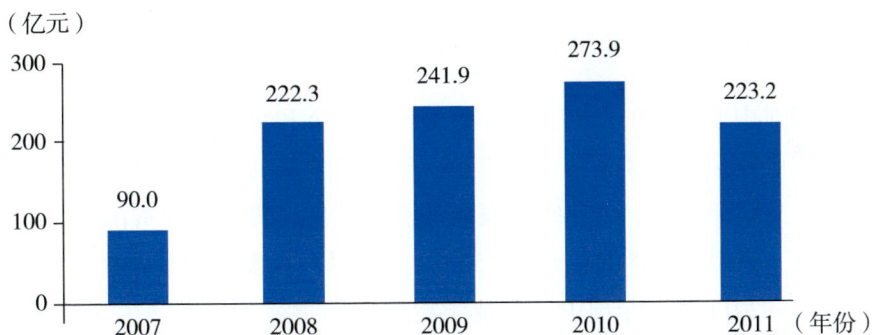

图 4-9　2007—2011 年全国资助中等职业学校学校学生总金额

（二）资助经费主要源于中央和地方两级财政

财政投入是中职学生资助的承担主体，自资助政策实施至 2011 年，每年的财政投入都达到 90% 以上。2011 年，财政投入中等职业学校学生资助资金 217.7 亿元。其中，中央财政投入 126.1 亿元，地方财政投入 91.6 亿元。5 年间，财政投入总量为 990 亿元，占财政投入总额的 52.3%；其他资助资金 61.4 亿元，占 5.8%。在资助投入的资金中，中央财政共投入 517.5 亿元，占财政投入总额的 52.30%；地方财政共投入 472.5 亿元，占 47.7%。可见，中等职业学校学生资助资金主要靠中央和地方两级财政为主，其中中央财政投入更多（见图4-10）。

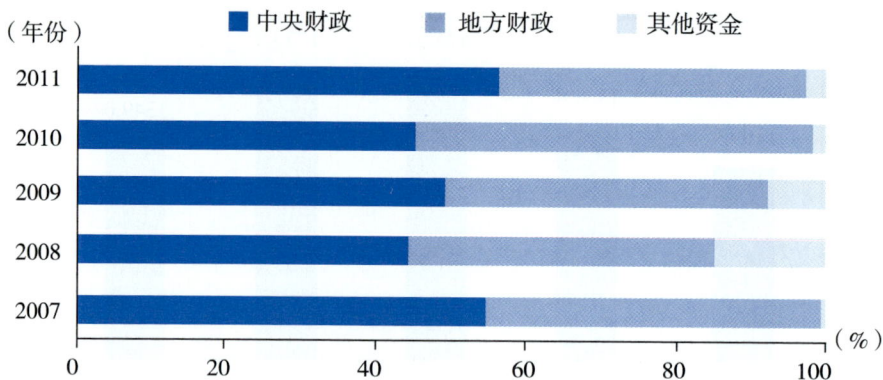

图 4-10　2007—2011 年中等职业学校学生资助经费来源结构比例

（三）资助经费主要用于助学金和免学费

我国对中职学生的资助主要分为国家助学金和免费学两种，其中国家助学金占到整个资助体系的70%以上。国家助学金的资助对象是全日制学历教育正式学籍的一、二年级家庭经济困难学生，集中连片贫困地区农村户籍学生，资助标准为每生每年 1500 元，按月直接发放到受助学生资助卡中。2007—2011 年，全国中等职业学校国家助学金共资助学生 5559.5 万人次，占资助学生总数的 74.2%；资助金额 743.9 亿元，占资助学生金额总数的 70.8%。资助学生由 2007 年的 1199.9 万人减少到 2011 年的 906.1 万人次，减少了 32.42%；资助金额由 2007 年的 90 亿元增长至 2011 年的 135.9 亿元，增长了 0.51 倍。

中职免学费对象为全日制正式学籍一、二、三年级在校生中所有农村（含县镇）学生、城市涉农专业学生和家庭经济困难学生（艺术类相关表演专业学生除外），免学费标准为每生每年 2000 元。2009—2011 年，全国中等职业学校学生享受免学费政策 1261 万人次，免学费金额 209.6 亿元。2009、

2010 和 2011 年三年免学费学生分别为 426 万人、440 万人和 395 万人次；免学费金额由 2009 年的 42.6 亿元增长至 2011 年的 79 亿元，增长 1.9 倍。

2007—2011 年，全国中等职业学校其他资助政策共资助学生 675.6 万人次，资助金额 97.8 亿元。其中，中央与地方设立的资助资金 36.43 亿元，其他资金 61.36 亿元。

图 4-11　2007—2011 年全国中职国家助学金、免学费及其他资助金额

在国家对中职学生资助的两种主要形式中，国家助学金占学生资助总量的比重最多，为 70.8%，免学费政策资金量达到 19.9%，二者之和占到学生资助总量的 90% 以上。（见图 4-12）可见，国家助学金和免学费是中等职业学校学生资助的重要保障，国家财政在帮助中职学生就学、扶持弱势群体方面发挥了重要作用。

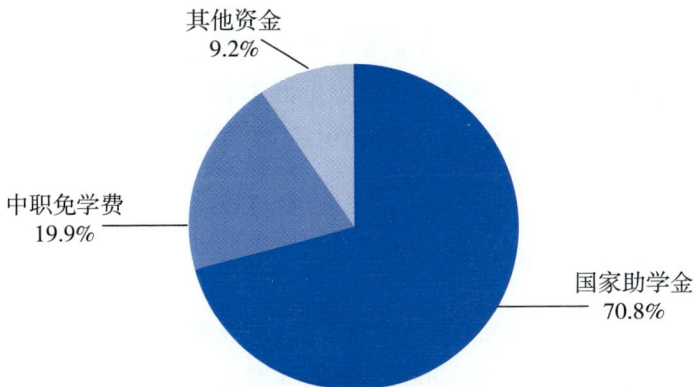

图 4-12　2007—2011 年中等职业学校学生资助类型分布

四、职业教育经费投入存在的重要问题

2007—2011 年，职业教育经费总量逐年增长，为职业教育规模发展奠定了物质基础。但无论是从职教经费自身增长来看，还是与其他教育经费相比，抑或是从经费政策的执行来看，都还存在不少问题，影响了职业教育质量和社会声誉的提升。

（一）低于同期教育经费增长率

多部国家法律法规都对职教经费作出明确规定，要求地方政府优先保证职教投入，制定生均经费标准，城市教育费附加用于职教的比例不得低于 30%，但贯彻落实不够，造成职业教育经费不但自身增长率在下降，也低于同期的教育经费增长率；造成虽然职业教育经费总量处于增长态势，增长速度却在放缓。

2007—2011 年，职业教育经费总收入累计为 10753.5 亿元，年平均教育经费收入约 2150.7 亿元。从职业教育总经费的增长率来看，增长速度逐年减缓，从 2007 年的 24.9%，减少到 2011 年的 20%，下降了 4.9 个百分点。

2011 年，全国教育经费增长率为 22%，与其相比，职业教育经费增长率低了 2 个百分点。其中，中等职业学校教育经费比上一年增加 281.2 亿元，增长 20.7%。比全国教育经费增长率低 1.3 个百分点；专科高职教育经费比上一年增加 199.3 亿元，增长 19%，比同期全国教育经费增长率低3 个百分点。

（二）经费投入增长与规模倒挂

近几年，职业教育招生规模逐渐扩大，但经费投入占教育经费总量的比例却在下降。就中职而言，2000 年在校生数占全国各级各类学生总数的比为 4%，2011 年增至 6.7%；但同期经费投入占全国教育经费的比重却呈现下降态势。2000 年，全国中等职业学校教育经费总计 371.01 亿元，占全国教育经费的比为 10.2%；2011 年经费总计 1357.31 亿元，占全国教育经费的比为 6.9%，下降了 3.3 个百分点（见图 4-13）。

◆— 中职教育经费占教育总经费比例

▲— 中职在校生数占全国各级各类学校在校生比例

（%）

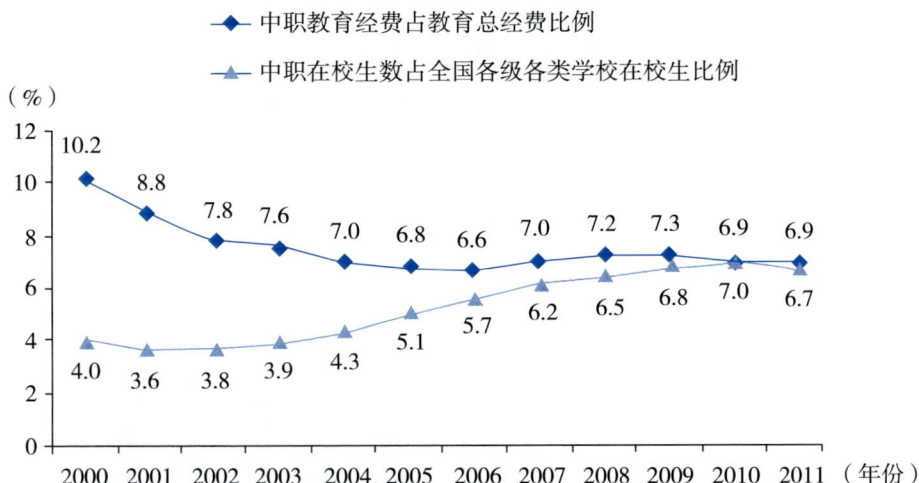

图 4-13　2000—2011 年中等职业学校教育经费占全国教育经费的比例变化

数据来源：教育部财务司. 中国教育经费统计年鉴［M］. 2001—2012. 北京：中国统计出版社，2001—2012.

相应的，中职教育预算内教育经费增长速度也在下降。2000 年，中职预算内教育经费为 186.4 亿元，占全国预算内教育经费的比例为 9.46%；2011 年，预算内教育经费为 1037.9 亿元，占全国预算内教育经费的比例为 6.18%，下降了 3.28 个百分点。

（三）投入水平低于普通教育

从理论上讲，职业教育由于实习实训设备购置以及基地建设，办学成本要高于普通教育。但现实中，我国对职业教育经费的投入低于对应层级的普通教育。

1. 中职学校与普通高中经费投入反差强烈

中等职业学校承担近一半高中阶段教育任务，但各级政府对其投入与此不符。2011 年，中等职业学校经费总量为 1638.5 亿元，普通高中

2494.4 亿元，中等职业学校比普通高中少 855.9 亿元，少了 1/3；而在 2000 年，中等职业学校经费总量为 371 亿元，普通高中为 191.1 亿元，中等职业学校比普通高中多 179.9 亿元，多出近一倍（见图 4-14）。2000—2005 年，中等职业学校经费总量远远高于普通高中①。以 2005 年为分水岭，之后普通高中教育经费总量逐渐高出中等职业学校经费总量，且差距逐年拉大。中等职业学校经费总量与普通高中经费总量比例从 2000 年的 1.94∶1 下降到 2011 年的 0.66∶1，二者增减幅度变化巨大。

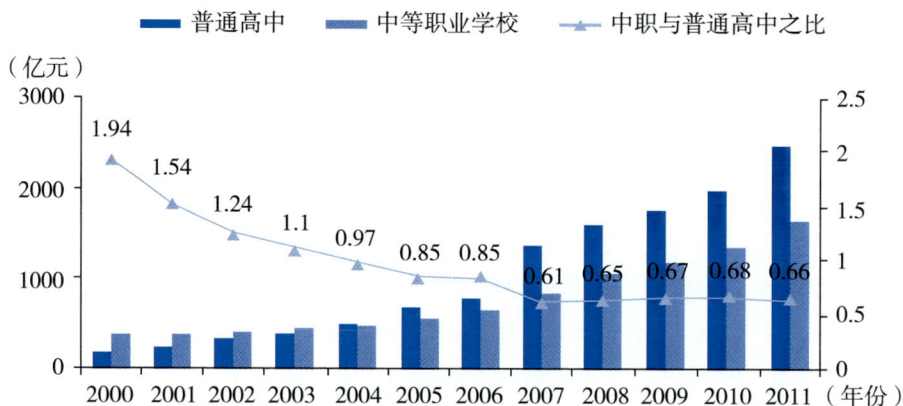

图 4-14　2000—2011 年中等职业学校与普通高中教育经费之比的变化

数据来源：教育部财务司. 中国教育经费统计年鉴［M］. 2000—2011. 北京：中国统计出版社，2001—2012.

相应地，中等职业学校预算内教育经费总量也处于递减趋势。2011 年，中等职业学校预算内教育经费为 1037.9 亿元，普通高中为 1537.6 亿元，中等职业学校比普通高中少 499.7 亿元。中等职业学校预算内教育经费总量与普通高中经费总量比例也从 2000 年的 2.52∶1 降低到 2011 年的 0.68∶1。

2. 专科高职院校的投入低于普通本科院校

专科高职院校无论在学校数，还是在招生数和在校生规模上，基本上

---

① 2006 年普通中学分为：高级中学、完全中学、初级中学。2000—2006 年中等职业数据为年鉴中中等专业、职业中学、技工学校三项数据之和。

education

四大教育研究书系

畾 由"教育"的英文首字母"e"演变而成，分别代表"国情""国视""国菁""国际"四大教育研究书系，图案以象征教育文化的竹简和书案为图形结构，以传统的回形纹样为表现形式，抽象、凝练地诠释了古今融通、中西合璧的理念。

都占到高等教育的半壁江山，但其经费投入却没有达到这个水平。2011年，全国专科高职院校发展到1280所①，占全国高校的53.13%以上；在校生958.85万人②，占高等教育在校生的41.54；然而，专科高职的经费投入1250.8亿元，只占高等教育公共财政总经费的23%，这与其发展规模和地位极不相称。

2007—2011年，专科高职院校的经费投入总量与普通本科院校一直都存在很大差距，并且差值逐年增大。2011年，普通本科院校经费总量为5629.44亿元，是专科高职院校的4.5倍。除经费投入总量存在差距外，经费增长率也有较大差距，专科高职院校经费增长率为19%，低于普通本科院校7.6个百分点，造成二者经费投入的总量差距越来越大（见图4-15）。

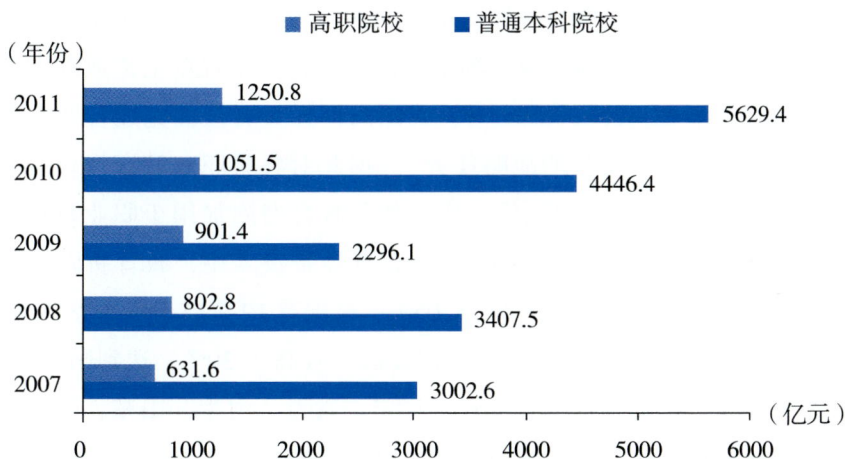

图4-15　2007—2011年专科高职院校与普通本科院校教育经费总量的比较

（四）教育费附加使用比例较低

城市教育费附加是对缴纳增值税、消费税、营业税的单位和个人征收

---

① 中华人民共和国教育部发展规划司. 中国教育统计年鉴2011［M］. 北京：人民教育出版社，2012：20.

② 中华人民共和国教育部发展规划司. 中国教育统计年鉴2011［M］. 北京：人民教育出版社，2012：23.

的一种附加费，以此发展地方教育事业，扩大地方教育经费的资金来源。根据《职业教育法》《国务院关于大力推进职业教育改革与发展的决定》和《国务院关于大力发展职业教育的决定》等法律文件的精神，要求"从2006年起，城市教育费附加用于职业教育的比例，一般地区不低于20%，已经普及九年义务教育的地区不低于30%"。

就全国范围而言，中职教育费附加远高于专科高职教育。2011年，中等职业学校教育费附加①为155.1亿元，占教育费附加总额的15.25%；专科高职院校教育费附加28.46亿元，占教育费附加总额的2.80%，中职教育费附加总量是专科高职的5.4倍；二者之和为教育费附加总量的18.05%，远低于国家"20%"和"30%"两个节点的规定。

城市教育费附加是职业教育经费来源的一个重要渠道，由于缺乏强有力的监督和管理，多数地方政府都未贯彻执行，一定程度上造成现在职业教育经费投入不足。2011年11月，我国向世界宣告全面完成普及九年义务教育和扫除青壮年文盲的战略任务②。据此对各省职业教育教育费附加占教育费附加的比例进行考察③，所有省份教育费附加用于职业教育的比例都应该不低于30%。但在2011年的教育经费投入中，教育费附加用于职业教育的比例全国整体水平为18.05%，全国有19个省份低于整体水平。在高于整体水平的12个省份中，仅有安徽一省高于30%，达到国家要求；在20%—30%的也仅有吉林、福建、辽宁、青海、河南、山东、湖北、上海和天津9省份。换言之，按照国家"已经普及九年义务教育的地区不低于30%"的规定，全国仅有一省达标，占全国省份总数的3.23%；即使按照20%的最低标准，全国也仅有32.26%的省份达到要求，形势严峻，不容乐观。

---

① 2006年教育附加拨款数据，教育附加拨款分为城市附加、农村附加和地方附加三项，城市附加为34.54，农村附加为0.81，地方附加为3.98。2007—2010年各级政府征收用于教育的税费分为教育费附加、地方教育附加、地方基金三项。

② 翟博等．人类教育史上的奇迹——来自中国普及九年义务教育和扫除青壮年文盲的报告[N]．中国教育报，2012-09-09．

③ 十一五时期人均国内生产总值年均实际增长10.6%[EB/OL]．（2013-03-01）[2014-10-04]．http：//www.china.com.cn/economic/txt/2011-03/01/content_22026591.htm.

表 4-1 各省城市教育费附加用于职业教育比例的情况

序号	省份	百分比	序号	省份	百分比
1	安徽	40.03	16	湖南	15.92
2	吉林	25.25	17	江苏	15.22
3	福建	25.09	18	北京	14.92
4	辽宁	24.70	19	浙江	14.38
5	青海	24.09	20	贵州	13.85
6	河南	23.80	21	陕西	12.59
7	山东	22.89	22	山西	12.51
8	湖北	22.62	23	重庆	11.71
9	上海	22.54	24	内蒙古	8.25
10	天津	20.43	25	甘肃	8.18
11	黑龙江	19.56	26	西藏	6.46
12	广东	18.79	27	新疆	6.41
	全国总体	18.05	28	云南	6.11
13	河北	17.70	29	江西	5.90
14	广西	17.57	30	海南	3.21
15	四川	16.14	31	宁夏	0.79

资料来源：教育部财务司. 中国教育经费统计年鉴 2012 ［M］. 北京：中国统计出版社，2013.

（五）生均经费标准制定落实不够

生均经费标准是保障职业教育经费足额投入的重要手段和机制。1996年颁布的《职业教育法》就规定，"省、自治区、直辖市人民政府应当制定本地区职业学校学生人数平均经费标准。"截至 2013 年，全国有 18 个省（区、市）、计划单列市制定了生均经费标准，分别是北京、辽宁、上海、江苏、吉林、浙江、福建、山东、河北、湖北、广东、广西、海南、重庆、陕西、新疆、新疆生产建设兵团、大连、青岛、宁波。其中，制定中等职业学校生均拨款标准的有 18 个省（区、市）、计划单列市，制定专科高职生均拨款标准的有 14 个省（区、市）、计划单列市。总体而言，全国仅有不到一半的省级行政区建立了职教生均经费标准。

由于经费投入无标准或标准不高，职教经费的投入由地方财政沿袭旧有的拨款体制和机制，人为因素影响大，导致对职教的财政投入不足，地区间职教经费投入差距较大。按照《教育部关于推进中等和高等职业教育协调发展的指导意见》的文件精神，高等职业学校逐步实现生均预算内拨款标准达到本地区同等类型普通本科院校的生均标准，即专科高职院校生均财政拨款水平应逐渐达到 1.2 万元。鉴于专科高职院校办学成本较高，有条件的地区应适当高于本地区普通本科院校。

2011 年，全国地方公办普通本科院校生均拨款水平为 14296 元，地方公办专科高职院校生均拨款水平为 8011 元，仅为普通本科院校的 56%，两者相差达 6285 元。从各省市的数据来看，2011 年全国公办专科高职院校生均拨款水平最高的是北京，达 33372 元；最低是福建，仅为 4829 元，两者相差近 6 倍；根据分地区的数据进行比较，2011 年东部地区、中部地区和西部地区专科高职院校生均拨款水平分别为 10775 元、6994 元和10022 元，区域间水平差距达到 3000 元以上。

五、增加职业教育经费投入的政策措施

为保障职业教育事业发展由规模扩张顺利转向质量提升，提高职业院校内涵建设，打造优质职业教育资源，必须增加职业教育经费投入，提高经费增长率。在坚持以政府投入为主的前提下，多渠道筹措经费，增加经费供给总量；改革财政投入模式，利用财政杠杆改革经费投入模式，引导职业院校提高质量；加快制定职业教育生均经费标准，完善职业教育经费的保障机制，提高保障水平。

（一）继续增加经费投入总量

在职业教育的发展中我们要坚持政府投入的主渠道作用，逐步提高职业教育投入占财政性教育经费的比重。

1. 增加财政经费投入总量是可行的

就当前我国经济发展形势和经济总量增长态势来看，中央与地方均有能力增加对职业教育经费的财政投入。2007—2011 年，国内生产总值按不变价格计算平均增幅 10.6%，在世界经济增速普遍减缓的今天，我国在2012 年仍然取得了 7.8% 的增长速度，国民经济发展稳中有进。相比国内生产总值的增长，财政收支增长幅度更高，2007—2011 年国家财政收支平均增长速度均达到 22%，超过经济增速一倍多。按照以前的教育投入分量，教育支出一般稳定在财政支出的 15% 左右（2011 年 15.1%），基于此，教育支出增幅还有较大空间，跟上财政收入的增长水平。

2. 继续增加教育投入总量

新增财政投入要向职业教育倾斜，提高国家财政性教育经费占国内生产总值比例，提高职教经费增长幅度。发达国家 2010 年公共教育支出占国内生产总值比例平均已经达到 5.8%，我国到 2012 年仅为 4.28%，与发达国家差距较大[1]。要严格落实城市教育费附加用于职业教育不低于 30% 的规定，督促未达到标准的 30 个省市自治区尽快落实国家规定，保证这一条经费来源渠道足额顺畅。各级政府要逐步提高财政性教育经费用于职业教育的比例。有研究者认为，职业教育经费占教育经费总量的比例应不低于35%，国家财政性教育经费支出增量的 35% 用于职业教育，教育附加用于职业教育的比例不低于 35%[2]，这样才能维持较为充足的教育经费供给，保证职业教育事业健康快速发展。

（二）改革财政投入模式

坚持政府主导，财政投入应成为职业教育经费保障的主渠道。职业教育具有公益性，将其作为政府主导供给的一项公共服务，符合国家和社会的公共利益，也是政府的职能所在，但需要改革目前以人数为基准的财政投入模式，引入市场机制，利用财政刺激职教在改革中发展，激发职业院

---

[1]　李建忠，孙诚. 欧美职业教育投入模式及对我国的启示［J］. 中国高教研究，2014（8）：96-101.

[2]　孙诚. 中国职业教育发展报告 2012［M］. 北京：教育科学出版社，2013.

校的办学活力。

实施生均经费标准与学校表现相结合的财政拨款制度。职业院校财政拨款以生均经费标准为主，分地区、分专业确定生均经费标准；同时，有一定比例的财政拨款使用与毕业生人数相关的表现标准，引导和鼓励职业院校培养符合社会和产业需要的技术技能人才，增强职业院校内涵建设的动力。

建立有助于实现社会公平的财政投入制度。发展职业教育不仅是适应"调结构、保增长、促发展"的需要，也是改善民生、促进公平的重要手段。德国和美国联邦政府都非常注重发挥专项拨款的作用，如美国政府要求提高对高辍学率和高失业率地区的拨款比例。我国职业教育农村生源占到80%以上，坚持兜底线思维，在现有资助政策基础上，对集中连片特困区、边境县和民族自治县的中职生进行"两免两补、一助一奖"的全方位扶持，免除学费和课本费，补助生活费和住宿费，实现国家助学金全覆盖，试行国家奖学金，在这些地区实现中职就学"零负担"，促进社会公平。

国家相关职能部门要根据客观公正、简便高效、横向可比的原则，适时组织专家或委托中介机构对各地职业院校实施绩效评价，涵盖生均拨款标准的制定和投入保障机制的建立与实施、财政资金使用和财务管理状况、取得的经济和社会效益情况等内容，着力引导提高财政资金使用效益，促进科学发展。在此基础上，建立激励与约束机制，将评价结果作为预算安排的重要依据；建立反馈与整改机制，将相关建议反馈并督促落实整改；建立评价信息报告制度，将评价结果向同级人民政府报告，作为相关决策参考和实施行政问责的重要依据；提高评价结果的透明度，将评价结果择机向社会公开，接受社会监督。各地要加强绩效评价的组织领导，扩大舆论宣传，健全机构人员，落实经费保障，加强监督检查，为切实提高教育资金使用效益提供有力保障；财政部门要会同有关部门制定科学合理的评估指标，对各地教育投入状况作出评价分析，作为中央财政安排转移支付的重要依据。

（三）拓宽经费来源渠道

我国职业教育的经费主要来自政府财政，中职尤其如此。在国家财力有限而我国教育规模巨大的情况下，增加对职业教育的投入较为困难，需要积极开拓各种渠道，增加经费供给，增加包括来自于行业企业、社会团体、个人等各个渠道的资金，其中主要是增加行业企业对职业教育的投入，实现办学主体多元化，充分发挥企业作为重要办学主体的作用，激发其积极性。

应建立政府与行业企业和社会的共担机制，形成政府主导，行业、企业、社会和个人参与的经费投入结构，健全各方责任约束机制。借鉴德国经验，通过政策激励，引导企业直接资助，购置培训设备，并担负起专业实践课教师工资和学徒培训津贴等；企业还可以通过建立区域基金、行业基金等方式，探索多种融资方式，由政府或行业统筹安排使用。引导支持社会力量兴办职业教育，充分发挥企业的办学主体作用。利用办学主体多元化拓宽办经费来源渠道，赋予职业教育更多的公益性，惠及更多的低收入和穷困群体。民办职业教育要科学分类和科学定位，对非营利性和营利性民办职业学校给予不同比例的财政补助。

政府发行优惠税金或发行教育公债支持职业教育。德国在企业外资资助方面，通过设立企业外集资基金形式进行管理。企业外集资基金形式设立主要包括四种：中央基金、劳资双方基金、行业基金和区域基金等，用于资助一些经济发展比较差的地区职业教育。美国有41个州为解决校舍建设资金不足的问题都曾发行过教育公债。我国也可通过借鉴设立基金和发行教育公债的方式，改善我国目前教育有失公平（如地区差异）的现状，并扩大财政资金筹措渠道。鼓励企业、事业单位、社会团体、其他组织及公民对职业教育捐资助学，鼓励境外的组织和个人对职业教育提供资助和捐赠。

（四）加快制定生均经费标准

生均经费标准作为一项制度设计，是地方教育投入保障机制的重要组成部分。《国家中长期教育改革和发展规划纲要（2010—2020年）》除了再次确定国家财政性教育经费支出到2012年达到占GDP的4%之外，还提出要进行地方教育投入保障机制改革试点，"制定各级学校学生人均经费基本标准和学生人均财政拨款基本标准"。

1. 督促各省出台生均经费标准

对尚未公布职业教育生均经费标准的省份，国务院有关部门要采用一定的行政手段，将其作为政府政绩考核的指标之一，敦促其落实。省级政府应在国务院指导下，根据国家办学条件基本标准和教育教学基本需要，通过核算职业院校生均培养成本，制定并落实生均经费标准和生均财政拨款标准。建立与办学成本、在校生规模、物价水平、财力状况联动的生均财政拨款基本标准动态调整机制，逐步提高职业院校生均财政拨款水平，确保职业教育投入稳定增长。

关于督促地方政府制定公布生均经费标准，中央财政还可以采取"以奖代罚"的激励办法，对积极公布生均经费标准的地区予以财政性奖励，引导各地建立生均拨款制度。中央财政应设立专项资金，建立以奖代补机制，采取"基础补助+浮动奖励"的方式，引导和支持各地建立以生均经费和生均财政拨款两个基本标准为基础的、确保满足基本需求和稳定增长的职业教育经费投入机制。中央财政的奖补资金要与各地职业教育生均拨款标准直接挂钩，对达到国家规定标准的地区给予奖励；对没有达到国家标准的地区采取调减招生计划，暂停新设置院校等措施，推动各地职业教育规模与经费投入水平相匹配，充分发挥中央财政奖补资金的导向和激励功能。

地方政府制定生均经费标准应充分考虑行业、产业发展需求和不同专业办学成本差异，对不同专业的财政拨款标准按一定的折算系数进行调整，对农、林、水、地、矿、油等艰苦行业专业给予倾斜。在条件成熟时，对艰苦行业和特殊专业的职业教育逐步实行免学费政策。中央财政应坚持有所为的原则，对国民经济新兴产业关联密切的相关专业进行补贴，通过专业发展助推当地产业转型升级。

2. 分专业制定生均经费标准

从目前我国教育经费支出的政策走向来看，趋向于分专业、分地区制定不同的生均经费标准，根据学校的办学水平，调整生均经费的指数，以激励学校提高办学质量，发挥财政在推动教育改革方面的引导和推动作用。河南、重庆和上海等地已经实施了按专业实施不同的生均经费标准。

2011 年，河南省明确中等职业学校生均经费财政拨款分专业制定，根据学生培养成本、学费标准等因素核定，具体分为理工类、文科类和体卫艺类三个类别，平均标准为 1300 元/生/年。以理工类专业为系数 1.0，文科类专业拨款系数为 0.8，体卫艺拨款系数为 1.1。同时，规定从生均经费财政拨款标准中安排 10% 根据毕业生就业率进行调整，其中上一年度就业率达到 95% 的，财政按规定标准拨款；就业率每高于 95% 一个百分点，奖励规定生均经费财政拨款标准一个百分点；就业率每低于 95% 一个百分点，相应扣减规定生均经费财政拨款标准两个百分点，扣完 10% 部分为止①。

表 4-2　2011 年河南省省属中等职业学校（含技工学校）生均经费拨款标准

	理工类	文科类	体卫艺
折算系数	1.0	0.8	1.1
生均经费财政拨款标准	1300 元/生/年	1040 元/生/年	1430 元/生/年
所含专业	农林、资源与环境、能源、土木水利工程、加工制造、交通运输、信息技术	财经、社会公共事务、商贸旅游、师范	文化艺术与体育、医药卫生

2012 年，重庆市发布专科高职院校生均经费标准，不但分专业确定生均经费，而且根据不同品质的学校给予不同权重的拨款系数。2013 年，理工类、体卫艺类示范（骨干）专科高职 6000 元/生/年，文科类 5800 元/生/年；一般院校分别为 5800 元/生/年、5600 元/生/年；中等职业学校 2013 年达到1000 元/生/年②。

---

① 河南省财政厅、教育厅、人力资源和社会保障厅关于省属公办中等职业学校生均经费财政拨款标准意见的通知［EB/OL］．（2011-01-27）［2013-10-04］．http：//www.zzjdgcxx.com/type0018/pages/article3549.html.

② 李剑平．过半省份职校生均经费标准仍"纸上谈兵"［N］．中国青年报，2013-06-17（6）．

表 4-3　重庆市公办高等职业院校生均财政拨款标准（单位：元/生/年）

年度和专业 办学层次	2012 年		2013 年	
	理工类、体卫艺类	文科类	理工类、体卫艺类	文科类
示范（骨干）院校	5000	4800	6000	5800
一般院校	4800	4600	5800	5600

3. 综合考虑专业和地区经济水平制定生均拨款标准

福建、辽宁等地根据省内地区经济水平和职业院校专业办学成本，确定不同的生均拨款标准。例如，2006 年福建①职业院校财政预算内拨款实行分地区分专业核定标准，2007 年财政预算内生均拨款标准按四类地区和三类专业（理工科类、文科类、体卫艺类）分别进行财政拨款（见表 4-4）。从 2011 年起，省级财政建立"以奖代补"机制，对生均拨款水平尚未达到 12000 元的设区市，省级财政对各设区市提高生均拨款水平所需经费，按 20% 的基本比例，以及在校生规模、市本级财力增长情况等因素，确定奖补资金②。

表 4-4　2006—2007 年福建职业院校财政预算内生均拨款标准③

（单位：元/生/年）

省份	2006 年		2007 年	
	中职学校	专科高职院校	中职学校	专科高职院校
一类地区	2000	2700	2000	2700
二类地区	1800	2500	1800	2500
三类地区	1600	2300	1600	2300
四类地区	1400	2100	1400	2100

---

① 厦门作为计划单列市，不包含在其中。

② 明年各地方本科院校生均拨款水平不低于 12000 元［EB/OL］.（2011-10-25）［2013-10-24］. http://www.fujian.gov.cn/zwgk/zfgzdt/bmdt/201110/t20111025_412397.htm.

③ 龙超凡. 福建省职业院校财政预算内生均拨款标准已核定［N］. 中国教育报，2007-03-30（1）.

续表

	2006 年	2007 年
备注		理工类生均拨款标准按照分别所属的对应地区拨款标准进行 1：1 拨款；文科和体卫艺类分别按理工类生均拨款标准的 0.85 倍和 1.1 倍计算

2008—2012 年，辽宁省中等职业学校生均经费标准是：机电、冶金、石化、信息、现代服务业和农业类等专业不低于 6050 元，其中财政拨款安排的生均经费不低于 4000 元；卫生医疗、体育、艺术类等专业不低于 7100 元，其中财政拨款安排的生均经费不低于 4600 元。同时要求，财政拨款安排的生均经费增长幅度不低于当年财政经常性收入的增长幅度。鉴于中等职业学校各具特点，培养的学生也是来自不同专业，面向不同产业和不同行业，辽宁省根据各市、县（区）社会经济发展实际和财力水平综合指标，实行分类、分档建立生均经费最低标准（见表4-5）①。

表4-5 辽宁省中等职业学校生均经费标准

专业	平均生均标准	不同地区所属中等职业学校生均经费标准
机加、冶金、石化、信息、现代服务业和农业类	6050	一类地区②不低于 6900 元 二类地区③不低于 6000 元 三类地区④不低于 5500 元
卫生医疗、体育、艺术类	7100	一类地区不低于 7800 元 二类地区不低于 6800 元 三类地区不低于 6700 元

---

① 刘玉. 辽宁省中职生均经费标准确定［N］. 中国教育报，2008-06-13.

② 包括沈阳、大连、鞍山、盘锦市。

③ 包括抚顺、本溪、丹东、锦州、营口、辽阳、葫芦岛市。

④ 包括朝阳、铁岭、阜新市。

[第五章]

职业教育质量成为发展重点

近年来，随着职业教育规模渐趋稳定，发展过程中各种深层次矛盾和问题日益凸显，职业教育面临新的挑战和机遇：社会经济发展中人口红利逐渐消失，各利益主体为人们提供了越来越多的多元化教育机会，职业教育的招生形势、就业状况、竞争能力等方面不尽如人意，人才市场上就业难与用工荒同时出现，结构性失业与功能性失业并存，凡此种种推动着社会各界对职业教育质量的要求不断提高。对职业教育现状的种种不满和对其未来功能的更多希望，促使人们反思到底需要什么样的职业教育，在此背景下，党和政府、社会各界以及职业教育工作者共同推动职业教育由规模发展向质量提升转移，提高职业教育质量，成为职业教育发展的核心主题。

一、多项政策促进职业教育质量提升

进入新世纪以来，职业教育规模持续快速发展，2008 年，全国中等职业教育和高等职业教育招生总规模达到 1100 万人，在校生超过 3000 万人，分别占据了高中阶段教育和高等教育的半壁江山。规模扩大后人们对职业教育质量日益关注，这引起国家层面对职业教育发展方式及其转型的深入思考，落实在政策上，就是回应广大人民群众对高质量的职业教育的诉求，通过职业教育发展方向、重点及节奏的把握上不断转向，对职业教育发展关注重点由规模、结构逐步转向职业教育质量。

（一）职业教育质量政策陆续出台

近年来，从中央到地方出台了一系列促进职业教育质量提升的政策文件，国家对职业教育政策的关注重点开始由数量规模到质量内涵转变。各级政府在政策导向上提出，要深刻认识提高职业教育教学质量的重要性和紧迫性，把提高质量作为整个教育包括职业教育发展重点，并提出一系列的具体政策和意见（见表5-1）。

明确提出要努力提高职业教育质量和效益。2005年，教育部等七部委在《关于进一步加强职业教育工作若干意见》中明确提出要努力提高职业教育质量和效益，在职业教育发展方式上要实现规模、质量、结构、效益的均衡发展。

深刻认识职业教育教学质量的重要性和紧迫性。2006年，《教育部关于全面提高高等职业教育教学质量的若干意见》中，对提高职业教育质量提出了具体的政策和意见，此意见的发布，是引导我国高职教育跨入内涵建设和质量提高为重点的新的历史阶段的纲领性文件，标志着我国高职教育教学质量保障体系的确立。

指明提升职业教育质量的关键措施和实施重点。2008年，教育部时任部长周济在《推进教育事业科学发展，为建设人才资源强国而奋斗》的年度工作报告中提出，"切实提高职业教育办学质量关键是大力推进产教结合、校企结合"，并进一步指出，"要举办好职业学校职业技能大赛，把提高职业技能水平作为提高职业教育质量的重点"。

提出建立健全"职业教育质量评价体系"。2010年，国务院颁布的《国家中长期教育改革和发展规划纲要（2010—2020年）》，将提高质量作为职业教育发展的重点，并进一步提出了建立健全"职业教育质量体系"的重要任务。

对职业教育质量保障提出时间表、任务书和路线图。2011年，国务院颁布《国家教育事业发展第十二个五年规划》，把提高质量作为教育改革发展的核心任务，并进一步提出建立科学的质量评价体系和有效的质量保障体系，对职业教育质量保障提出时间表、任务书和路线图。

系统提出提升职业教育质量的具体政策措施。2012 年，教育部出台《关于全面提高高等教育质量的若干意见》，从总体要求、人才培养质量、服务经济社会发展、深化体制机制、建设高素质教师队伍、加强条件和经费保障等六个方面系统地提出了提高高等教育包括高等职业教育质量的具体政策措施。

表 5-1　近年来国家出台的相关政策文件中关于"提高职业教育质量"的有关规定

时间	部门	政策文件	政策要点
2005 年	教育部等七部委	《关于进一步加强职业教育工作的若干意见》	提出要努力提高职业教育的质量和效益
2006 年	教育部	《教育部关于全面提高高等职业教育教学质量的若干意见》	1. 深刻认识到高等职业教育全面提高教学质量的重要性和紧迫性 2. 对提高质量提出了具体政策和意见
2008 年	教育部	《推进教育事业科学发展，为建设人才资源强国而奋斗》	1. 提出"切实提高职业教育办学质量，关键是大力推进产教结合，校企结合" 2. "要举办好职业学校职业技能大赛，把提高职业技能水平作为提高职业教育质量的重点"
2010 年	国务院	《国家中长期教育改革和发展规划纲要（2010—2020 年）》	1. 把提高质量作为重点 2. 建立健全"职业教育质量保障体系"
2011 年	国务院	《国家教育事业发展第十二个五年规划》	把提高质量作为教育改革发展的核心任务，到 2015 年基本建立科学的质量评价体系和有效的质量保障体系

续表

时间	部门	政策文件	政策要点
2012 年	教育部	《关于全面提高高等教育质量的若干意见》	从总体要求、人才培养质量、服务经济社会发展、深化体制机制、建设高素质教师队伍、加强条件和经费保障等六个方面系统地提出了提高高等教育包括高等职业教育质量的具体政策措施

（二）提高职业教育质量成效初显

提高教育质量已成为发展职业教育的核心。职业教育质量提升的过程，就是"扩规模、调结构、建标准、打基础、增实力、改机制、强特色"的过程。在此过程中，规模稳定、内涵建设、改革创新三者互为依托、相互促进，共同实现着职业教育质量提升。当前，我国职业教育质量提升行动，重点在以下方面：通过招生制度改革，稳定职教规模，扩大服务对象领域；以专业建设为龙头，实现五个对接，提升服务产业能力；创新评价方式，回应社会关切，建立质量评估制度。

第一，通过招生制度改革，稳定职教规模，扩大服务对象领域。近年来，职业院校招生自主权逐步落实，2011 年，中等职业学校招生 813.9 万人，高等职业教育招生 324.9 万人，中职面向人人招生，招收非应届初中毕业生 100 万人，占招生总人数的 12%；专科高职采取单独招生、对口招生、五年一贯制、注册入学等方式录取学生规模超过招生总数的 17%。2013 年，各省完成分类招生人数 144 万，比上年增长 11 万，占计划总量的 43%[①]。此外，职业教育共开展职业培训 1.5 亿人次，有效扩大招生对象，不断拓展服务领域。

第二，以专业建设为龙头，实现五个对接，提升服务产业能力。专业

[①] 2013 年教育大事记 [EB/OL]. (2014-06-30) [2014-07-10]. http：//www. moe. gov. cn/publicfiles/business/htmlfiles/moe/s5987/201402/163507. html.

建设集中在调整专业结构，制定专业标准，扶持重点特色专业等方面。根据产业需求不断调整专业结构，分别出台中职和专科高职专业目录，2012年新增专业1318个。实行红黄牌制度，建立专业结构动态调整机制，2013年，有1个省、54所院校、74个专业因绩效不明显被亮"红牌"。制定专业教学标准，拓展专业内涵，至今已制定410个专科高职专业教学标准和95个中职专业教学标准，并将标准作为教材建设和教学评估的基本依据。2011年，启动实施"高等职业学校提升专业服务产业发展能力项目"，至2012年年底，中央财政共投入专项资金40亿元，支持全国976所独立设置公办高等职业学校重点建设了1812个专业，惠及在校生61万人[①]。

第三，创新评价方式，回应社会关切，建立质量评估制度，形成了基础数据监测平台、质量年度报告、定期质量评估活动的三级质量保障体系，加强数据信息公开和问责机制，进一步凸显第三方评价。截至2013年，1243所职业院校建立了人才培养工作状态数据库，覆盖独立设置专科高职院校的96%；全国29个省、自治区、直辖市和584所专科高职院校公布了2012年人才培养质量相关信息和年度报告[②]；各省级教育行政部门在教育部的统一部署下，2004年以来开展了两轮高等职业院校评估，初步形成以学校为核心、教育行政部门为引导、社会参与的教学质量保障体系。

二、职业教育招生制度改革

职业教育招生工作不仅在于发现可造人才、引导职业生涯发展方向，还具有激发教学改革、促进社会公平的作用，是职业教育吸引力和竞争力的直接体现。须通过不断深化考试招生改革，扩大职业教育服务对象及领

---

① 助推职业教育健康发展——教育部财务司有关负责人就职业教育财政投入答记者问 [EB/OL]．(2014-06-30) [2014-07-10]．http：//www.gov.cn/xinwen/2014-06/30/content_2710025.htm.

② 高等职业教育质量年度报告 [EB/OL]．(2014-06-30) [2014-07-10]．http：//www.tech.net.cn/web/index.aspx.

域，来指引教育教学改革的方向。

近年来，随着我国人口数量及年龄结构变化，以及社会多样化教育选择机会增多，职业教育面临着严峻的招生形势。据报道，自 2009 年起全国高考报名人数连续 5 年下降，至 2013 年仅为 912 万人。以东部某省为例，2012 年，该省在招生过程中将专科两个批次合二为一，分数线低至 180 分，但效果仍不明显，当年最后一次征集志愿投档时，5.6 万个征集志愿，投档考生不到 3000 人，上百所高校出现零投档。2013 年专科批次征集志愿投档后，省招生考试院发布的简报显示，作为专科批次最后一次投档完成后，文科类有 170 所高校未投满、理工科类有 224 所高校未投满①。

为应对职业教育发展面临的新的生源形势，职业教育立足经济社会发展需要，着眼优化教育结构和提高教育质量，遵循职业教育人才选拔和培养规律，促进普通高中和中等职业学校实施素质教育，为学生发挥个性潜能提供多样化选择，进行了持续深入的招生制度改革。2011 年，教育部《关于推进高等职业教育改革创新引领职业教育科学发展的若干意见》中提出，改革招考制度，探索多样化选拔机制。2012 年，教育部在《关于全面提高高等教育质量的若干意见》中明确提出，探索高等职业教育"知识+技能"录取模式。2013 年 4 月 15 日，教育部颁发了《关于积极推进高等职业教育考试招生制度改革的指导意见》，提出高等职业教育考试招生制度改革的总体要求，提出建立和完善多样化的高等职业教育考试招生方式，建立健全以省级政府为主的管理体制等政策措施。

通过系列改革，在针对职业教育特点，不断落实职业院校招生自主权的基础上，明确了高职院校与普通本科院校实行"分类招生"的改革思路，指明了加大"注册招生"的改革方向，确立了"综合评价、多元录取"的招生录取机制，不断创新招生考试方式及内容，加大了技能考试的力度及比重，实行了"知识+技能"的考试内容改革，取得明显进展。职

---

① 中国高校遭遇深度生源危机　招生计划已多年未完成［EB/OL］．（2014-06-30）［2014-07-10］．http：//www. tech. net. cn/web/articleview. aspx？id＝20150623121509340&cata_ id＝N039.

业教育对象不断扩大，招生录取方式日趋灵活多元，不断适应普通高中教育改革要求和生源结构变化，对中等职业教育教育教学改革影响日益深入，稳定了招生规模，提高了生源针对性、适应性。

近年来，我国职业教育招生考试制度重点在以下几个方面进行了改革。

（一）落实招生自主权

国家历来重视职业院校办学自主权，不断调整相关政策，积极推进落实学校在招生方面的自主权，扩大职业院校自主招生比例，激发其管理体制机制活力。2002 年颁发的《国务院关于大力推进职业教育改革与发展的决定》明确提出："扩大职业学校的办学自主权，增强其自主办学和自主发展的能力"。

2005 年，国务院在《关于大力发展职业教育的决定》中再次提出："进一步落实职业院校的办学自主权"。在政策推动下，近年来专科高职院校招生自主权不断扩大，试点学校自主制订录取方案，自主确定录取考试办法，招生时间灵活、招生方式多样。实行自主招生的学校数量不断增加，自主招生的人数及比例也不断扩大。

至今，30 个省份开展单独考试招生，北京市 2013 年自主招生的专科高职院校数达到 18 所，招生学生 5024 人，比上年增长 15.9%。福建省专科高职三校生单招 13380 人，占当前招生学生 11.34%[①]。

（二）创新招生方式

近年来，针对职业教育特点，中高职院校不断创新招生考试形式，形成了招生方式多样、招生时间灵活、招生录取与人才培养及就业创业联动的体制机制，稳定了职业教育规模，满足了人们的个性化和多元化需求。

2011 年教育部《关于推进高等职业教育改革创新引领职业教育科学发展的若干意见》中提出，稳步开展根据高中阶段教育学业水平考试成绩、

---

① 高职教育质量报告［EB/OL］.（2014-06-30）［2014-07-10］. http：//www. tech. net. cn/web/rcpy/index. aspx.

综合素质评价、职业准备类课程学习情况和职业倾向测试结果综合评价录取新生的招生改革试点。鼓励职业学校和企业联合开展先招工、后入学的现代学徒制试点。增加中等职业学校毕业生对口升学比例，拓宽高等职业学校应届毕业生进入本科学校应用性专业继续学习的渠道。鼓励高等职业学校与行业背景突出的本科学校合作探索高端技能型人才、应用型人才专业硕士培养制度。

2013 年，教育部颁发了《关于积极推进高等职业教育考试招生制度改革的指导意见》提出，建立和完善多样化的高等职业教育考试招生形式，建立以"文化素质+职业技能"为主要内容的六条途径，为学生提供多样化入学机会。具体来说，就是建立以高考为基础、单独考试、综合评价、面向中职毕业生的技能考试、中高职贯通培养、技能拔尖人才免试的招生办法，形成了自主招生、单独招生、对口招生以及注册招生等多元录取方式；改革了招生时间和录取批次，实行提前招生、春季招生、秋季招生、常年招生、多批次招生、不分批次招生、五年一贯制招生等；加强就业指导与招生录取的联动机制，实行订单招生、定向招生、委托招生等。

至今，全国高等职业学校考试招生制度改革取得积极进展，18 个省开展面向中等职业学校毕业生的技能考试招生，19 个省份实施中高职贯通招生，5 个省份探索技能拔尖人才面试招生[①]。

2011 年，中等职业学校招收非应届初中毕业生 100 万人，占招生总人数的 12%；专科高职采取单独招生、对口招生、五年一贯制、注册入学等方式，录取学生规模超过招生总数的 17%。2013 年，吉林、黑龙江等 11 个省份探索实施了四类考试招生形式，各省完成分类招生人数 144 万，比上年增长 11 万，占计划总量的 43%[②]。

---

① 高职教育质量报告［EB/OL］.（2014-06-30）［2014-07-10］. http：//www. tech. net. cn/web/rcpy/index. aspx.

② 高职教育质量报告［EB/OL］.（2014-06-30）［2014-07-10］. http：//www. tech. net. cn/web/rcpy/index. aspx.

表 5-2　**2013 年部分省市区不同招生方式录取学生及比例**

	高会统招	三校生单独招生	3+2招生	五年一贯制第四学年	注册招生等其他方式	其他招生方式（除中、高考统招）占比（%）
天津市	44984	8004	2845	537	1835	21.13
河北省	121500	17863	3517	3965	7493	21.28
福建省	89548	13380	7906	3254	3860	31.71
黑龙江省	79589	5357	2984	2197	5310	16.61

注：高会统招，即根据新高考方案在高职招生中所采用的招生方式，主要依据"高考成绩+会考成绩"录取的模式；三校生单独招生，即三校生指普通中专、成人中专、职业高中、技工学校等中职学校的毕业生；3+2 招生，即三二分段制学生完成中等职业教育阶段培养任务后，需参加省级高等学校招生委员会组织的"三二分段"中职接高统一转段选拔考试，成绩合格者转入高等院校完成两年大专学习；五年一贯制第四年，即五年一贯制高职由高职高专院校承担，由省级招生部门一次办理录取手续，在同一所高校就读；注册招生，即注册入学是指考生根据试点院校提出的报考条件和录取要求向学校提交注册申请，院校根据考生高考成绩、学业水平测试等级、综合素质评价结果（职业中学学生为对口单招成绩、专业技能水平等），以及中等教育阶段的学习成绩等方面的情况，在一定计划范围内，根据院校招生章程择优确定拟录考生。

（三）扩大招生对象

不断扩大职业教育招生范围。职业教育尤其是高等职业教育近年来随着高等教育大众化的进一步发展，大大扩展了受教育对象范围，2011 年教育部《关于推进高等职业教育改革创新引领职业教育科学发展的若干意见》提出，积极开展具有高中阶段教育学历的复转军人接受高等职业教育的单独招生试点，支持国家示范（骨干）高等职业学校与合作企业开展成人专科学历教育单独招生改革试点。由此，职业教育在招收应往届初高中毕业生、中职职高毕业生的基础上，将退役士兵、返乡农民工、进城农民工、生产服务一线职工、下岗失业人员、就业困难的大学毕业生等社会人员都纳入招生范围。

提升社会各阶层的教育层次。在各级各类教育中，职业教育率先实现了只要有需求的城乡劳动者都可以获得职业教育机会，真正做到了"面向人人、面向社会"，实现了许多零的突破，为不同家庭、不同地区、不同民族的更多青年创造了更多的教育机会，提升了社会各阶层的教育层次。

面向边远贫困地区和少数民族地区招生。职业教育让更多的西部地区、农村地区、偏远贫困家庭以及少数民族青年学子实现了大学梦。2009—2011 年，高等职业教育为全国近 850 万家庭实现了高等教育学历"零"的突破，实现了教育代际向上流动①。2012 届高职家庭第一代大学生比例达到 88%，2013 届高职家庭第一代大学生比例进一步增加到 90%。

(四) 优化考试内容

为顺应时代要求和人们接受高等教育的呼声，着力构建现代职业教育体系和技术技能人才培养"立交桥"，提高我国高素质技术技能人才培养水平和国际竞争力，职业教育不断深化招生考试改革，实行两类人才、两种考试制度，对专科高职院校招生实行技术技能加文化知识的考试改革。在考试内容上，对报考高等职业学校的考生增加技能考查内容。技能科目主要考查考生通用技术基础、职业倾向和职业潜能等内容。各省级高等学校招生委员会要加强中等职业学校毕业生对口升高职的专业技能考试，进一步完善以专业技能成绩为主要录取依据。

2011 年，教育部《关于推进高等职业教育改革创新引领职业教育科学发展的若干意见》中提出，改革招生考试制度，探索多样化选拔机制。意见强调"推广高等职业学校单独招生改革试点工作经验，完善'知识+技能'的考核办法"。

2012 年，教育部在《关于全面提高高等教育质量的若干意见》中明确提出，探索高等职业教育"知识+技能"录取模式。

2013 年 4 月 15 日，教育部颁发了《关于积极推进高等职业教育考试招生制度改革的指导意见》，进一步突出"文化+技能"的思想，积极探索综合评价招生办法，依据考生普通高中学业水平考试成绩和综合素质评价结果，综合评价，择优录取；同时完善面向中职毕业生的技能考试招生办

---

① 马树超，王伯庆. 中国高等职业教育人才培养质量年度报告（2012）［M］. 北京：外语教学与研究出版社，2012：5.

法，规范中高职贯通的招生办法，实施技能拔尖人才免试招生，拓宽专科高职生源的渠道。

2013 年 11 月，十八届三中全会《中共中央关于全面深化改革若干重大问题的决定》进一步强调指出，推进招生考试制度改革，探索招生和考试相对分离、学生考试多次选择、学校依法自主招生、专业机构组织实施、政府宏观管理、社会参与监督的运行机制，从根本上解决一考定终身的弊端。同时，加快推进职业院校分类招考或注册入学，逐步推行普通高校基于统一高考和高中学业水平考试成绩的综合评价多元录取机制。

三、职业教育专业平台建设

专业建设是各类职业教育资源汇聚的平台，是学校与行业企业和市场紧密联系的对接点。加强专业建设是提高职业教育质量的核心内容，专业建设的过程可以促进教育目标、教学过程、教育评价等各环节优化，有效利用课程、教师、设备等各方资源，是实现职业教育功能定位的基础，是保证人才培养质量与规格的关键。近年来，国家在专业建设上立足于三个方面：不断调整专业结构与布局，实现产教供需对接；制定专业教学标准，拓展专业内涵，提升专业实力和水平；建设与扶持重点专业与特色专业，提升专业服务产业的能力。

（一）紧贴产业发展需求，调整专业结构

1. 职业变迁与专业结构调整

随着科学技术进步推动产业结构不断升级、各种新职业的不断诞生。职业教育践行终身教育理念，不断适应职业变迁和就业市场的挑战，调整专业结构、更新教育内容、创新教育形式，为受教育者提供更多的接受教育与培训的机会，不断丰富再就业支持方式，使人们可以从容应对职业变迁，实现人的职业生涯可持续发展。实现专业设置与产业需求对接、课程内容与职业标准对接、教学过程与生产过程对接、毕业证书与职业资格证

书对接、职业教育与终身学习对接，彰显职业教育办学特色，成为构建现代职业教育体系和教育结构的重要突破口和切入点。

一方面，职业教育针对社会经济发展需求及时调整专业目录。2010 年的最新中等职业学校专业目录与原目录相比，专业类别由原来的 13 个增加到 19 个，专业数由原来的 270 个增加到 321 个，专业（技能）方向由原来的 470 个增加到 920 个，列举对应职业（工种）1185 个，列举职业资格证书 720 个，列举继续学习专业方向 554 个。

高等职业教育方面，2013 年《高等职业学校专业目录（修订一稿）》颁布，专业大类维持 19 个不变，顺序和名称有所调整；专业类由原来的 78 个增加到 95 个；专业由原来的 1170 个减少到 709 个（其中保留 297 个，新增 60 个，取消 130 个，更名 146 个，合并 206 个），同时增设了 651 个专业方向。

表 5-3　**2012 年高等职业教育新增专业点汇总表**

立项重点建设专业点数	专业大类	数量（个）	比例（%）
1318 个	土建类	257	19.5
	制造类	194	14.7
	医药卫生类	126	9.56
	电子信息类	101	7.66
	农林牧渔类	36	2.73
	其他		45.83

另一方面，职业教育不断创新教育形式，开展各种类型的职业培训。职业教育针对各特定群体、特定岗位或特定技能，制定灵活有效的培训项目、培训计划及培训内容，通过开展多种形式的职业培训，促进社会各类人员就业和再就业，提升就业水平和质量，年均培训 1.5 亿人次①。

———————————

① 中华人民共和国教育部发展规划司. 中国教育统计年鉴 2012［M］. 北京：人民教育出版社，2013.

表5-4　**2012年各省、自治区、直辖市中职学校面向社会培训规模情况**

分类	数量	省份
50万以上	2	云南、江苏
30万—50万	6	山东、浙江、河南、安徽、河北、四川
10万—30万	14	湖北、辽宁、黑龙江、湖南、广东、福建、广西、贵州、江西、陕西、内蒙古、山西、重庆、甘肃
10万以下	9	上海、新疆、北京、宁夏、海南、天津、吉林、青海、西藏

数据来源：中华人民共和国教育部发展规划司. 中国教育统计年鉴2012［M］. 北京：人民教育出版社，2013.

2. 建立专业结构动态调整机制

建立了职业教育动态调整的红黄牌制度。随着技术进步速度加快和职业生涯竞争加剧，国家根据社会经济发展形势、技术技能人才需求结构及不同专业招生就业情况，实行专业分类管理，不断强化专业预警，将招生数量与专业结构调整挂钩，建立了专业设置的红黄牌制度，形成了职业教育专业结构的动态调整机制。2013年，有1个省、54所院校、74个专业因绩效不明显而暂缓通过验收，被亮"红牌"①。

（二）制定专业教学标准，拓展专业内涵

专业教学标准是开展专业教学的基本文件，包括专业名称、专业代码、招生对象、学制与学历、就业面向、培养目标及规格、职业证书、课程体系与核心课程、专业办学基本条件和教学建议、继续专业学习深造建议等。专业教学标准是明确培养目标和规格、组织实施教学、规范教学管理、加强专业建设、开发教材和学习资源的基本依据，是评估教育教学质量的主要标尺，同时也是社会用人单位选用毕业生的重要参考。建设专业教学标准有利于加强职业教育教学基本建设，促进职业教育专业教学科学化、标准化、规范化，健全职业教育质量保障体系。

---

① 马树超，王伯庆. 2014中国高等职业教育质量年度报告［M］. 北京：高等教育出版社，2014：34.

1. 成立职业教育教学指导委员会及行业职业教育教学指导委员会

早在 1999 年 7 月，教育部职成司就成立了全国中等职业教育教学指导委员会，2010 年 3 月成立全国中等职业教育教学改革创新指导委员会（以下简称"教指委"）。"教指委"下设德育课程教学指导委员会、文化基础课程教学指导委员会和若干个行业职业教育教学指导委员会。2011 年 1 月，教育部批准成立 43 个行业职业教育教学指导委员会（以下简称"行指委"）；2013 年 1 月，批准增设全国安全职业教育教学指导委员会等 10 个"行指委"，继续强化专业组织对职业院校教育教学的指导作用。"行指委"为全国中等职业教育教学改革创新指导委员会的下设机构，是受教育部委托，由行业主管部门或行业组织牵头组建和管理，对相关行业（专业）职业教育教学工作进行研究、指导、服务和质量监控的专家咨询组织，同时也是指导本行业职业教育与培训工作的专家组织。"行指委"的一项主要职能是参与制定本行业中等职业教育教学基本文件、专业设置标准、实训教学仪器设备配备标准和教学评估标准及方案①。

2. 制定专业教学标准

2010 年，各"教指委"启动专科高职专业教学规范研制工作，2011 年，教育部职成司印发《关于委托各专业类教学指导委员会制（修）订"高等职业教育专业教学基本要求"的通知》，委托专科高职教指委在专业教学规范的基础上进行专业教学标准的研究制定工作。

2012 年 6 月，教育部组织上海市和天津市借鉴国外先进经验，开展职业教育部分专业教学标准开发试点工作。截至 2012 年 11 月，两市借鉴美国、英国、澳大利亚等国经验，开发出首批 25 个专业教学标准，2013 年，在上海、天津选取 100 个专业点试行，为下一步工作的开展提供实践案例和典型经验。

截至 2011 年 11 月月底，46 个专科高职"教指委"制定出第一批共计 592 个专业教学标准。2011 年 12 月至 2012 年 3 月期间，教育部组织了 277 名来自中高等职业院校、大学本科院校、行业企业、教研机构的

---

① 教育部 . 关于调整和增设全国行业职业教育教学指导委员会的通知［Z］. 北京，2012.

专家分组对标准送审稿进行了审核。共有 18 个大类共 410 个专业教学标准和英语课程教学标准通过审核并依据专家意见进行了完善，形成征求意见稿。2012 年 6 月，相关专科高职"教指委"根据各方反馈意见又作了最终修订。

3. 专业教学标准实施

专业教学标准的制定拓展了专业内涵，促进了专业教学科学化、标准化和规范化。教育部要求各级教育行政部门和有关职业学校，在专业建设和教学改革中，结合本地本校实际情况，认真组织学习专业教学标准并参照执行，以在教学基本建设、教学条件和人才培养质量等方面有大幅度提升。同时，教育部依据 410 个专业教学标准制定了"十二五"专科高职教材建设规划，按照专业教学标准组织教材建设，建立健全高等职业教育课程与教材体系，将作为重要标准纳入人才培养质量评估指标体系中。

（三）建设重点特色专业提升服务能力

1. 专业群建设解决技术技能型人才供需矛盾

2011 年，为解决技术技能型人才培养与社会经济发展需求不适应与脱节问题，整体提高高等职业学校办学水平和人才培养质量，教育部、财政部着眼国家总体产业布局，以提升专业服务产业发展能力为出发点，启动实施"高等职业学校提升专业服务产业发展能力项目"。项目以现代农业、先进制造业、战略性新兴产业、生产性服务产业、生活性服务业、现代能源产业、综合运输产业、现代信息技术产业、社会建设与社会管理、文化产业等为重点支持的职业教育专业群发展方向，各地按照本地"十二五"规划和产业发展布局，着力于专业建设多样化发展与区域重点产业布局相适应，提高高等职业教育服务国家经济发展方式转变和现代产业体系建设的能力，形成高端技能型人才培养与国家"十二五"规划相协调的发展格局。

2. 中央财政重点支持专业服务产业能力建设

教育部、财政部《关于支持高等职业学校提升专业服务产业发展能力的通知》指出：2011 年，中央财政投入专项资金，围绕现代农业、制造业发展重点方向、战略性新兴产业、生产和生活性服务业等重点领域和地方经济社会发展需要，在全国独立设置的公办高等职业学校中，支持 1000 个左右紧贴产业发展需求、校企深度融合、社会认可度高、就业前景好的专业进行重点建设，推动高等职业学校创新体制机制，加快人才培养模式改革，整体提升专业发展水平和服务能力，为国家现代产业体系建设输送大批高端技能型专门人才。项目建设期 2 年，每校支持建设 1—2 个专业。

至 2012 年年底，中央财政投入专项资金共 40 亿元，支持全国 976 所独立设置的公办高等职业学校重点建设了 1812 个专业，惠及在校生 61 万人[①]。有力地推动了高等职业学校创新办学体制机制，加快了人才培养模式改革，整体提升了专业发展水平和服务能力。

3. 专业综合改革凸显专业品牌与特色

根据国家对职业院校专业服务产业能力建设的指导意见，通过中央财政对专科高职院校部分专业的重点支持，不断深化专业综合改革，加强示范专业建设，提升专业对接产业的水平及专业服务产业能力，促进专业特色建设与特色专业建设，在专业方向、培养目标、课程体系等方面形成产业支撑型、人才紧缺型、特色引导型、国际合作型等不同特色。

2013 年 12 月，"高等职业学校提升专业服务产业发展能力经验交流会暨全国专科高职校长联席会议 2013 年年会"在广东顺德职业技术学院顺利召开。会议以教育部、财政部 2011 年开始联合实施的"高等职业学校提升专业服务产业发展能力"项目经验交流和成果展示为主要内容，集中展示了 281 所专科高职院校的"高等职业学校提升专业服务产业发展能力"项目典型案例，较全面地反映了专科高职院校推行校企合作、工学结合人才培养模式改革，主动服务区域产业发展，及时调整专业结构、凝练专业特色，提升专科高职专业发展水平和服务能力的成果。

---

① 十年 1.2 万亿：助推职业教育健康发展——教育部财务司有关负责人就职业教育财政投入答记者问 [EB/OL]. (2014-06-30) [2014-07-10]. http://www.moe.edu.cn/publicfiles/business/htmlfiles/moe/s271/201406/170903.html.

四、职业教育质量评估制度

质量评价是职业教育自我反思和回应社会关切的必要手段，是实现职业教育良性发展，提高技术技能人才培养质量的制度保障。当前，我国初步建立了职业教育质量监测体系，实施了职业教育区域和院校的人才培养质量年度报告制度，形成了职业教育质量的动态反馈机制，开展了职业院校基础数据监测、学校质量自我评估、区域及国家职业教育质量报告、职业教育质量国际比较、国家行业指导下的专业认证、职业院校学生技能大赛等不同形式和内容的质量评估活动。

为了规范院校的办学行为、保证人才培养工作的基本质量，2004 年，教育部正式发布《高职高专院校人才培养工作水平评估方案》，开始在全国范围内全面启动高职高专院校人才培养工作水平评估。此后，进一步加强制度建设，不断修订评估指标体系，改进评估方式，加强评估反馈整改，不断实现以评促改、以评促建、以评促管，使评估工作步入常态化、制度化发展的轨道。

（一）形成国家职业教育质量保障体系

2010 年《国家中长期教育改革和发展规划纲要（2010—2020 年）》要求加快学校管理信息化进程，促进学校管理标准化、规范化；推进政府教育管理信息化，积累基础资料，掌握总体状况，加强动态监测，提高管理效率；建立高等学校质量年度报告发布制度；完善监测评估体系，定期发布监测评估报告，其具体措施如下。

建立质量标准和监测机制，把促进人的全面发展、适应社会需要作为衡量教育质量的根本标准，探索建立符合国情的教育质量标准体系，推动建立职业院校的教学质量国家标准。

改进职业院校教学评估办法，进一步优化评估指标体系，突出职业教育质量保障特点，强化职业院校质量保障的主体意识，加强学校自我评估；实行分类的院校评估，促进高等学校办出特色；加强专业认证及评估，增强人才培养与社会需求的适应性；在部分学科专业开展国际评估。

进一步完善和加强反馈改进机制，改进国家教学督导，加强督政、督教、督学等。

1. 建立职业教育基础数据监测平台

通过建立全国统一的职业教育基础数据监测平台，采集高等学校教学工作的基本状态数据，实现常态监测，是建设高等教育质量保障体系的重要内容。通过信息公开以回应社会关切的问题，有利于学校自身建设和接受人民群众的监督。

2002 年，教育部提出建立高等学校教学状态数据采集和发布制度。教学基本状态数据库建设是国家高等教育质量监控和宏观决策的重要组成部分，专科高职院校建立动态的人才培养工作状态数据库，是巩固和提升教学质量的需要，也是提高专科高职水平评估质量的需要。根据教育部要求，各职业院校成立专门信息机构，专人负责，定期对外发布职业教育质量信息。

截至 2013 年，1243 所职业院校建立了人才培养工作状态数据库，覆盖独立设置专科高职院校的 96%①。

2. 形成职业教育质量年度报告发布制度

2011 年，教育部《关于推进高等职业教育改革创新，引领职业教育科学发展的若干意见》提出，"各地和各高等职业学校都要建立人才培养质量年度报告发布制度"。通过数据信息公开和质量报告，回应社会期待，自我鞭策，推动了职业教育质量提升。

学校与区域职业教育质量自评报告是在各级地方与学校的自我评估基础上完成的，增强了地方与学校的质量主体意识，促进了质量持续提升。按照《教育规划纲要》及若干意见通知关于建立人才培养质量年度报告制

---

① 高职教育质量年度报告 [EB/OL]. （2014-06-30）[2014-07-10]. http：//www. tech. net. cn/web/index. aspx.

度的要求，全国 29 个省、自治区、直辖市和 584 所专科高职院校公布了 2012 年人才培养质量相关信息和年度报告[①]。

2013 年，相关部门要求所有公办专科高职院校均需要发布人才培养质量年度报告。2012 年、2013 年连续发布由上海教育科学研究院与麦可斯研究院共同完成的第三方评价报告——《中国高等职业教育人才培养质量报告》。根据各省公布的《高等职业教育人才培养质量报告》中的生均校内实践面积、职业技能鉴定率、顶岗实习率和应届毕业生就业率四个重要指标数据的公开情况，将 31 个省份的质量报告划分为数据披露较好、数据披露一般、数据披露较少和数据无披露四种情况。

3. 开展各级各类职业教育质量评估活动

2002 年，教育部提出建立"五年一轮"的高校评估制度。2003 年进行了专科高职水平评估试评工作，当年组织专家组在全国试评 26 所专科高职院校。自 2004 年以来，各省级教育行政部门在教育部的统一部署下，开展了两轮高等职业院校评估，从规范办学、条件保障到促进内涵建设，推动教育行政部门完善对专科高职院校的宏观管理和调控，逐步形成以学校为核心、教育行政部门为引导、社会参与的教学质量保障体系。

开展职教师资培训基地评估。2011 年 3 月，为了进一步完善"双师型"教师培养培训体系、创新培养培训模式、提高师资队伍建设和工作水平，教育部组织对全国重点建设的 56 个职教师资培养培训基地和 8 个全国职教师资专业技能培训示范单位进行评估。评估方式采用基地自评、书面评审和现场考察相结合的方式进行。评估内容为两方面：一是基地建设情况，包括重视程度、工作规划、管理制度、组织机构、队伍建设、经费投入、条件建设及校企合作等；二是工作开展情况，包括职教师资培养和培训工作、职教科研、工作特色与创新等[②]。

---

① 2013 中国高等职业教育人才培养质量年度报告发布会在京召开 [EB/OL]. (2014-06-30) [2014-07-10]. http：//www.tech.net.cn/web/index.aspx.

② 教育部. 关于开展全国重点建设职教师资培养培训基地评估工作的通知 [Z]. 北京, 2011.

（二）深化改革职业教育质量评价

1. 开展文明风采竞赛，创新德育途径

面向全国中等职业学校在校生开展的"文明风采"竞赛活动，是由教育部职业教育与成人教育司主办，中国职业技术教育学会承办，通过各级教育行政部门动员发动，由学校具体操作的制度化运转的常规德育实践活动。

2004 年 2 月，中共中央、国务院颁布《关于进一步加强和改进未成年人思想道德建设的若干意见》（以下简称《意见》）；同年 3 月 30 日，中宣部、教育部为了落实《意见》，制定了《中小学开展弘扬和培育民族精神教育实施纲要》，教育部职业教育与成人教育司根据有关精神和中职生特点，决定开展"全国中等职业学校'文明风采'竞赛"，以"弘扬民族精神，树立职业理想"的竞赛主题，组织专家和一线职教德育工作者，设计了职业生涯设计、职业生活摄影、我爱我的专业征文三项比赛的初步方案；同年 5 月，教育部《关于组织全国中等职业学校开展"文明风采"竞赛活动的通知》下发各省、自治区、直辖市教育厅（教委），"文明风采"竞赛由此正式启动。

2004 年 7 月，首届竞赛活动收到了来自 29 个省、自治区、直辖市的参赛作品 6590 份，展示了中职学生的文明风采，对丰富学校德育实践活动，增强德育工作的时代感，提高针对性和实效性，起到了积极的推动作用[1]。2005 年，教育部职成教司决定将"文明风采"竞赛活动作为中等职业学校德育的常规工作，定期举行，在每年九月份全国举办的"弘扬民族精神宣传月"活动期间颁布获奖结果。在 2005 年举行的第二届"文明风采"竞赛收到除港澳台和西藏外的 30 个省、直辖市、自治区的 9613 件参赛作品[2]。浙江、福建、广东、江苏、山东、河北、辽宁等东中部地区的

---

[1]　全国中等职业学校"文明风采"竞赛活动简介［EB/OL］.（2014－06－30）［2014－07－10］. http：//www. moewmfc. org/index. shtml.

[2]　全国中等职业学校"文明风采"竞赛活动简介［EB/OL］.（2014－06－30）［2014－07－10］. http：//www. moewmfc. org/index. shtml.

学校成为参赛的主力军。

随着竞赛的连续举办，参赛对象和参赛项目不断增加。少数民族集居地区、偏远地区和担负特殊教育的学校，也开始积极组织学生参加。第三届竞赛时，新疆、云南、广西、内蒙古、宁夏等省自治区的参赛学生明显增加，西藏也有了参赛作品，江西、甘肃等中西部地区参赛学生大幅增多，有职教任务的特殊教育学校也开始介入此项活动。至 2013 年，"文明风采"竞赛活动已经成功举办 10 届，赛项由 2004 年的 3 类 3 项增加到 2013 年的 5 类 13 项，参赛规模由 2004 年的 6590 份作品增加到 2013 年的 102 万份作品[1]。2013 年，全国共有 2856 所学校、117.5 万名学生参加竞赛，共评选出一等奖 151 项、二等奖 315 项、三等奖 445 项、优秀奖 3870 项；评出指导教师奖 651 名，学校组织奖 409 项，省级复赛组委会贡献奖 24 项，十年成就奖 11 项[2]。

2. 评价方式引导学生就业创业

2008 年以来，教育部联合有关部门，每年举办一届全国职业院校学生技能大赛。六年来，全国职业院校技能大赛建立了"政府搭台、行业主导、企业支持、学校参与"的运行模式，构建了由国赛、省赛、校赛组成的大赛层级体系，形成了"人人都参与、专业大覆盖、层层有选拔"的生动局面。自大赛创办以来，无论是参赛规模，还是覆盖面和影响力都连年攀升，已成为国内水平最高、特色明显、影响深远的技能赛事。真正实现以赛促教、以赛促学、以赛促改、赛学结合，成为新时期我国职业教育改革与发展的重要推进器。

2013 年，教育部根据产业发展规划和职业院校专业发展情况，研究编制了《全国职业院校技能大赛三年规划（2013—2015 年）》，进一步完善了技能大赛未来发展的顶层设计。2008—2013 年，大赛主办单位由 11 家增加到 30 家，承办地由天津一市扩增到 12 个分赛区，赛项由 24 项增加到

---

[1] 全国中等职业学校"文明风采"竞赛 2013 总结 [EB/OL].（2014-06-30）[2014-07-10]. http://www.moewmfc.org/index.shtml.

[2] 全国中等职业学校"文明风采"竞赛 2013 总结 [EB/OL].（2014-06-30）[2014-07-10]. http://www.moewmfc.org/index.shtml.

95 项，参赛选手从 1862 人增至逾万人，参与企业从近百家增长到近千家①。

2013 年全国职业院校技能大赛设比赛项目 105 个，其中，已有赛项 79 个，新增赛项 26 个；涉及国民经济第一、二、三产业的赛项占比分别为 10%、40%、50%；涉及节能环保、新一代信息技术、生物、高端装备制造、新能源等战略性新兴产业的赛项占到总数的 22%，体现了技能大赛服务国家战略性新兴产业发展需求，促进职业教育人才培养与产业发展结合的办赛理念②。

（个）

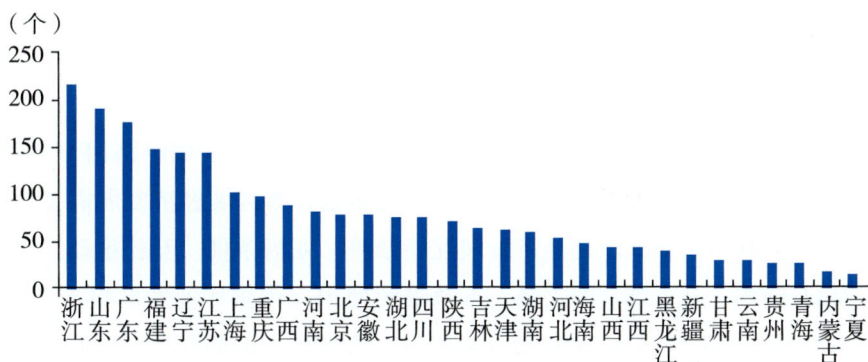

图 5-1　2012 年中职全国职业技能大赛获奖数

①　全国职业院校技能大赛 2013 年总结［EB/OL］.（2014-06-30）［2014-07-10］. http：// www.nvsc.com.cn/

②　全国职业院校技能大赛 2013 年总结［EB/OL］.（2014-06-30）［2014-07-10］. http：// www.nvsc.com.cn/

第六章

省域职业教育发展水平评价

职业教育发展必须从市场经济需求出发，实现与区域经济协调发展。职业教育的发展体现着不同的区域特点，大多是以本区域经济发展需要为价值取向，与其所服务区域的经济发展互相依赖、互为条件、互相推动，形成一种相互制约、互为推动的关系。本章继续使用《中国职业发展报告 2012》的 CIPP 模式，对我国 31 个省市（自治区、直辖市）的职业教育发展水平进行综合评价。其目的是为决策者、政策制定者、校长、教师和其他服务评价的人员提供服务，使他们从宏观层面上把握区域职业教育发展的客观状况，发现区域职业教育发展中的问题，促进职业教育与区域经济协调发展。

一、指标体系要素调整及数据来源

本部分从实证角度评价区域职业教育发展状况，从省级行政区域层面（以下简称省份）进行比较评价，构建一个能够全面客观描述和比较我国各省区职业教育综合发展水平的指标体系。指标体系的构建将充分参考和借鉴国内外已有的教育统计指标和教育发展指数研究，深入分析我国有关职业教育的政策文件，参考我国职业教育督导评估指标体系，并综合考虑我国职业教育现有可得的统计数据进行构建。指标体系沿用《中国职业教育发展报告

2012》的指标体系设计方法及设计原则，但对具体指标进行了部分调整。

（一）中等职业教育评价指标体系

本次采用的中等职业教育评价指标体系，其具体指标与《中国职业教育发展报告 2012》的指标一致，但数据来源更为权威。经济社会基础的三个指标均来自《中国统计年鉴 2013》；教师队伍中的三个指标以及办学条件中的生均教学科研设备和每百名学生拥有教学用计算机台数这五个指标均来自《全国教育事业发展简明统计分析 2012》。17 个二级指标中"中职生师比"为逆向指标，其他均为正向指标。从目前公开出版的权威数据获取性上看，本指标体系在实践中能发挥比较好的作用，具体指标结构见表 6-1。

表 6-1　中等职业教育评价指标体系

一级指标	二级指标	指标数据来源
经济社会基础	1. 人均 GDP	依据《中国统计年鉴 2013》
	2. 第二产业 GDP 所占比重	
	3. 每万人口中职毕业生数	
教育经费	4. 生均经费支出占人均 GDP 比重	依据《中国教育经费统计年鉴 2012》相关指标计算
	5. 预算内教育经费占预算内教育经费总量的比例	
	6. 生均预算内教育事业费与普通高中之比	
教师队伍	7. 生师比	《全国教育事业发展简明统计分析 2012》
	8. 本科以上学历教师占专任教师比例	
	9. 双师型教师比例	
办学条件	10. 国家示范性中职所占比例	依据教育部网站数据计算
	11. 生均教学科研仪器设备	《全国教育事业发展简明统计分析 2012》
	12. 每百名学生拥有教学用计算机台数	
办学成果	13. 毕业生中具有职业资格比例	依据《中国教育统计年鉴 2012》相关指标计算
	14. 中等职业学校培训结业学生数	
	15. 培训结业生中获取资格证书培训比例	

续表

一级指标	二级指标	指标数据来源
办学成果	16. 毕业生就业率	依据《各省（自治区、直辖市）职业教育与成人教育有关工作情况统计》
	17. 全国职业技能大赛获奖数	全国职业院校技能大赛2012 公布数据

（二）高等职业教育综合评价指标体系

高等职业教育综合评价指标基本遵循《中国职业教育发展报告2012》指标选取。在五个维度中，教育经费和教师队伍两个维度的指标保持不变，对以下三个维度指标作了调整。一是在经济社会基础维度中，增加"生均学杂费承担倍数"指标，该"倍数"的计算方法是用"高等职业教育生均学杂费"除以"各省区居民家庭平均每人现金消费支出"，倍数越高，说明学生的负担越重，越应该引起当地政府的重视。将学杂费与家庭收入或支出做比较，以衡量家庭的教育负担，是国际通行的做法。二是在办学条件维度中，考虑到数据的可获取性，将"生均校内实践基地面积"指标更改为"生均校舍建筑面积"，并增加"高等职业院校学生实习责任保险统保示范项目学校投保率"（以下简称为：学生实习责任保险统保率）指标。三是在办学成果维度中增加"新生报到率"指标，不再采用"职业技能鉴定率""国家级精品课程"指标。由于《中国职业教育发展报告2012》的这两个指标数据采用的是骨干示范校的样本数据，难以反映高职的真实水平，因此采用更为科学权威的正式出版统计数据。指标数据获取源亦有所变动。高等职业教育综合评价指标体系最终选取五个一级指标，18 个二级指标，其中"生师比"和"生均学杂费承担倍数"为逆向指标（见表6-2）。

表 6-2　高等职业教育评价指标体系

一级指标	二级指标	指标数据来源
经济社会基础	1. 人均 GDP	依据《中国统计年鉴 2013》
	2. 第二产业 GDP 所占比重	
	3. 每万人口大专（高职）毕业生数	依据国家统计局网站数据等相关指标计算
	4. 生均学杂费承担倍数	依据《各省（自治区、直辖市）职业教育与成人教育有关工作情况统计》
教育经费	5. 生均经费占人均 GDP 比重	依据《中国教育经费统计年鉴 2012》相关指标计算
	6. 预算内教育经费占预算内教育经费总量的比例	
	7. 生均预算内教育事业费与普通本科之比	
教师队伍	8. 研究生以上学历教师占专任教师比例	《全国教育事业发展简明统计分析 2012》
	9. 双师型教师比例	
	10. 生师比	
办学条件	11. 生均教学科研仪器设备	《全国教育事业发展简明统计分析 2012》
	12. 生均校舍建筑面积	
	13. 国家示范性高职所占比例	依据教育部网站数据计算
	14. 学生实习责任保险统保率	依据《各省（自治区、直辖市）职业教育与成人教育有关工作情况统计》
办学成果	15. 全国职业技能大赛获奖数	全国职业院校技能大赛公布 2012 年数据
	16. 顶岗实习率	以中国高职院校教育网中部分示范性高职院校的人才培养状态数据为样本数据
	17. 新生报到率	
	18. 应届生就业率	

二、各省份中职教育发展水平评价

本节选取重要的中等职业教育发展指标，对全国 31 个省份的发展水平进行单指标比较分析。

（一）主要受经济发展和第二产业影响

人均 GDP 和第二产业 GDP 所占比重是衡量区域经济发展水平的重要指标。2012 年，全国人均 GDP 为 3.84 万元，共有 14 个省份超过全国平均水平。天津市人均 GDP 最高，为 9.32 万元；北京和上海人均 GDP 超过 8 万元，分列第二、第三位；人均 GDP 最低的三个省份依次是贵州、甘肃和云南，其中贵州人均 GDP 仅为 1.97 万元，比最高的天津市低 7.35 万元（见图 6-1）。

第二产业作为反映区域工业化程度的重要参考，在我国目前的发展阶段，与职业教育的关联最为密切。我国第二产业 GDP 所占比重 2012 年为 45.3%，共有 24 个省份超过全国平均水平。占比最高的三个省份依次是青海、河南和陕西，占比分别为 57.7%、56.3% 和 55.9%；最低的三个省份依次是北京、海南和西藏，占比分别为 22.7%、28.2% 和 34.6%（见图 6-1）。

2012 年，全国每万人口中职毕业生数为 50 人，比 2011 年的 49 人上升 1 人。中职每万人口毕业生数超过全国平均水平的省份共有 14 个。中职每万人口毕业生数最多的三个省份依次是陕西、福建和河南，分别为 77 人、68 人和 65 人；这三个省份的人均 GDP 分别为 3.85 万元、5.26 万元和 3.15 万元，全国排名分别为第 13 名、第 9 名和第 24 名；这三个省份的第二产业 GDP 所占比重分别为 56%、52% 和 56%，全国排名分别为第 3 位、第 12 位和第 2 位。中职每万人口毕业生数最少的三个省份依次是上海、西藏和贵州，分别为 19 人、30 人和 31 人；其人均 GDP 分别为 8.48 万元、2.28 万元和 1.97 万元，全国排名分别为第 3 位、第 28 位和第 31 位；第二产业 GDP 所占比重分别为 39%、35% 和 39%，全国排名分别为第 28 位、第 29 位和第 27 位。总体来看，经济发展水平两端化，同时第二产业比重低的省区，中职培养规模比较小。

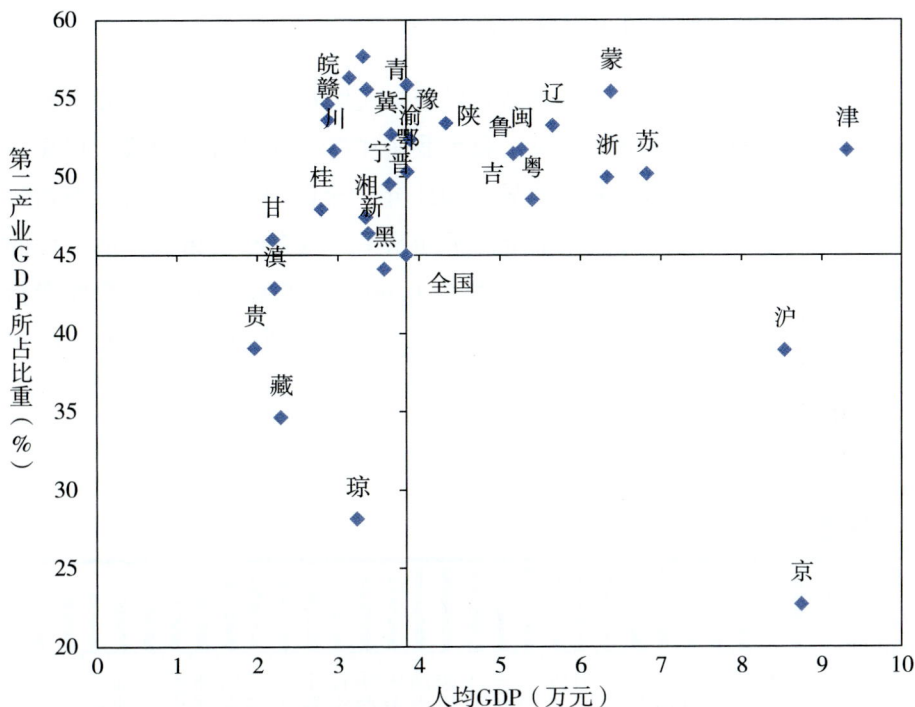

图 6-1　2012 年各省份人均 GDP 及第二产业 GDP 占比

数据来源：中华人民共和国国家统计局 . 中国统计年鉴 2013 ［M］. 北京：中国统计出版社，2013.

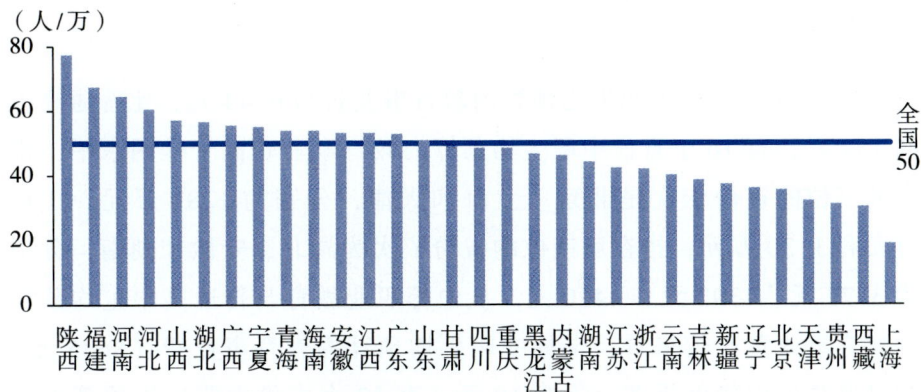

图 6-2　2012 年各省份每万人口中职毕业生人数

数据来源：中华人民共和国国家统计局 . 中国统计年鉴 2013 ［M］. 北京：中国统计出版社，2013.

(二) 财政性经费投入省域差异大

生均教育经费指数，即生均教育经费与人均 GDP 之比，是衡量考核政府对教育投入的增长的重要指标。目前我国中等职业教育经费投入仍显不足，各地经费投入也存在较大差异。2011 年，全国中等职业教育经费指数为 0.29；有 13 个省份指数高于全国平均水平。教育经费指数排前三位的省份依次是西藏、新疆和云南，分别为 0.60、0.45 和 0.43；教育经费指数排后三位的省份依次是湖北、江苏和广东，分别为 0.18、0.18 和 0.19（见图 6-3）。

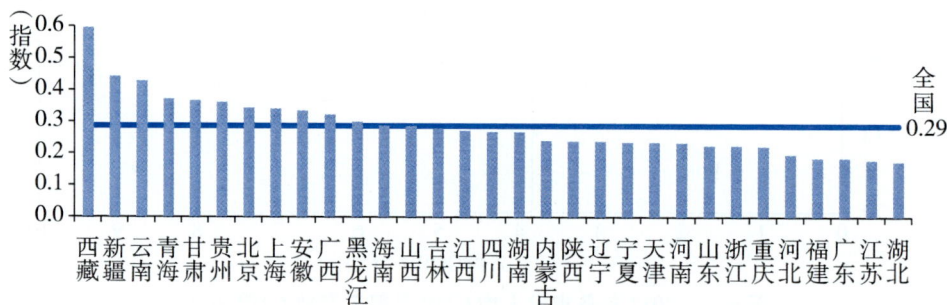

图 6-3　2011 年各省份中等职业教育生均教育经费指数

数据来源：中华人民共和国教育部财务司. 中国教育经费统计年鉴 2012 ［M］. 北京：中国统计出版社，2013.

2011 年，全国中职生均预算内教育事业费为 6144 元，比普通高中高 157 元；有 16 个省份中职生均预算内教育事业费高于全国水平，排在前三位的省份依次是北京、上海和天津，分别为 1.87 万元、1.47 万元和 1.30 万元；排在后三位的省份依次为湖北、安徽和湖南，分别为 3777 元、4392 元和 4420 元。从中等职业教育与普通高中生均预算内教育事业费比较来看，吉林中职生均预算内教育事业费（8635 元）超过普高生均额度最多，为 3010 元；有 12 个省份中职生均预算内教育事业费低于该省普通高中，除贵州、青海和宁夏外主要是东部经济较发达省份，北京中职生均预算内教育事业费（18674 元）低于普高生均额度最多，两者相差 9860 元（见表 6-3）。

表 6-3　**2011 年各省份中职与普高预算内教育事业费比较**

（单位：元）

中职—普高（单位：元）	数量	省份
差额>1500	4	吉林、内蒙古、黑龙江、辽宁
0<差额≤1500	15	广西、云南、新疆、河南、山西、四川、陕西、江西、甘肃、湖北、湖南、西藏、浙江、山东、贵州
-1500<差额≤0	6	河北、安徽、重庆、福建、海南、广东
差额<-1500	6	江苏、青海、宁夏、天津、北京、上海

数据来源：教育部财务司. 中国教育经费统计年鉴 2012〔M〕. 北京：中国统计出版社，2013.

（三）各省职教资源分布不均

我国中职学校师资水平有待提升，尤其是中西部省份，教师学历结构层次依然偏低，2012 年，全国本科以上学历教师占专任教师比例 87%，尚未达到教育部颁布的《关于"十二五"期间加强中等职业学校教师队伍建设的意见》中"学历达标率要超过 95%"的要求。

1. 教师情况

生师比是在校生与专任教师的比例。近年来，中职教育"生师比"居高不下，已经成为教育界高度关注的问题。2012 年，全国中职生师比为 25∶1，比 2011 年有所下降。生师比高于全国平均水平的省份有 17 个；低于全国平均水平的有 14 个省份。生师比最低的省份是吉林，仅为 12∶1，其次是天津和黑龙江，分别为 14∶1 和 16∶1；生师比最高的是广西，为 42∶1，其次是宁夏和福建，分别为 41∶1 和 33∶1（见图 6-4）。

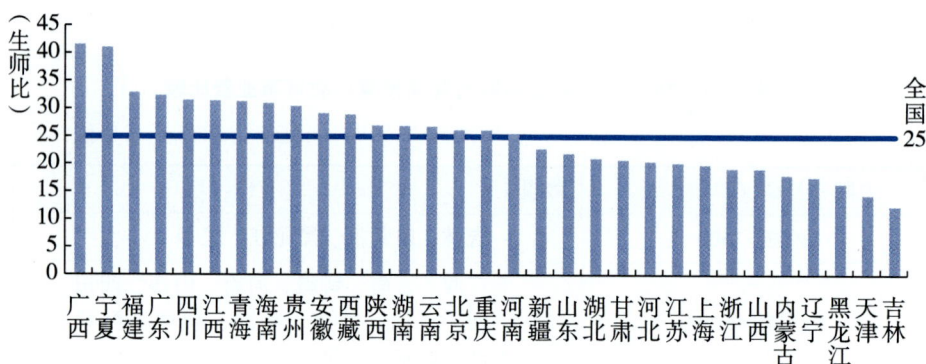

图 6-4　2012 年各省份中职生师比

数据来源：教育部发展规划司. 全国教育事业发展简明统计分析 2012［M］. 北京：人民教育出版社，2013.

双师型教师是衡量中等职业学校师资水平的重要指标，教育部 2010 年印发的《中等职业学校设置标准》要求双师型教师比例不低于 30%。2011 年，教育部《关于"十二五"期间加强中等职业学校教师队伍建设的意见》中要求双师型教师占专任教师比例应达到 50%。2012 年，全国中职双师型教师比例仅为 25.19%，有 8 个省份的双师型教师比例超过 30%，无一省份达到 50% 比例要求；有 14 个省份高于全国比例，其余 17 省份均低于全国平均水平。比例排序前三位的省份是安徽、广西和浙江，比例分别为 35.68%、35.01% 和 34.78%；比例排序在后三位的省份依次是西藏、山西和甘肃（见图 6-5）。

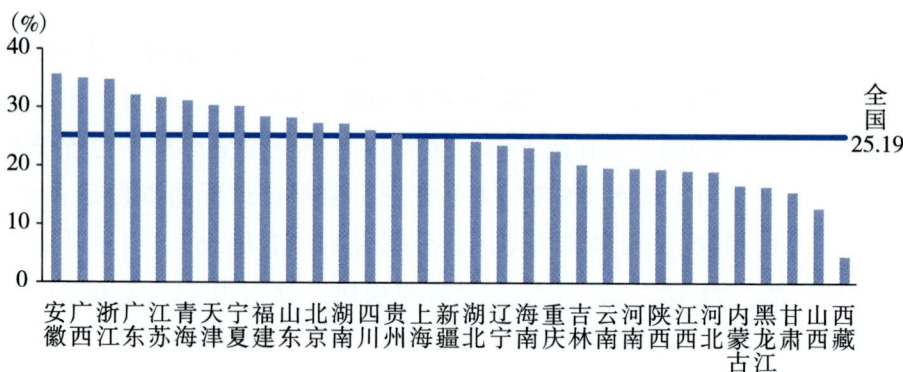

图 6-5　2012 年各省中职双师型教师比例

数据来源：教育部发展规划司. 全国教育事业发展简明统计分析 2012［M］. 北京：人民教育出版社，2013.

2. 办学条件

我国 31 个省份的办学条件发展不均衡问题突出。优质教育资源分布不均衡，50% 的中职示范校集中在 30% 的省份里，优质职业教育资源依然呈现东中西阶梯式下降的趋势。2012 年，国家示范性中职各省份分布依然不均衡，山东、广东和河南 3 省份各拥有 60 所以上国家示范性中职；江苏、河北、四川、浙江、湖北和安徽 6 省份的数量为 40—60 所；辽宁、湖南、陕西、福建、江西、广西、山西和重庆等 8 省的数量为 30—40 所；新疆、云南、黑龙江、甘肃、北京、天津和内蒙古等 7 省份的数量为 20—29 所；低于 20 所的省份有 7 个，分别为西藏、青海、海南、宁夏、上海、贵州、吉林。数量最少的为西藏，仅为 4 所（见图 6-6）。

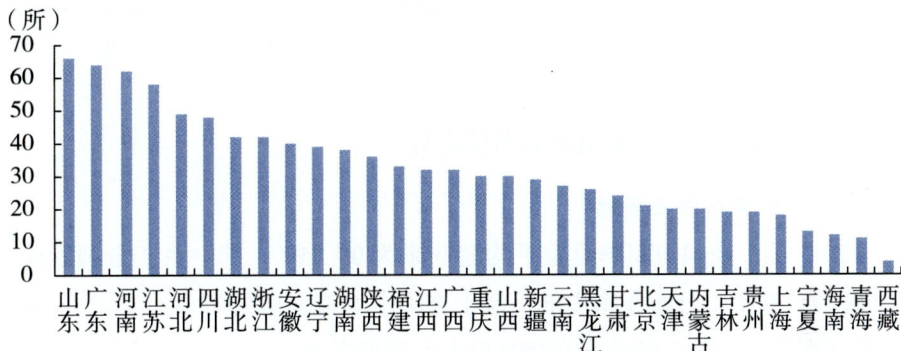

图 6-6　2012 年各省份国家示范性中职院校数

数据来源："国家中等职业教育改革发展示范学校建设计划"第三批补充立项建设学校名单公示 [EB/OL]. （2013-01-17）[2015-09-04]. http://www.moe.gov.cn/s78/A07/A07 gggs/s8467/201301/t20130117 180988. html；"国家中等职业教育改革发展示范学校建设计划"第二批拟通过验收的项目学校名单公示 [EB/OL]. （2015-08-31）[2015-09-04]. http://www.moe.gov.cn/s78/A07/A07 gggs/s8467/2015083/t20150831204483. html；"国家中等职业教育改革发展示范学校建设计划"第一批拟通过验收的项目学校名单公示 [EB/OL]. （2014-02-17）[2015-09-04]. http://www.moe.gov.cn/s78/A07/A07 gggs/s8467/201402/t20140217 180990. html.

2012 年，全国中职生均教学科研仪器设备值为 3065 元，生均教学科研仪器设备值高于全国平均水平的有 12 个省份，主要分布在东部和东北；未能达到《中等职业学校设置标准》要求（要求生均仪器设置价值不能低于 2500 元）的有 9 个省份，主要为中西部省份。中职生均教学科研仪器设备值最高的省份是上海，为 11373 元，其次是北京和天津，分别为 7608 元和 6195 元；生均值最低的省份是西藏，仅为 1579 元，其次是云南和四川，分别为 1742 元和 1999 元（见表 6-4）。

表 6-4 中职生均教学科研仪器设备值

（单位：元）

分类	数量	省份
5000 元以上	4	上海、北京、天津、浙江
2500—4999 元	18	江苏、辽宁、新疆、湖北、内蒙古、山东、重庆、吉林、安徽、广东、湖南、青海、陕西、黑龙江、福建、甘肃、广西、宁夏
2000—2449 元	6	海南、河北、江西、贵州、山西、河南
2000 元以下	3	四川、云南、西藏

数据来源：教育部发展规划司. 全国教育事业发展简明统计分析 2012［M］. 北京：人民教育出版社，2013.

（四）办学成果呈现出东高西低态势

1. 就业率与职业资格

2013 年，我国中职毕业生平均就业率为 95.85%，其中高于全国就业率的省份有 20 个，分布在东中部；低于全国平均就业率的省份有 11 个，主要是西部和东北省份。就业率在 95% 以上的省份有 26 个，仅有内蒙古等 5 省份就业率低于 95%，其中新疆是唯一一个就业率接近 85% 的省份（见图 6-7）。

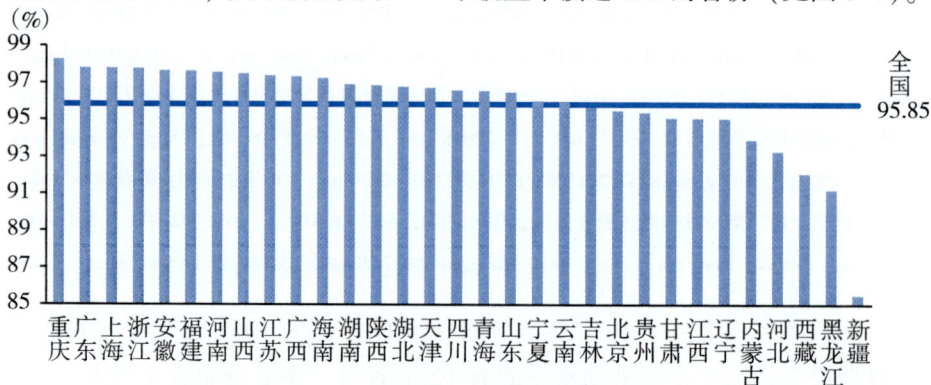

图 6-7 2013 年中职毕业生就业率

数据来源：教育部职业教育与成人教育司. 各省（自治区、直辖市）职业教育与成人教育有关工作情况统计［R］. 北京，2014.

中职学校毕业生属于专门人才，在解决毕业生就业问题的现实背景下，追求就业质量成为中职院校就业工作的重点。从资源有效利用的角度讲，学生的专业对口就业率是衡量中职学生就业质量很好的指标。2013 年，我国中职毕业生专业对口就业率为 77.59%，其中高于全国平均对口就业率的省份有 21 个，分布在东中部；低于全国对口就业率的省份有 10 个。对口就业率在 75% 以上的省份有 26 个，低于 75% 的仅有西藏等 5 省份，西藏是全国对口就业率最低的省份，仅为 41.56%（见图 6-8）。

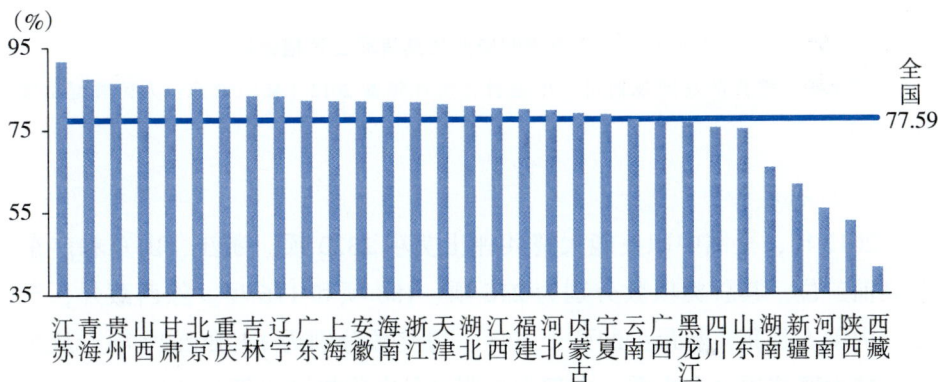

图 6-8 2013 年中职毕业生专业对口就业率

数据来源：教育部职业教育与成人教育司. 各省（自治区、直辖市）职业教育与成人教育有关工作情况统计［R］. 北京，2014.

2012 年，全国中职毕业生 554.38 万人，其中获取职业资格证书人数为 348.39 万人，占比为 62.8%；有 12 个省份中职毕业生获取职业资格证书比例高于全国平均水平；有 19 个省份低于全国平均水平。比例最高的三个省份，依次是四川、浙江和福建，分别为 89.8%、88.1% 和 84.0%；比例最低的是海南，仅为 36.1%，其次是吉林和河北，分别为 37.8% 和 45.4%（见图 6-9）。

(%)

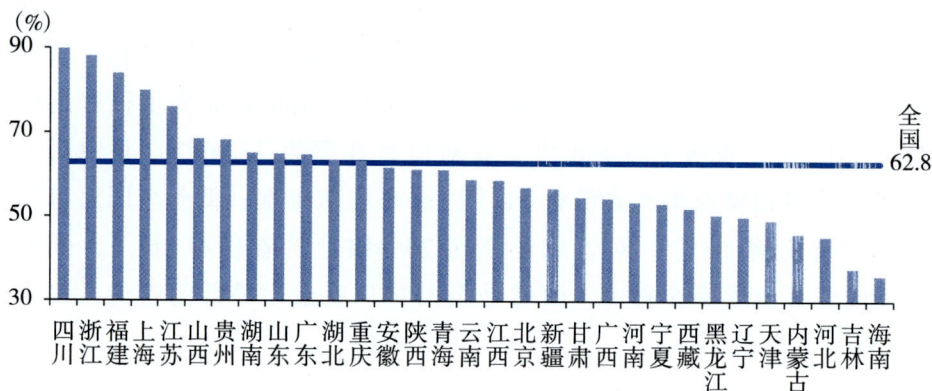

图 6-9　**2012 年中职毕业生具有职业资格比例**

数据来源：教育部发展规划司．中国教育统计年鉴 2012 ［M］．北京：人民教育出版

社，2013．

2. 技能大赛

2012 年，全国中职技能大赛共评出奖项 2320 项，浙江、山东和广东
分列前三位，其获奖项数分别为 216 项、188 项和 176 项。除西藏外，宁
夏、内蒙古是获奖数最少的两个省区，得奖数分别为 15 项和 17 项。从全
国技能大赛奖项分布来看，东部省市明显具有优势（见图 6-10）。

（项）

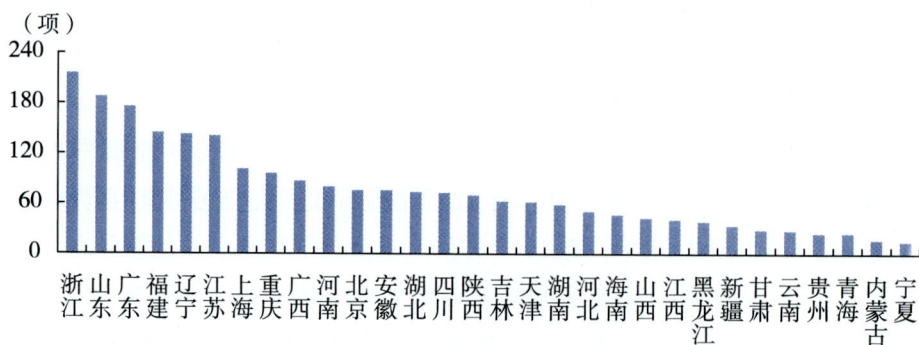

图 6-10　**2012 年中职全国技能大赛获奖数**

数据来源：教育部．关于公布 2012 年全国职业院校技能大赛获奖名单的通知 ［EB/OL］．

（2012-02-17）［2015-09-04］．http：//www.moe.edu.cn/publicfiles/business/htmlfiles/moe/s5972/

201208/140492.html．

三、各省份高职教育发展水平评价

高等职业教育对提高我国劳动力整体素质，推进高等教育大众化发展起到重要作用。2012 年，我国高等职业院校毕业生数量达到 320.89 万人，占整个本专科毕业生数量的 51.4%。以下将从单指标分析角度对各省份的高等职业教育发展水平进行评价。

（一）高职培养规模稳中有升

2012 年，我国每万人口高职毕业生数呈现上升态势，当年全国每万人口高职毕业生数为 24 人，比 2011 年上升 1 人。每万人口高职毕业生数超过全国平均水平的省份共有 12 个，数量最多的三个省份依次是天津、陕西和湖北，分别为 36 人、35 人和 32 人；其人均 GDP 分别为 9.32 万元、3.86 万元和 3.66 万元，全国排名分别为第 24 名、第 15 名和第 16 名；这三个省份的第二产业 GDP 所占比重分别为 56%、56% 和 53%，全国排名分别为第 2 位、第 2 位和第 11 位。数量最少的三个省份依次是青海、西藏和云南，分别为 9 人、13 人和 13 人（见图 6-11），其人均 GDP 分别为 3.32 万元、2.29 万元和 2.22 万元，全国排名分别为第 20 名、第 28 名和第 28 名；第二产业占 GDP 的比重分别为 58%、35% 和 43%，全国排名分别为第 1 名、第 29 名和第 26 名。

2012 年，全国高等职业教育生均学杂费承担倍数平均为 0.95；有 11 个省份的生均学杂费承担倍数超过全国平均水平，分别为重庆、云南、海南、广西、甘肃、贵州、湖南、宁夏、广东、江西和四川，除海南和广东外，皆为中西部地区；有 20 个省份的生均学杂费承担倍数低于全国平均水平，其中水平最低的三个省份为西藏、青海和山东，分别为 0.41、0.60 和 0.65（见图 6-12）。

（人/万）

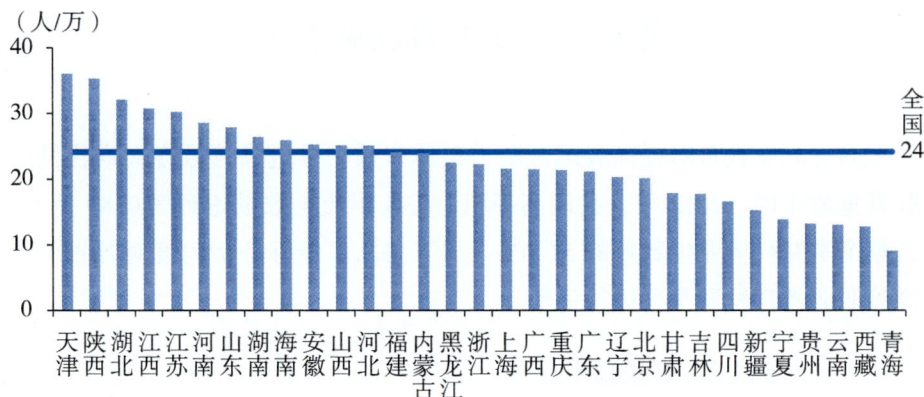

图6-11　各省份每万人口高职毕业生人数

数据来源：根据国家统计局2012年度分省年度数据测算所得。

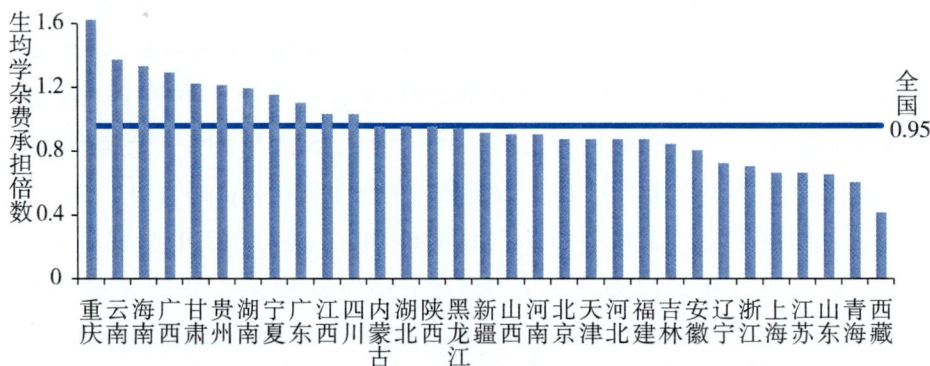

图6-12　2012年各省份高等职业教育生均学杂费承担倍数

数据来源：教育部职业教育与成人教育司. 各省（自治区、直辖市）职业教育与成人教育有关工作情况统计［R］. 北京，2014.

（二）财政性经费投入依然不足

2011年，全国高职院校教育经费指数为0.42，有13个省份高于全国平均水平，主要为西部省份。西藏和宁夏的高职院校教育经费指数分列前两位，分别为0.91和0.75；高职院校教育经费指数最低的4个省份依次为东部经济发达的天津、上海、山东和福建，分别为 0.19、0.25、0.25 和 0.26。从国际统计经验来看（政府财政支出的生均教育经费指数大学一般为 0.2—0.7），我国东部省份高等职业教育经费投入还显不足（见图 6-13）。

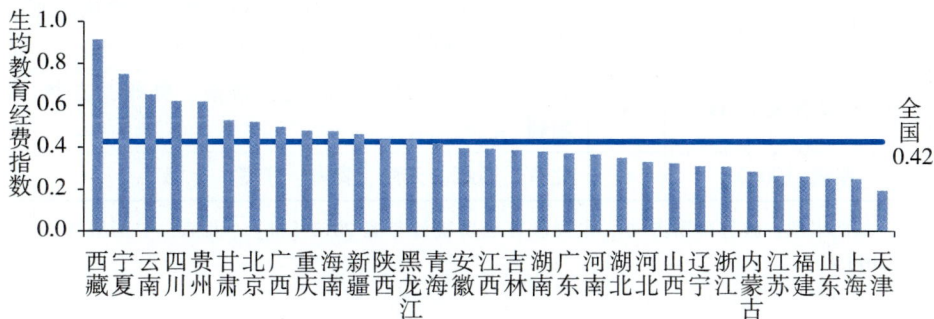

图 6-13　2011 年各省份高等职业教育生均教育经费指数

数据来源：教育部财务司. 中国教育经费统计年鉴 2012［M］. 北京：中国统计出版社，2013.

高职院校和普通本科院校同为普通高等教育办学形式，其生均公共财政预算内教育事业费差距较大，普通本科院校远远高于高职院校。2011 年全国高职院校生均公共财政预算内教育事业费为 7595 元，比全国地方普通本科院校生均公共财政预算内教育事业费 13833 元低 6238 元。各省份高职院校生均公共财政预算内教育事业费均低于地方普通本科院校，有 13 个省份高职院校与普通本科院校生均公共财政预算内教育事业费差额高于全国平均水平；有 18 个省份低于全国平均水平。生均差额最少的 3 个省份依次是辽宁、四川和黑龙江，分别为 1326 元、1608 元和 2262 元；生均差额最多的 3 个省份依次是上海、宁夏和青海，分别为 24839 元、18878 元和 16701 元（见表 6-5）。

表 6-5　**2011 年各省地方高职院校预算内教育事业费与普通本科比较**

（单位：元）

高职—本科	数量	省份
差额≤4000	4	辽宁、四川、黑龙江、云南
4000<差额≤6000	13	福建、广东、河北、海南、江西、浙江、重庆、河南、山东、陕西、安徽、内蒙古、广西
6000<差额≤10000	8	甘肃、山西、江苏、湖北、湖南、贵州、吉林、新疆
差额>10000	6	北京、西藏、天津、青海、宁夏、上海

数据来源：教育部财务司．中国教育经费统计年鉴 2012［M］．北京：中国统计出版社，2013.

（三）教育资源配置较好

1. 教师情况

高等职业教育师资素质总体较好。2012 年，全国高职院校生师比为 17∶1，已达到《普通高等学校基本办学条件指标（试行）》的普通高等职业院校生师比要不高于 18∶1 的要求；但从各省份的情况来看，仍有 8 个省份没有达到《普通高等学校基本办学条件指标（试行）》的要求，研究生学历占专任教师比例，全国各省份均高于《高等职业学校设置标准（暂行）》规定的 15% 的要求。"双师型"教师占专任教师比例，东部省份明显高于西部省份，最高的为黑龙江省，比例达到 46.31%，最低的为山西，为 23.2%。

2012 年，全国高职院校"双师型"教师占专任教师比例为 36.13%，有 11 个省份该项比例高于全国平均水平；有 20 个省份比例低于全国平均水平。"双师型"教师比例最高的前三个省份是黑龙江、江苏和浙江，比例分别为 46.31%、45.74% 和 45.02%；比例排序后三位的省份依次是山西、西藏和四川，分别为 23.2%、26.25% 和 28.83%（见图 6-14）。

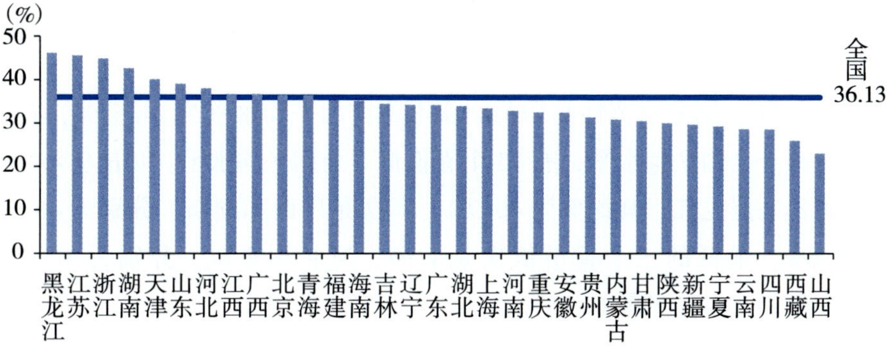

图 6-14　2012 年各省份高职"双师型"教师比例

数据来源：教育部发展规划司. 全国教育事业发展简明统计分析 2012 ［M］. 北京：人民教育出版社，2013.

2. 办学条件

高等职业教育办学条件整体满足我国办学要求，各省份之间发展依然不均衡。各省份高职生均教学科研设备以及生均校舍建筑面积均达到甚至超过《普通高等学校基本办学条件》的要求。

国家示范（骨干）性高等职业院校共有 209 所。数量超过 10 所的有 5 个省：最多的省份是广东，共有 15 所；湖北省有 13 所；辽宁、河南和云南 3 省各有 11 所。4 所以下的省份有 7 个，其中黑龙江和宁夏，各仅有 1 所；其他省份数量在 6—9 所（见图 6-15）。

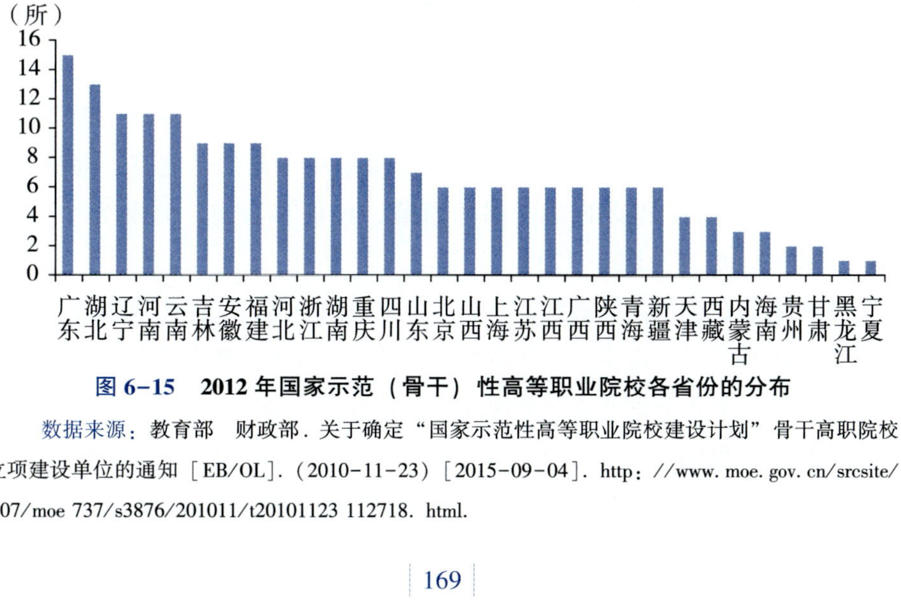

图 6-15　2012 年国家示范（骨干）性高等职业院校各省份的分布

数据来源：教育部　财政部. 关于确定"国家示范性高等职业院校建设计划"骨干高职院校立项建设单位的通知 ［EB/OL］. （2010-11-23）［2015-09-04］. http：//www. moe. gov. cn/srcsite/A07/moe 737/s3876/201011/t20101123 112718. html.

（四）办学质量有待提高

2012 年，国家示范性高职顶岗实习率全国平均水平为 24.67%，有 16 个省份高于全国平均水平，有 15 个省份低于全国平均水平。顶岗实习率最高的省份是黑龙江，其比例为 40.9%，其次是广西和湖南，分别为 40.7% 和 33.6%，最低的三个省份依次是上海、河北和重庆，分别为 10.4%、11.0% 和 14.0%（见图 6-16）。

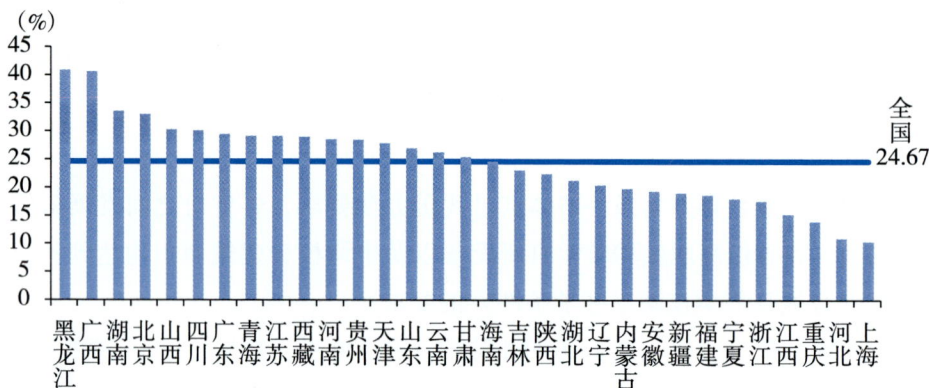

图 6-16　2012 年高职顶岗实习率

数据来源：根据中国高职高专教育网（http：//www. tech. net. cn/）中的高等职业教育年度报告专栏数据整理而得。

2012 年，国家示范（骨干）性高职应届毕业生就业率全国平均水平为 94.8%，有 18 个省份超过全国平均水平，大多为东部省份；有 13 个省份低于全国平均水平，主要为中西部省份。就业率最高的是北京、福建和青海，在 99% 以上；最低的是西部的西藏、新疆和云南，分别为 74.8%、86.3% 和 89.8%（见图 6-17）。

高职教育已经成为高等教育一个不可或缺的类型，其招生规模和人才培养质量都取得了长足进步。但在高职教育发展过程中，新生报到率不高的问题日益严重，新生报到率成为呈现高职教育社会声誉的一个重要指标。2012 年，全国新生报到率平均为 88.45%，有 17 个省份超过全国平均水平；有 14 个省份低于全国平均水平。新生报到率最高的是宁夏、北京和西藏，集中在教学资源紧张和教育资源丰富以及教学质量高的两类地区；最低的为贵州、江西和湖南，分别为 72.2%、73.3%和 74.6%（见图 6-18）。

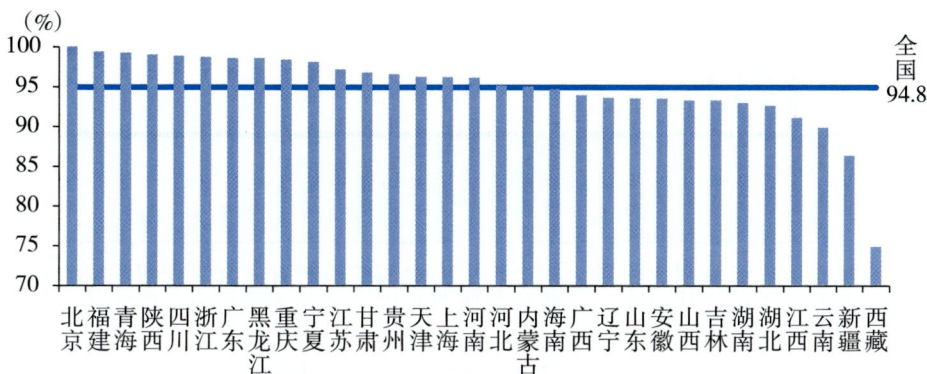

图 6-17　2012 年高职应届生就业率

数据来源：根据中国高职高专教育网（http：//www. tech. net. cn/）中的高等职业教育质量年度专栏数据整理而得。

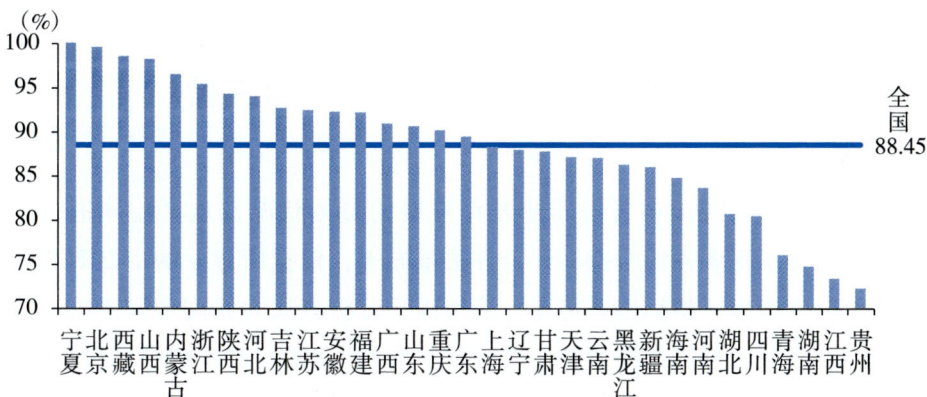

图 6-18　2012 年高等职业教育新生报到率

数据来源：根据中国高职高专教育网（http：//www. tech. net. cn/）中的高等职业教育质量年度专栏数据整理而得。

　　2012 年，全国高职技能大赛共评出 1623 项奖，江苏、安徽和山东分列前三位，其获奖项数分别为 136、131 和 110 项，中部的湖南、河南等省份也表现很出色。与中东部省份相比，西部省份仍有较大差距（见图 6-19）。

（项）

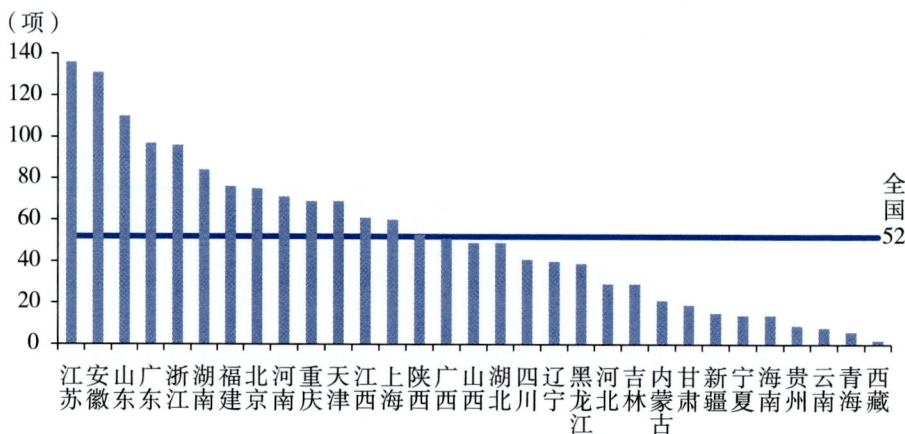

图 6-19　2012 年全国高职院校技能大赛获奖数

数据来源：教育部. 关于公布 2012 年全国职业院校技能大赛获奖名单的通知 ［EB/OL］. （2012-07-27）［2015-09-04］. http：//www. moe. edu. cn/publicfiles/business/htmlfiles/moe/s5972/ 201208/140492. html.

四、各省份职业教育发展综合评价

为客观的对我国各省份职业教育发展的整体状况及地区差异进行评价，在充分参考多种综合指标评价方法基础上，依据所建立的中高等职业教育综合发展水平指标体系特点，采用因子分析方法对我国各省份中高等职业教育发展水平进行测量和比较。基于本章提出的 CIPP 综合评价模式，依据数据选取原则所确定的中高等职业教育区域发展水平综合评价指标体系，对我国 31 个省份的中高等职业教育综合发展水平进行整体评价。

（一）中等职业教育发展江浙沪领跑

以下将从中等职业教育综合发展情况、各省份中等职业教育发展水平与其经济发展水平匹配情况、中等职业教育东中西区域均衡发展情况和 31 个省份均衡发展情况四个方面进行我国中等职业教育区域发展水平的评价分析。

1. 各省份中等职业教育综合排名

中等职业区域发展综合水平排名前三的省份为上海、浙江和江苏，三者得分差距较大。我国中等职业教育区域发展不均衡，东部省份的综合发展水平明显处于优势，西部省份发展不足。

通过模型获得中等职业教育发展综合水平，根据得分情况将全国 31 个省份分为三个方阵，规定若得分大于 0.5，则位于发展第一方阵，综合发展水平位于全国前列；若得分在 0—0.5，则位于发展第二方阵，综合发展水平处于中上水平；若得分小于 0，则位于发展第三方阵，综合发展水平低于全国平均水平。

根据上述划分方式，如表 6-6，图 6-20 所示，全国 31 个省份进入第一方阵的有上海、浙江、江苏、天津、辽宁和北京，此 6 个省份的职业教育综合发展水平得分高于全国其他省份，处于领先地位。进入第二方阵的省份有山东、广东、福建、重庆和吉林，此 5 个省份的职业教育综合发展水平得分在全国处于中上水平。第一方阵和第二方阵的 11 个省份的职业教育综合发展水平高于全国平均水平；进入第三方阵的省份有湖北、内蒙古、湖南、安徽、河南、云南、河北、黑龙江、山西、广西、四川、海南、陕西、甘肃、宁夏、江西、新疆、贵州、青海和西藏，此 20 个省份的中等职业教育综合发展水平得分低于全国平均水平，特别是西藏排在最后一名且得分远低于其前一名青海省。

表 6-6　各省份中等职业教育发展综合得分、排序及方阵划分

第一方阵得分大于0.5			第二方阵得分0—0.5			第三方阵得分小于0		
上海市	1.11	1	山东省	0.44	7	湖北省	-0.02	12
浙江省	0.96	2	广东省	0.43	8	内蒙古自治区	-0.03	13
江苏省	0.76	3	福建省	0.28	9	湖南省	-0.05	14
天津市	0.74	4	重庆市	0.09	10	安徽省	-0.05	15
辽宁省	0.53	5	吉林省	0.09	11	河南省	-0.08	16
北京市	0.51	6				云南省	-0.09	17
						河北省	-0.11	18

续表

第一方阵得分大于 0.5		第二方阵得分 0—0.5		第三方阵得分小于 0		
				黑龙江省	-0.13	19
				山西省	-0.15	20
				广西壮族自治区	-0.16	21
				四川省	-0.18	22
				海南省	-0.30	23
				陕西省	-0.31	24
				甘肃省	-0.33	25
				宁夏回族自治区	-0.41	26
				江西省	-0.43	27
				新疆维吾尔自治区	-0.45	28
				贵州省	-0.48	29
				青海省	-0.69	30
				西藏自治区	-1.48	31
全国中等职业教育综合发展水平得分为 0						

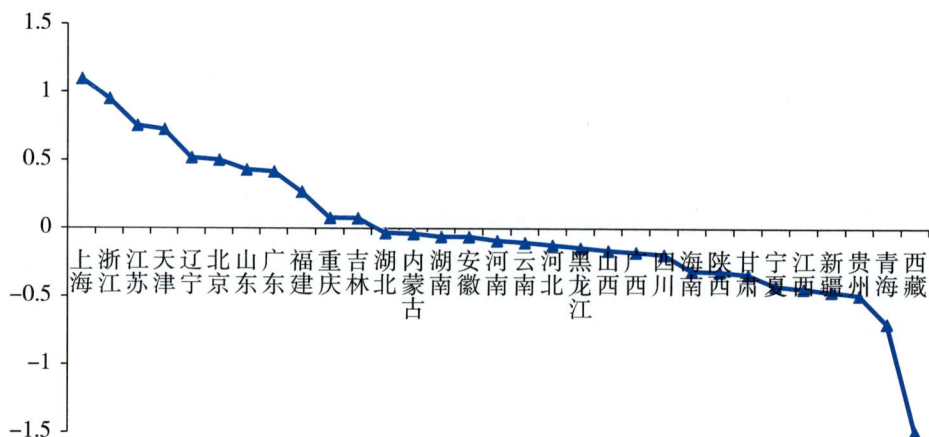

图 6-20　各省份中等职业教育发展综合得分

从图 6-20 可以看到，我国中等职业教育发展依然不均衡，东部省份的中等职业教育发展总体水平高，高于全国综合发展水平的 11 个省份中有

9 个是东部省份，排名后四位的皆为西部省份。

2. 各省份中职教育综合发展排名与经济发展排名比较

从全国各省份中等职业教育综合发展水平和各省份人均 GDP 的关系来看，上海、浙江、江苏、天津、辽宁、北京、山东、广东、福建和吉林 10 个省份的人均 GDP 和中职综合发展水平都高于全国平均水平，发展态势良好；内蒙古的人均 GDP 虽然高于全国平均水平，但是其中职教育综合发展水平略低于全国平均水平；重庆人均 GDP 低于全国平均水平，但中职综合发展水平高于全国平均水平；湖北、湖南、安徽、河南、云南、河北、黑龙江、山西、广西、四川、海南、陕西、甘肃、宁夏、江西、新疆、贵州、青海和西藏人均 GDP 低于全国平均水平，其中职教育综合发展水平也低于全国平均水平。可见，经济发展水平与中职综合发展水平紧密相关，同时从中职综合发展水平得分与人均 GDP 的相关系数可以看到，两者的相关系数为 0.84，高度相关（见图 6-21）。因此，各省份中等职业教育的发展水平主要是由经济发展水平决定，各省份经济发展是其中等职业教育发展的根本保障。

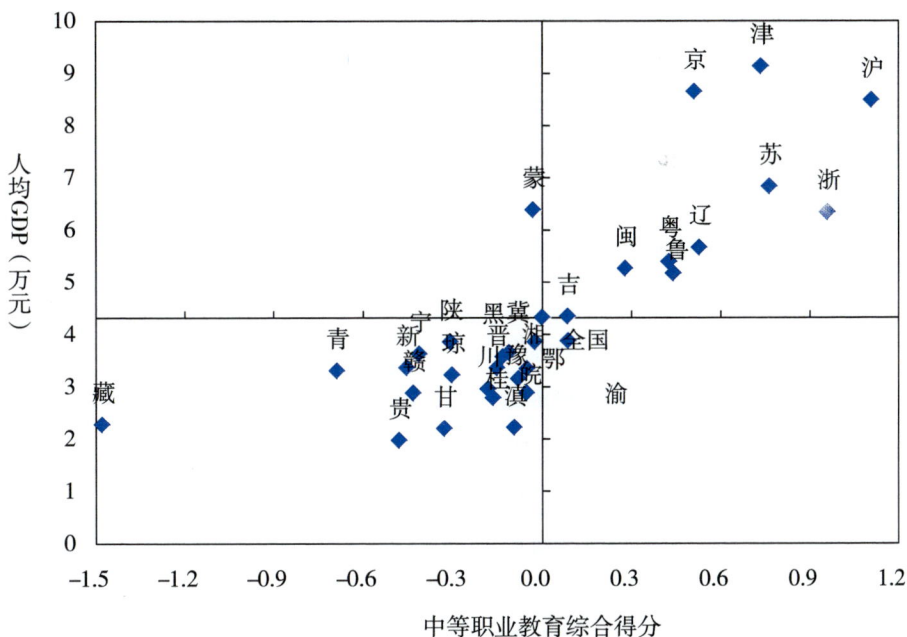

图 6-21　各省份中等职业教育发展综合得分与人均 GDP 关系

进一步分析全国 31 省份中职教育综合发展水平与经济发展状况的关系，可以得到两者的等级差异，等级差异＝中职教育综合发展水平排名－人均 GDP 排名，用等级差异来比较各省份中职教育综合排名与经济发展排名的匹配程度，进而反映各省份中职教育与经济发展的关系现状。将等级差异分为三个层次：若等级差异小于－3，则认为其中等职业教育综合发展水平超前于经济发展；若等级差异在－3 至 3 之间，则认为中职综合发展水平与经济发展基本匹配；若等级差异大于 3，则认为中职综合发展水平落后于其经济发展水平（见表 6–7）。

表 6–7　各省份中职教育综合发展水平与人均 GDP 排名比较

中职教育综合发展水平超前于经济发展水平		中职教育综合发展水平与经济发展水平基本协调		中职教育综合发展水平落后于经济发展水平	
省份	等级差异	省份	等级差异	省份	等级差异
云南省	－12	山东省	－3	北京市	4
安徽省	－11	重庆市	－3	内蒙古自治区	9
河南省	－7	辽宁省	－2	青海省	9
湖南省	－6	上海市	－2	宁夏回族自治区	10
广西壮族自治区	－6	湖北省	－2	新疆维吾尔自治区	10
甘肃省	－5	四川省	－2	陕西省	11
浙江省	－4	贵州省	－2		
		江苏省	－1		
		吉林省	0		
		福建省	0		
		广东省	0		
		山西省	1		
		海南省	1		
		黑龙江省	2		
		江西省	2		

续表

中职教育综合发展水平超前于经济发展水平		中职教育综合发展水平与经济发展水平基本协调		中职教育综合发展水平落后于经济发展水平	
省份	等级差异	省份	等级差异	省份	等级差异
		天津市	3		
		河北省	3		
		西藏自治区	3		

通过比较可以看到，全国有 7 个省份的中职教育综合发展水平超前于其经济发展水平，分别为云南、安徽、河南、湖南、广西、甘肃和浙江；有 18 个省份的中职教育综合发展水平与其经济发展水平基本匹配，分别为山东、重庆、辽宁、上海、湖北、四川、贵州、江苏、吉林、福建、广东、山西、海南、黑龙江、江西、天津、河北、西藏；剩余的 6 个省份中职教育综合发展水平落后于经济发展水平，分别为北京、内蒙古、青海、宁夏、新疆和陕西。

可以看到，尽管西藏的中职教育综合发展水平排名最后，但相对于其经济发展而言，它的中职教育综合发展水平还是与经济发展相匹配的；同时可以看到，北京作为全国排名第二的经济发展区域，其中职教育发展是落后于其经济发展水平的。

3. 中等职业教育发展东中西三大区域的均衡分析

以我国东部、中部和西部三大区域作为考察的地域单元，分析我国 31 个省份的中职教育综合发展差异。近年来，我国的职业教育高速发展，但不能忽视的是，快速扩大的区域发展差距日益成为我国教育发展的一个症结。下面将我国 31 个省份划分为东中西三大区域，对其综合发展水平、社会经济基础、教育经费、办学条件、教师队伍以及办学成果等六个方面进行差异分析（见图 6-22）。

三大区域的中职教育综合发展呈现出东中西发展水平依次降低的态势。东部地区遥遥领先于中部地区，中部地区领先西部地区。从中职教育发展的五个维度来看，东部地区的经济社会基础和教育经费两个维度均落后于中西部地区，在经济社会基础维度上由于选取了指标第二产业占 GDP

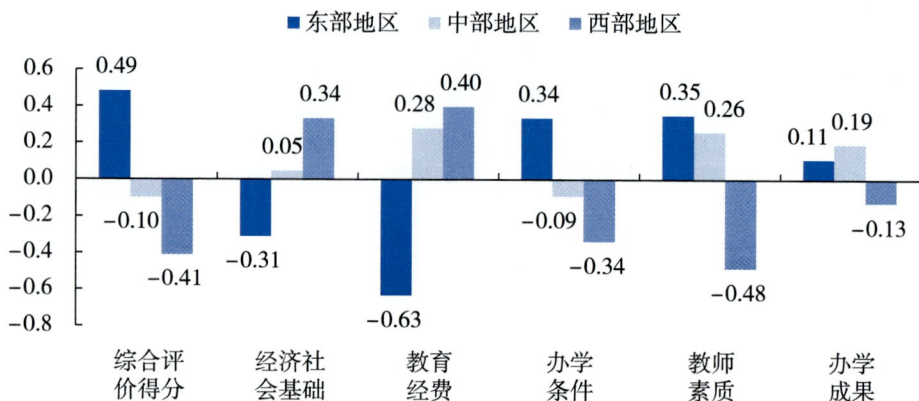

图 6-22　东中西三大区域中等职业教育发展均衡情况

的比重和每万人口中职学历人数，而越是在经济发达地区，这两者的数值越低，从而造成东部地区的经济社会基础维度评价得分低于中西部地区；在教育经费维度上，由于我国政府对中西部地区财政投入持续加大，造成东部地区教育经费在相对意义上的薄弱；从东部地区办学条件遥遥领先于中西部地区来看，东部地区的社会办学力量很强，对教育投入力度很大。在办学条件、教师队伍和办学成果三个维度上，东中西部中职教育发展水平呈现出依次降低的态势，尤其是在教师队伍维度上，西部地区与东中部地区差异较大。

4. 中等职业教育各省份均衡发展情况

指标体系中，社会经济基础、经费投入、教师队伍、办学条件和办学成果分别反映出一个地区发展的一个侧面，基于这种考虑，各省份的5个维度得分的分值越接近，越能体现出一个地方发展的均衡程度。利用

$$\delta_j = - \left(\max_{1 \leqslant j \leqslant 5} \{x_j\} - \min_{1 \leqslant j \leqslant 5} \{x_j\} \right)$$

求出各省份的极差相反数，其值越小，就反映出各省份在这五个方面的协调越差（见图 6-23）。

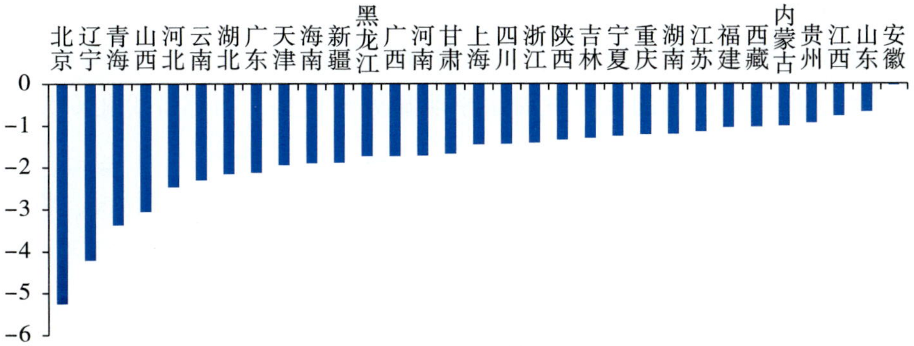

图 6-23 各省份中等职业教育发展均衡情况

从图 6-23 中可以看到，发展最不均衡的五个省份为北京、辽宁、青海、山西和河北。说明其在某一个维度上的发展有优势，同时在其他的某一维度上的发展存在不足。以北京为例，北京在中等职业的办学条件维度上，远高于其他省份，得分为 2.71 分，而在社会经济基础方面，由于北京的第二产业占 GDP 的比重很低，同时每万人口的中职毕业生数少，因而得分很低，仅为-2.52 分，造成北京发展中等职业教育严重不均衡。从这一实例中，我们看到经济发展与中等职业发展的关系应该引起重视，我国各省份经济发展差异大，应根据实际人才需求情况进行中等职业教育发展布局，从而促进中等职业教育健康发展。

（二）高等职业教育发展北京优势明显

与中等职业教育发展综合评价采用方法一致，利用客观赋权法的综合评价方法——因子分析方法，对我国各省份的高等职业教育发展水平进行测量和比较。从高等职业教育综合发展情况、各省份高等职业教育发展水平与其经济发展水平匹配情况、高等职业教育东中西区域均衡发展情况和31 个省份均衡发展情况四个方面进行高等职业教育区域发展水平的评价分析。

1. 各省份高等职业教育综合排名

高等职业教育发展综合水平位居全国前三名分别为北京、江苏和浙江，三者得分差距较大，北京以绝对优势领跑全国高等职业教育。与中等职业教育发展不均衡类似，高等职业教育综合发展依然存在"东高西低"的现状，即东部省份的综合发展水平明显处于优势，西部省份相对发展不足。

通过模型获得高等职业教育发展综合水平得分，根据得分情况，将全国 31 个省份分为三个方阵，规定若得分大于 0.5，则位于发展第一方阵，综合发展水平位于全国前列；若得分在 0—0.5，则位于发展的第二方阵，综合发展水平处于中上水平；若得分小于 0，则位于发展的第三方阵，综合发展水平低于全国平均水平。

根据上述划分方式，如表 6-8，图 6-24 所示，全国 31 个省份进入第一方阵的有北京、江苏、浙江和黑龙江，此 4 个省份的高等职业教育综合发展水平得分高于全国其他省份，处于领先地位。进入第二方阵的省份有天津、山东、福建、重庆、广东、内蒙古、上海、河南、辽宁、河北和吉林，此 11 个省份的高等职业教育综合发展水平得分在全国处于中上水平。第一方阵和第二方阵的 15 个省份高等职业教育综合发展水平高于全国平均水平；进入第三方阵的省份有江西、湖南、四川、陕西、广西、湖北、海南、安徽、山西、青海、宁夏、甘肃、贵州、云南、新疆和西藏，此 16 个省份的高等职业教育综合发展水平得分低于全国平均水平。

表 6-8　各省份高等职业教育发展综合得分、排序及方阵划分

第一方阵得分大于 0.5			第二方阵得分 0—0.5			第三方阵得分小于 0		
北京市	1.28	1	天津市	0.43	5	江西省	-0.04	16
江苏省	0.87	2	山东省	0.29	6	湖南省	-0.04	17
浙江省	0.58	3	福建省	0.26	7	四川省	-0.07	18
黑龙江省	0.50	4	重庆市	0.26	8	陕西省	-0.11	19
			广东省	0.25	9	广西壮族自治区	-0.12	20
			内蒙古自治区	0.25	10	湖北省	-0.13	21
			上海市	0.17	11	海南省	-0.13	22
			河南省	0.17	12	安徽省	-0.19	23

续表

第一方阵得分大于0.5			第二方阵得分0—0.5			第三方阵得分小于0		
			辽宁省	0.17	13	山西省	-0.33	24
			河北省	0.03	14	青海省	-0.34	25
			吉林省	0.02	15	宁夏回族自治区	-0.39	26
						甘肃省	-0.40	27
						贵州省	-0.53	28
						云南省	-0.61	29
						新疆维吾尔自治区	-0.71	30
						西藏自治区	-1.38	31
全国高等职业教育综合发展水平得分为0								

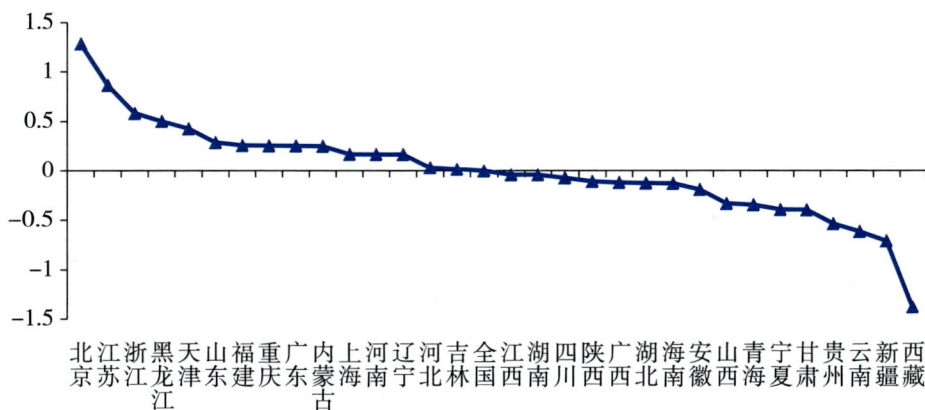

图6-24 2012年高等职业教育综合排名

从图6-24可以看到，我国高等职业教育发展依然不均衡，东部省份的高等职业教育发展总体水平高，高于全国综合发展水平的15个省份中有10个是东部省份，而位于第三方阵，高职教育发展总体水平落后于全国平均水平的排名后七位省份的皆为西部省份。

2. 各省份高职教育综合发展排名与经济发展排名比较

从全国各省份高等职业教育综合发展水平和各省份的人均GDP的关系来看，北京、江苏、浙江、天津、山东、福建、广东、内蒙古、上海、辽宁和吉林，11 个省份的人均 GDP 和当地的高职综合发展水平都高于全国平均水平，发展态势良好。同时，这 11 个省份也是人均 GDP 高于全国平均水平的省份；黑龙江、重庆、河南和河北的人均 GDP 低于全国平均水平，但高职综合发展水平高于全国平均水平；江西、湖南、四川、陕西、广西、湖北、海南、安徽、山西、青海、宁夏、甘肃、贵州、云南、新疆和西藏的人均 GDP 低于全国平均水平，其高职教育综合发展水平也低于全国平均水平。可以说，经济发展水平与高职综合发展水平紧密相关，计算高职综合发展水平得分与人均 GDP 两者的相关系数可以看到，两者的相关系数为 0.734，呈高度线性相关。但与中职综合发展水平与人均 GDP 的线性相关性程度相比，各省份的高职综合发展水平还是要弱于中职综合发展水平，其原因不排除在高职综合评价指标体系中，由于数据的可获得性原因，有部分指标我们采用了样本数据。但无论是高职还是中职，各省份的职业教育综合发展水平与各省份的经济发展水平都呈高度线性相关（见图 6-25）。

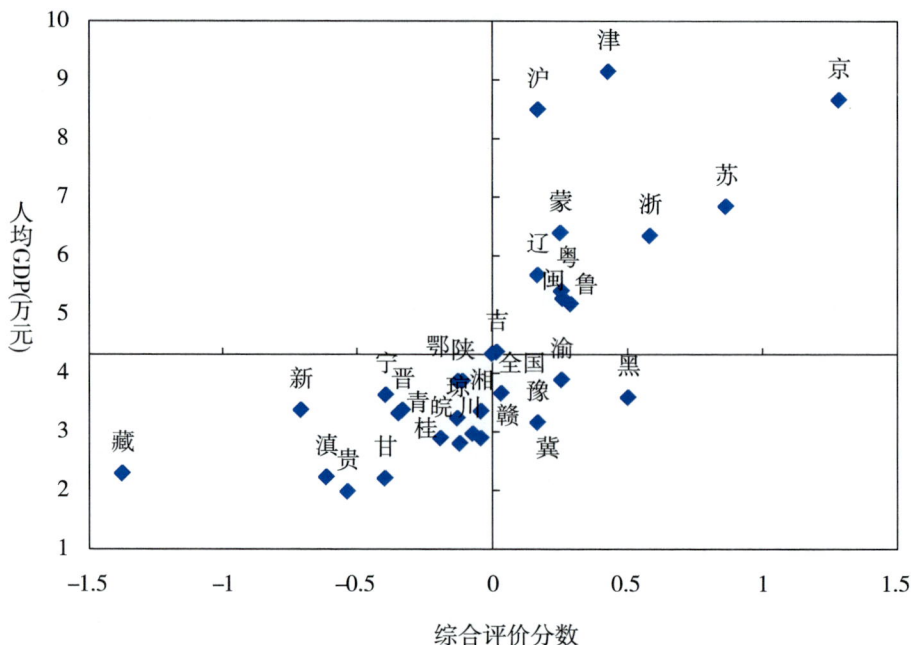

图 6-25　**2012 年各省份高等职业教育综合得分与人均 GDP 相关情况**

依然采用等级差异法，进行全国 31 省份高职教育综合发展水平与经济发展状况关系分析，将等级差异分为三个层次：若等级差异小于–3，则认为其中等职业教育综合发展水平超前于经济发展；若等级差异在–3 至 3 之间，则认为高职综合发展水平与经济发展基本匹配；若等级差异大于 3，则认为高职综合发展水平落后于其经济发展水平（见表6–9）。

表 6–9　全国各省份高职教育综合发展水平与人均 GDP 排名

高职教育综合发展水平超前于经济发展水平		高职教育综合发展水平与经济发展水平基本协调		高职教育综合发展水平落后于经济发展水平	
省份	等级差异	省份	等级差异	省份	等级差异
黑龙江省	–13	浙江省	–3	天津市	4
河南省	–11	湖南省	–3	吉林省	4
江西省	–9	安徽省	–3	青海省	4
广西壮族自治区	–7	甘肃省	–3	内蒙古自治区	5
四川省	–6	贵州省	–3	山西省	5
山东省	–4	江苏省	–2	辽宁省	6
重庆市	–4	福建省	–2	陕西省	6
		北京市	–1	湖北省	7
		河北省	–1	上海市	8
		海南省	0	宁夏回族自治区	10
		云南省	0	新疆维吾尔自治区	12
		广东省	1		
		西藏自治区	3		

通过比较可以看到，全国有 7 个省份的高职教育综合发展水平超前于其经济发展水平，分别为黑龙江、河南、江西、广西、四川、山东和重庆；有 13 个省份的高职教育综合发展水平与其经济发展水平基本匹配，分别为浙江、湖南、安徽、甘肃、贵州、江苏、福建、北京、河北、海南、云南、广东和西藏；剩余的 11 个省份其高职教育综合发展水平落后于经济

发展水平，分别为天津、吉林、青海、内蒙古、山西、辽宁、陕西、湖北、上海、宁夏和新疆。

可以看到，尽管新疆的经济发展排名第 18 名，但是其高职教育综合发展水平排名倒数第一，相对于其经济发展而言，它的高职教育综合发展水平滞后于其经济发展水平；同时可以看到，天津和上海作为我国人均 GDP 排名第一和第三的两个城市，其高职教育发展落后于其经济发展水平，尤其是上海，其高职教育综合发展水平与其经济发展水平不匹配程度排名倒数第三。

3. 高职教育发展东中西三大区域的差异分析

与中职教育综合发展水平态势类似，东中西部三大区域的高职教育综合发展水平依次降低，东部地区遥遥领先于中部地区，中部地区领先于西部地区。从高职教育发展的五个维度来看：在教育经费维度上，东部地区落后于西部地区；在经济社会基础、办学条件、教师队伍和办学成果四个维度上，东中西部高职教育发展水平呈现出依次降低的态势，尤其是在教师队伍维度上，东中西部地区呈现的差异最大（见图 6-26）。

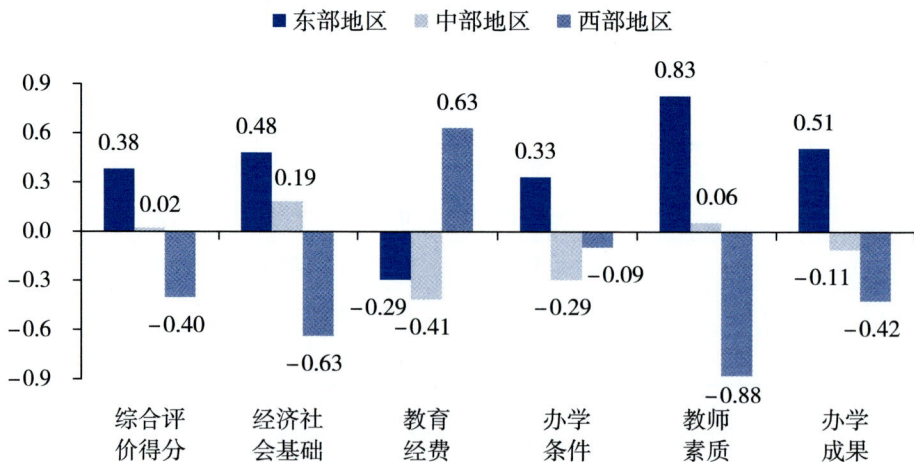

图 6-26　东中西三大区域高等职业教育发展均衡情况

值得注意的是，东中西部三大区域在中职和高职的经济社会基础维度得分从高到低的排名不同，中职排序为西中东，而高职排序为东中西。这反映出经济社会发展对职业教育人才培养层次具有不同的需求，经济越发达，对职业教育发展的人才层次需求越高。东中西部在教师队伍维度上得分差距明显。由于东部地区经济发达对人才的吸引力较大，产生巨大的人才聚集效应，教师队伍水平明显高于中西部地区。

4. 高等职业教育省份均衡发展情况

采用中等职业教育省份均衡发展度量标准，利用指标体系中，社会经济基础、经费投入、教师队伍、办学条件和办学成果 5 个维度得分的极值来衡量高等职业教育省份均衡发展情况（见图 6-27）。

图 6-27　各省份高等职业教育发展均衡情况

从图 6-27 可以看到，发展最不均衡的五个省份为天津、西藏、北京、江苏和云南。天津作为我国人均 GDP 最高的一个省，按理天津发展高职教育在经济社会基础方面具备良好的环境，但是天津在高等职业教育经费投入维度上，在全国排名倒数，因此天津在整体的发展上出现不平衡状态；西藏因为国家政策倾斜，在经费投入维度上得分很高，得分为 2.95 分，但其在教师队伍维度上表现很弱，得分仅为 -1.51，因此造成西藏发展不平衡；北京高等职业教育发展情况，与其中等职业教育类似，办学条件维度得分在全国首屈一指，但经济社会基础维度得分较低，因而北京的高等职业教育发展也不平衡；江苏在师资方面发展很好，尤其是高等职业教育内涵发展所需的"双师型"教师比较充足，但在经费投入方面，全国排名靠后，因而整体发展不平衡；云南与西藏类似，在经费投入上排名靠前，但是办学成果维度得分较低，从而造成发展不平衡。

（三）多数省份中高职发展基本匹配

为比较全国31个省份中职教育综合发展水平与高等职业教育综合发展水平的情况，采用等级差异法进行比较，即等级差异＝中职教育综合发展水平排名-高职教育综合发展水平排名，用等级差异来反映各省份中职与高职教育的均衡现状。将等级差异分为三个层次：若等级差异小于-3，则认为其中等职业教育综合发展水平超前于高等职业教育综合发展水平；若等级差异在-3至3之间，则认为中职综合发展水平与高等职业教育综合发展水平基本匹配；若等级差异大于3，则认为中职综合发展水平落后于其高等职业教育发展（见表6-10）。

表 **6-10** 各省份中职教育综合发展水平与高等职业教育综合发展水平排名

中等职业教育好于高等职业教育		中等职业教育与高等职业教育基本匹配		中等职业教育落后于高等职业教育	
云南省	−12	湖南省	−3	河北省	4
上海市	−10	甘肃省	−2	河南省	4
湖北省	−9	新疆维吾尔自治区	−2	四川省	4
辽宁省	−8	天津市	−1	北京市	5
安徽省	−8	浙江省	−1	陕西省	5
山西省	−4	广东省	−1	青海省	5
吉林省	−4	西藏自治区	0	江西省	11
		宁夏回族自治区	0	黑龙江省	15
		江苏省	1		
		山东省	1		
		广西壮族自治区	1		
		海南省	1		
		贵州省	1		
		福建省	2		
		重庆市	2		
		内蒙古自治区	3		

　　通过比较可以看到，全国有 7 个省份的中职教育综合发展水平超前于其高职教育综合发展水平，分别为云南、上海、湖北、辽宁、安徽、山西和吉林；有 16 个省份的中职教育综合发展水平与其高等职业教育综合发展水平基本匹配，分别为湖南、甘肃、新疆、天津、浙江、广东、西藏、宁夏、江苏、山东、广西、海南、贵州、福建、重庆和内蒙古；剩余的 8 个省份中职教育综合发展水平落后于其高等职业教育综合发展水平，分别为河北、河南、四川、北京、陕西、青海、江西和黑龙江。

　　分析可以看到，各个省份的中等职业教育综合发展水平与高等职业教育综合发展水平整体上是匹配的，但是云南、上海和湖北的中等职业教育综合发展水平要好于高等职业教育综合发展水平，江西和黑龙江的中等职业教育要落后于高等职业教育综合发展水平，以上 5 个省份的中高等职业教育自身发展严重不均衡。

第七章

国际职业教育经验与启示

近年来，世界主要发达国家的职业教育发生了深刻变化，积极发展学徒制，促进产教深度融合，培养高素质技能劳动者，推进职业教育资格框架建设，完善职业资格体系，建立职业教育质量监管体系，着力提高职业教育质量，不断加大职业教育经费投入。主要发达国家在职业教育改革发展中积累了不少有益经验，值得学习借鉴。

一、国际职业教育发展形势新变化

（一）职普比例存在差异

世界各国普遍实行高中阶段普职分流的制度，即高中阶段教育分为普通高中与职业教育两种类型。中等职业教育规模反映了各国的教育传统和政策选择，其中中职生所占比例是测量的一个重要指标。然而，由于各国和地区在教育体制、文化传统、经济社会发展水平对人力资源需求规格的差异，结构与分流程度呈现明显的多样化格局。各国中等职业教育发展的模式各不相同，高中分流以及中职学生占全部高中阶段学生总数比例的分布存在较大差异。

　　根据联合国教科文组织年度资料统计，2011 年，欧盟 21 国的中职生占高中阶段学生的比例平均为 53%，OECD 国家平均为 46%，20 国集团（G20）平均为 33%[①]。图 7-1 显示，各国中等职业教育所占比例存在较大差异。中职生占高中阶段学生最高比例可达 70% 以上，如奥地利、比利时、捷克和斯洛伐克；德国作为世界公认的职业教育最为发达的国家，其中职生占高中阶段的比例为 49%。由此可以发现，欧洲国家的中职占高中阶段的比例普遍偏高。而中职生占高中阶段学生不足 30% 以上的国家也不少，如加拿大为最低，仅为 6%；作为亚洲经济发达国家的日本和韩国，也只有 26% 和 21%。中职生所占比例并不是越高越好，需要保持科学合理结构，从国际经验看比例一般保持在 40%—55% 为宜，既有利于分流学生，也有利于中等教育普及。

　　一个值得注意的现象是，许多国家中职生所占比例出现下降，中等职业教育规模在缩小。整体来看，欧盟 28 国中职生所占比例从 2006 年的 51.9% 下降到 2010 年的 49.9%，在这一时期 28 个成员国中有 15 国的比例出现下降，13 国出现上升。德国从 1998 年的 64.6% 下降到 2011 年的 49%；相反，捷克从 2003 年的 20.6% 上升到 2011 年的 27.2%，中职生比例从 79.4% 下降到 72.8%[②]。日本和韩国从 20 世纪 80 年代的 50% 逐年下降到 20%。造成中职所占比例下降的主要原因是，适龄人口减少和对普通高中教育需求的增加。

（二）工学结合受到重视

　　工作本位学习（work-based learning）是一个较为宽泛的概念，在西方语境下，是指至少有 25%、最多至 90% 的教学是在学校环境之外进行的、着力培养学习者技能和能力的一种学习方式。它不仅包括学徒制培训，还包括在企业的工作实习及在职业学校或培训中心实习车间的学习，其中学徒制培训是最重要的形式。工作本位学习有多种表述，有时称为工学结合

---

① Education at a Glance 2013：OECD Indicators［R］. OECD，2013：271.

② Cedefop ReferNet. Czech Republic VET in Europe-Country report 2012：24. CEDEFOP ReferNet（2012）. Czech Republic VET in Europe-Country report［R］. Thessaloniki：CEDEFOP.

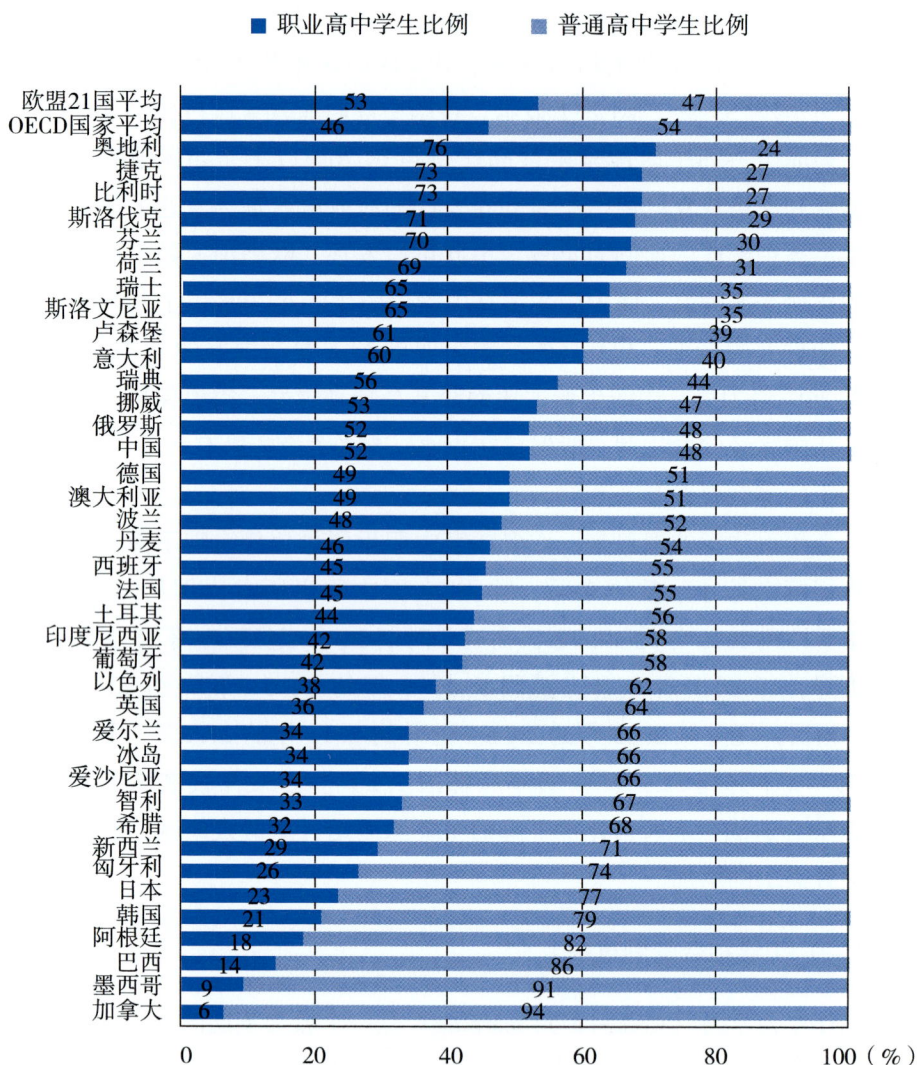

图例：■ 职业高中学生比例　■ 普通高中学生比例

国家	职业高中学生比例	普通高中学生比例
欧盟21国平均	53	47
OECD国家平均	46	54
奥地利	76	24
捷克	73	27
比利时	73	27
斯洛伐克	71	29
芬兰	70	30
荷兰	69	31
瑞士	65	35
斯洛文尼亚	65	35
卢森堡	61	39
意大利	60	40
瑞典	56	44
挪威	53	47
俄罗斯	52	48
中国	52	48
德国	49	51
澳大利亚	49	51
波兰	48	52
丹麦	46	54
西班牙	45	55
法国	45	55
土耳其	44	56
印度尼西亚	42	58
葡萄牙	42	58
以色列	38	62
英国	36	64
爱尔兰	34	66
冰岛	34	66
爱沙尼亚	34	66
智利	33	67
希腊	32	68
新西兰	29	71
匈牙利	26	74
日本	23	77
韩国	21	79
阿根廷	18	82
巴西	14	86
墨西哥	9	91
加拿大	6	94

图 7-1　各国中职生所占高中阶段学生总数的比例

资料来源：Education at a Glance 2013：OECD Indicators ［R］. OECD, 2013：271.

学习（combined school and work-based）。OECD 认为，工学结合模式是指教学在学校和工作场所之间共享，教学主要在工作场所进行。如果不到75%的课程在学校环境呈现或通过远程教育进行，可视为工学结合模式；

但若低于10%则不包含在内①。欧盟认为，工作本位学习包括：①在职业教育与培训机构进行的学徒制培训或类似计划，与在企业的学习（占很大份额）交替进行；②在学校本位职业教育与培训中安排企业现场培训，如实习、工作实习等；③在职业教育学校、培训中心或在商业和工业部门的实习车间、实验室和实践企业进行学习②。欧盟成员国工作本位学习学生占全部中职生比例平均达到27%。不过各国差异较大，丹麦和瑞士达到90%以上，德国达到88%，匈牙利63%，奥地利、捷克和斯洛伐克也都在40%以上，比利时、西班牙、爱沙尼亚和斯洛文尼亚等国不足5%③。工作本位学习可视为职业教育，对促进学生从学校到工作的过渡，促进青年人就业和减少失业发挥着重要作用，欧盟一直在倡导和推动工作本位职业教育。

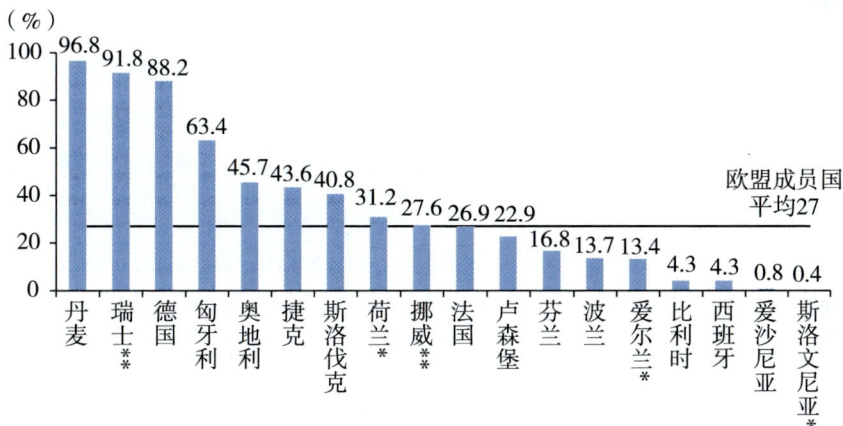

图 7-2 **2011 年部分欧洲国家工作本位学习学生所占比例**

注：＊为 2010 年数据；＊＊为非欧盟成员国。

资料来源：European Centre for the Development of Vocational Training. On the way to 2020：data for vocational education and training policies Country statistical overviews Update 2013 ［R］. Luxembourg：Publications Office of the European Union，2014.

---

① OECD. Education at a Glance ［R］. Paris，OECD，2002.

② Thematic fiche of making work based learning and apprenticeship attractive for learners and companies ［EB/OL］.（2013-12-08）［2013-12-28］. http：//libserver. cedefop. europa. eu/vetelib/2013/85787. pdf.

③ European Centre for the Development of Vocational Training. On the way to 2020：data for vocational education and training policies Country statistical overviews Update 2013 ［R］. Luxembourg：Publications Office of the European Union，2014.

（三）积极发展学徒制

在金融危机冲击下，各国青年失业率居高不下。青年失业率（youth unemployment rate）是指 15—24 岁年龄组无工作人数占该年龄组劳动力的比例，而不是占全部青年人口中无工作人的份额。2013 年 10 月，欧盟 28 个成员国[①] 25 岁以下青年人有 565.7 万人失业，失业率为 23.7%，其中 357.7 万人在欧元区[②]，失业率为 24.4%。同 2012 年 10 月相比，28 个成员国减少 2.9 万人，失业率降低 0.4%；但欧元区增加 1.5 万人，失业率上升 0.4%。2013 年 10 月，青年失业率最低的三个国家是德国（7.8%）、奥地利（9.4%）和荷兰（11.6%），最高的三个国家是希腊（58%）、西班牙（56.7%）和克罗地亚（52.4%）[③]。

在青年人高失业率和低就业率的全球背景下，各国政府和国际社会高度关注青年人就业问题。2012 年 5 月，G20 在墨西哥哈利斯科州首府瓜达拉哈拉举行部长会议，认为需要采取综合战略促进青年就业，特别是要实施高质量的学徒制，促进青年人从学校到生产性就业的顺利过渡。G20 就业工作小组起草的《G20 青年就业战略》及早期的《G20 培训战略》报告指出，学徒制实现了基本能力和工作技能培养的良好结合，使参加者能边学习边挣得工资，提供了有价值的工作经历；学徒制以工作本位为导向，让不喜欢学习文化课的学生接受职业教育，有助于减少过早辍学的发生。国际劳工组织《关于青年就业危机呼吁采取行动的决议》、欧盟委员会的《青年保障计划》和 OECD 的《青年行动计划》都强调学徒制对促进青年人在劳动力市场寻得更好结果具有重要作用。为充分发挥学徒制的潜力，许多国家学习借鉴他国的

---

① 欧盟 28 个成员国包括比利时、保加利亚、捷克、丹麦、德国、爱沙尼亚、爱尔兰、希腊、西班牙、法国、克罗地亚、意大利、塞浦路斯、拉脱维亚、立陶宛、卢森堡、匈牙利、马耳他、荷兰、奥地利、波兰、葡萄牙、罗马尼亚、斯洛文尼亚、斯洛伐克、芬兰、瑞典和英国。表中还包含冰岛和挪威的数据。

② 欧元区 17 国包括比利时、德国、爱沙尼亚、爱尔兰、希腊、西班牙、法国、意大利、塞浦路斯、卢森堡、马耳他、荷兰、奥地利、葡萄牙、斯洛文尼亚、斯洛伐克和芬兰。

③ Eurostat October 2013 Euro area unemployment rate at 12.1% EU28 at 10.9%［EB/OL］.［2014-05-26］. http://epp.eurostat.ec.europa.eu/cache/ITY _ PUBLIC/3 - 29112013 - AP/EN/3 - 29112013 - AP - EN.PDF.

成功经验，建立或完善本国的学徒培训体系。然而，世界上没有哪一国的体系是完美的或者能够适合不同国家的国情，各国只能从学徒制培训不同方面的最佳实践中吸取有益的经验。为此，G20 就业工作小组编写了《有质量的学徒制的关键要素》供各国参考学习。2013 年 7 月，在共享最佳实践的基础上，欧盟启动了"欧洲学徒制联盟"以增加学徒制培训供给，提高职业教育质量。企业界也积极参与提高学徒制培训。2013 年 1 月，国际雇主组织（IOE）及商业和工业咨询委员会（BIAC）启动"全球学徒制网络"；同年 6 月，G20 集团商业组织和工会组织（B20 - L20）发表联合声明，指出各国政府和社会合作伙伴需要采取措施，向青年人提供学徒制培训和实习机会，培养与工作相关的技能和提高就业能力，进而取得职业资格①。

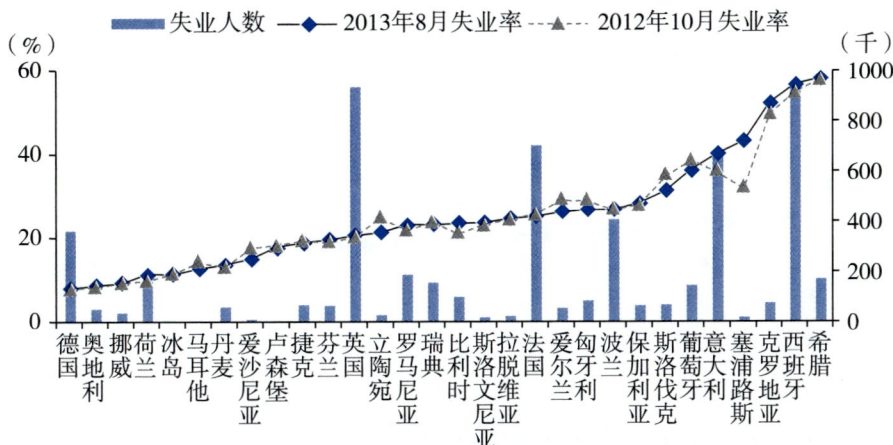

图 7-3 欧盟国家 25 岁以下青年失业率

资料来源：Eurostat October 2013 Euro area unemployment rate at 12.1% EU28 at 10.9% ［EB/OL］.
［2014-02-23］. http：//epp. eurostat. ec. europa. eu/cache/ITY_ PUBLIC/3-29112013-AP/EN/3-29112013-
AP-EN. PDF.

（四）毕业生就业优势明显

中等职业教育对促进就业有着更为明显的作用。国际研究表明，中职

----

① B20 L20 joint statement ［EB/OL］. ［2014-04-20］. http：//www. ilo. org/wcmsp5/groups/
public/—dgreports/—dcomm/documents/meetingdocument/wcms_ 166713. pdf.

毕业生的就业率高于普通高中毕业生，失业率则低于普通高中毕业生。在最高学历为高中阶段教育的 25—65 岁劳动力人口中，OECD 国家和欧盟 21 国中职教育毕业生的就业率平均为 76%，普通高中毕业生则为 70%[1]。这表明，中职毕业生获得了劳动力市场立即需要的特定技能，以前的工作经历也对他们获得第一份工作大有裨益；相反，在普通高中习得的技能与劳动力市场的相关性不强，学术导向的普通高中教育旨在使学生为接受高一级教育做准备，缺乏实践技能和工作经历，找工作要比中职毕业生更加困难。在以工作本位职业教育为主的德国和丹麦，中职毕业生的就业率比普高毕业生分别高出 17 个和 14 个百分点。另外，发达国家中职毕业生的失业率平均数低于高中毕业生，中职毕业生失业率为 7.4%，普高毕业生为 8.4%，低了 1 个百分点。但在一些中等职业教育不太发达的国家，例如在希腊、爱尔兰和新西兰等国，普高毕业生的失业率略低于中职毕业生[2]。

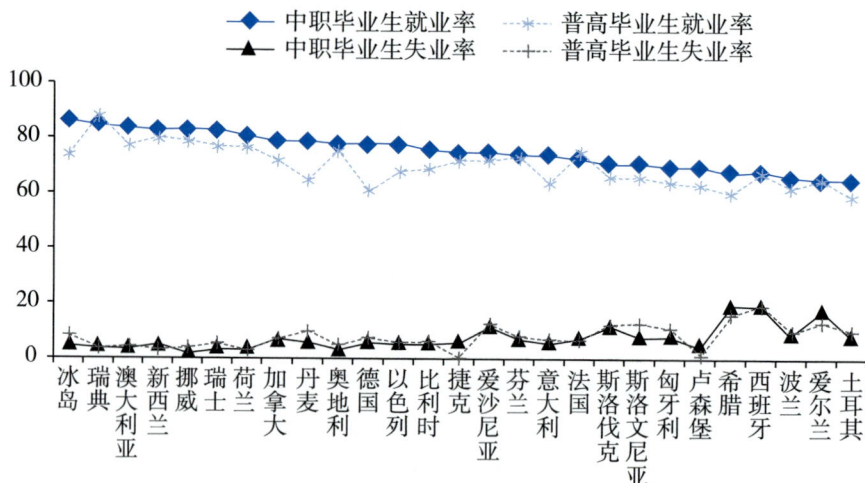

图 7-4　各国就业率与失业率

资料来源：OECD. Education at a Glance 2013：OECD Indicators ［R］. Paris，OECD，2013：96.

---

[1]　OECD. Education at a Glance 2013：OECD Indicators ［R］. Paris，OECD，2013：96.
[2]　OECD. Education at a Glance 2013：OECD Indicators ［R］. Paris，OECD，2013：81.

二、资格框架统筹国家职业教育与培训发展

为完善职业资格标准和层级，适应社会经济发展需要，增强技能供需匹配度，许多国家建立了职业教育资格框架。职业教育资格框架是国家资格框架的一种类型，它是按照一组规定的、以学习结果为导向的等级标准，对职业资格进行开发和分级分类的工具，是国家职业资格证书制度的重要组成部分。澳大利亚、法国和德国职业教育都比较发达，具有代表性。三个国家都开发了国家资格框架，而职业教育资格是其中重要的组成部分。澳大利亚和德国的资格框架属于综合资格框架，而法国是以职业和专业资格为主的资格框架，为顺应世界职业教育发展趋势，准备将资格框架升级成为把学校教育和高等教育资格也包含在内的综合资格框架。

（一）澳大利亚国家资格框架

澳大利亚是世界上较早开发国家资格框架的国家之一。澳大利亚资格框架（Australian Qualifications Framework，AQF）于 1995 年 1 月引入，取代了 1991 年 5 月发布的"澳大利亚高等教育注册"资格体系，经过 5 年的过渡期，于 2000 年开始全面实施。之后，澳大利亚陆续出台了跨部门资格联系、先前学习认证、澳大利亚质量培训框架等方面的国家政策、标准和指导方针，形成了以能力为导向，与就业市场相联系，有质量保障的、体现终身学习时代发展特征的部门资格框架①。在经过多年的运行后，澳大利亚资格框架的不足和缺陷逐渐显露出来，这不仅是因为劳动力市场、教育与培训生态环境发生了很大变化，而且资格框架本身也存在着部门框架分割、资格等级规定不明确、水平描述特征不明显等诸多问题，迫切需要对资格框架进行调整和改革。

---

① Australian Qualifications Framework （AQF） Advisory Board. Implementation Handbook Fourth Edition 2007 ［ M ］. Australian Qualifications Framework Advisory Board to MCEETYA, 2007.

2009—2010 年，澳大利亚资格框架委员会广泛征询资格框架用户和利益相关方的意见，对资格框架版本进行了升级，2011 年得到批准。修改后的资格框架将部门资格分割、沟通功能不明显的分框架整合成涵盖各级各类教育、体现层级性和弹性路径的统一的总体框架，以顺应现代资格框架世界发展趋势。同许多欧洲国家的资格框架一样，澳大利亚的资格框架也是以学习结果为导向，并作为各类不同资格的中立参照。

表 7-1　澳大利亚资格框架资格等级和类型

资格等级	资格类型	学习量（年）
10	博士学位	3—5
9	硕士学位	1.5—2
8	研究生文凭	1—2
	研究生证书	0.6
7	学士学位	3—4
6	副学士学位	2
	高级文凭	1.5—2
5	文凭	1.5—2
4	四级证书	0.5—2
3	三级证书	1—2
	高中教育毕业证书	2
2	二级证书	0.5—1
1	一级证书	0.3—0.6

资料来源：Australian Qualifications Framework Council. Australian Qualifications Framework Second Edition ［R］. January 2013.

澳大利亚资格框架设有 10 个等级，从第一级到最高级随着资格等级的升高，资格的复杂程度也相应提高。等级结构是资格框架的一个重要因素，主要由等级数目来体现，8—10 个等级成为资格框架发展的国际主流趋势。等级数目越多，资格的区分度就越强。

1. 等级标准描述维度

澳大利亚资格框架从知识、技能及知识和技能的运用三个维度定义学习结果。

知识维度。澳大利亚资格框架将"知识"定义为一个学习者知晓和了解什么，它可以用知识的深度、广度和种类及复杂程度来描述。知识的深度用一般或专门化描述；知识的广度体现在从单一主题延展到多学科领域；知识的种类从具体延展到抽象，从零散延展到累积；知识的复杂程度指知识的种类、深度和广度的组合。在该资格框架的等级标准中，知识的种类包括事实性、技术性、程序性和理论性四种知识。随着等级的上升，知识的深度、广度、种类和复杂程度则相应递增。"8—10级"用来表示三级学位，但这不是对知识种类的要求，而是要求学习者了解和掌握一个完整的知识体系。

技能维度。技能（sfkills）在澳大利亚资格框架语境中是个宽泛的概念，可理解为中文语境下的"技能"和"能力"两层含义。该资格框架将"技能"定义为一个毕业生能够做什么。以技能的种类和复杂程度来描述，包括三种能力/技能：认知能力、技术技能及交流技能。认知能力，是指运用逻辑思维、批判性思维、直觉思维和创造性思维；技术技能是指身体和手的灵巧性及使用方法、材料、工具和器械；交流技能是指书面、口头、读写和计算能力，人际交流能力，运用信息技术能力等。在澳大利亚资格框架中，除要求毕业生具有认知能力和技术技能外，还在等级标准中嵌套了沟通表达能力、问题解决能力等通用能力。在8—10级高端资格中，要求毕业生具有能"向专业和非专业听众解释和传授知识、技能和思想"的沟通表达能力。

知识和技能的运用维度。澳大利亚资格框架将知识和技能运用定义为一个毕业生如何在特定情境中运用知识和技能，以自主性、判断力和责任感来描述。自主性就是在该资格等级中毕业生能独立地运用知识和技能的能力；判断力是指在该资格等级的毕业生运用知识形成适当意见或评价工作或学习活动的能力；而责任感则是指该资格等级的毕业生在工作或学习活动中对运用知识和技能应负有的责任的程度；情境是指毕业生运用知识和技能所处的环境和边界范围。因而，运用知识和技能可理解为是一种情境能力，就是在特定情境和范围内毕业生在运用所学知识和技能时应体现出来的自主性、判断力和责任感。情境是能力表现的重要参数，在等级标准中，随着等级层次升高，情境从结构性的和可预测的延展到非结构性的和不可预测的、从已知延展到未知，任务也从常规延展到非常规，进而对自主性、判断力和责任感的要求程度也相应提高。

2. 职业教育资格类型标准

澳大利亚资格框架划分了不同的资格类型，规定了资格类型描述符。资格类型是指在资格框架中使用的宽泛的、不分学科的资格名称，以描述资格框架资格的每一种类别。资格类型描述符是运用知识、技能及知识和技能的运用三个维度，描述每一资格类型的学习结果的表述，也可以说是对资格等级标准描述的更为具体的细化。目前，纳入澳大利亚资格框架的有 14 种资格，其中与职业教育相关的资格有八种，即一级证书、二级证书、三级证书、四级证书、文凭、高级文凭、研究生证书和研究生文凭，每一种资格作为一种类型。一个等级可以有一个以上的资格类型，每一种资格类型从目的、知识、技能、知识与技能运用以及学习量五个维度进行描述。

例如，三级证书属于中等职业教育层次，其目标是使个人能在不同的情境里运用多种知识和技能从事技能工作，并作为继续学习的路径和基础；要求获得者能解释和运用现有信息，具有认知和交流能力；能运用和交流已知的方案解决各种可预见的问题，使用已知的解决方案应对不可预见的突发事件；能向各种专家和非专家听众提供技术信息，在各种技能操作中从事常规和一些非常规任务；能运用知识和技能，在选择设备、服务或应急措施方面具有辨别力和判断力。三级证书学习量通常为 1—2 年，通过契约培训课程或就业最多需要 4 年取得学习结果。

高级文凭属于专科层次，学习量通常为 1.5—2 年，培养目标是使个人能在各种情境里运用专门化知识，从事高级技能型或准专业工作，并作为继续学习的路径。要求文凭持有者具有专门化的和融合的技术和理论知识，在一个或多个工作和学习领域具有知识与理论深度。高级文凭毕业生应具有认知和交流表达技能，能发现、分析和综合各种来源信息，并根据信息采取行动；具有交流表达技能，能向他人迁移知识和技能，展示对专门化知识的理解力，在某些方面具有知识和理论深度，能对复杂的问题作出反应；能在可能发生变化的情境里和在专门化领域深度运用知识和技能，具有主动性和判断力①。

（二）法国国家资格框架

法国的资格框架可追溯到 20 世纪 60 年代末，共分 5 级。1967—1969 年法国设立了"五级培训分类"，这个分类包含 5 个等级及每一等级标准等构成要素，一直沿用至今。1971 年，法国设立了第一个负责资格认证和登记的机构——"技术批准委员会"，为资格监管奠定了制度基础。2002 年，法国通过《社会现代化法》，决定成立国家职业资格委员会（CNCP），建立国家职业资格登记系统（RNCP），同时引入先前学习认证制度（VAE），至此标志着法国正式建立国家资格框架。该资格框架以非正规和非正式学习认证制度为支撑，可看作欧洲第一代资格框架。2010 年 10 月，法国以 5 级资格框架结构为参照，向"欧洲资格框架"咨询小组提交了与"欧洲资格框架"的对接报告，从而完成了与欧洲资格框架的对接。

法国资格框架有着强大的监管职能。国家职业资格委员会作为资格审批权力机构，担当着框架"守门人"的作用，设 1 名主席，下设专业委员会、常任秘书处和地区联络处。委员会由 43 名成员组成，来自所有相关的政府部委、社会合作伙伴、商会及教育与培训部门代表，体现了现代资格框架的参与性原则。委员会的主要职能是：审查和批准国家职业或专业资格，以纳入国家职业资格登记系统，得到国家认可；向公众和企业提供有关注册资格和国外资格方面的讯息；审查文凭和资格文件保证一致性和互补性，修改相关文件以适应资格和工作组织的变化，发布新的职业或专业

---

① the Australian Qualifications Framework Council. Australian Qualifications Framework ［S］. Second Edition January 2013：14-17.

资格公告，开展职业或专业资格公共评估活动，就质量保障问题向文凭和资格授予机构提出建议，规定国家注册资格及国家资格与欧盟其他国家资格全部或部分对应。

法国是世界上开展非正规和非正式学习认证比较早的国家。1992 年引入在职学习成就认证制度，对非正规和非正式学习认证作出了硬性规定。2002 年，《社会现代化法》规定，获得非正规学习的认证是个人享有的权利，也是国家资格框架政策的组成部分，使得个人或求职者能够通过认证取得完整的或部分的职业资格。所有的职业教育与培训机构都有义务制定认证非正规和非正式学习的程序和方法。这种认证较为成功，因为参加认证的人接受指导服务除可以从政府职业培训基金中获得经费补助外，准备参加实际评价和认证期间还可以享有两天休假。企业的参与和支持也是认证得以成功的重要原因。越来越多的企业对雇员实施集体评价，帮助雇员了解认证的程序和方法，从而提升雇员的资格水平。企业调整参加认证的雇员工作时间，便于他们参加认证及相关活动[1]。

表 7-2　法国国家资格框架等级标准

等级	等级定义	学习结果
五级	个人从事的工作通常需要具有相当于职业学习证书（BEP）或职业能力证书（CAP）的教育训练水平，通过拓展学习达到成人职业培训证书（CFPA）的水平	本级资格对应于能开展具体活动的完全资格，具有使用相应工具和技术的能力。这种活动主要与从事工作有关，能在一定范围内自主运用所需的技术
四级	个人从事的工作具有技术熟练工人水平，能履行监督责任，能证明达到相当于职业教育证书（BP）、技术教育证书（BT）、职业高中会考文凭或技术高中会考文凭的教育训练水平	四级资格包含比上一等级更高的理论知识。这种活动主要与自主地开展技术工作有关，包括能行使监督和协调的职责

---

① European Training Foundation（ETF）. Qualifications frameworks：from concepts to implementation［R］. Luxembourg：Publications Office of the European Union 2012.

续表

等级	等级定义	学习结果
三级	个人从事的工作通常需要具有相当于大学技术学院文凭（DUT）或技术证书（BTS），或对应于高等教育第一阶段结束时取得的证书的教育训练水平	三级资格对应于更高层次的知识和能力，但不涉及有关领域的基本科学原理的掌握。所需的知识和能力使个人能够自主地或独立地承担设计、监督和管理方面的职责
二级	个人从事的工作通常需要具有相当于学士或硕士学位层次的教育训练水平	在这一等级，个人能从事带薪的或独立的职业活动，掌握本专业的基本科学原理，通常能自主地从事专业活动
一级	个人从事的工作通常需要具有硕士学位层次以上的教育训练水平	具有从事职业活动所需的基本科学原理和知识，能够掌握设计或研究过程

资料来源：Cedefop. Development of national qualifications frameworks in Europe［R］October 2011.

法国资格框架等级标准以技能、知识和能力三维定义，自 2002 年实施以来，已经积累了很多经验，加之欧洲资格框架的影响因素，法国拟改革资格框架，结构由 5 级改成 8 级，增加级数。

（三）德国国家资格框架

在欧盟推进开发"欧洲资格框架"（the European Qualifications Framework，EQF）的进程中，德国启动了国家资格框架的建设工作，构建了以学习结果为导向、涵盖各级各类教育的总体国家资格框架，以增加德国资格在欧洲的透明度和可比性，增强资格间的渗透和沟通，推动终身学习发展。2012 年 12 月，德国向欧盟提交了与"欧洲资格框架"对接的参照报告，标志着资格框架的设计和研制工作正式完成。2013 年 5 月，德国宣布正式实施国家资格框架。

德国采用了与"欧洲资格框架"完全一致的八级结构，为与欧洲资格框架等级的对应提供了条件。框架强调以学习结果理念为引导，注重嵌入德国元素，以四维目标构建等级标准，展现职业资格类型多样化，构建了有德国教育特色的国家资格框架①。

表7-3 德国国家资格框架资格等级和类型

等级	资格
1	预备职业教育证书 ● 就业署培训证书（职业预备培训计划）（BvB） ● 职前教育年证书（BVJ）
2	预备职业教育证书 ● 就业署培训证书 ● 职前教育年证书 ● 青年入门培训证书（EQ） 全日制职业学校证书（基础职业教育）
3	双元制职业教育与培训证书（2年制） 全日制职业学校证书（在实科中学完成十年级获得的或在其他类型初中学校获得的普通教育学校毕业证书）
4	双元制职业教育与培训证书（3年制和3.5年制） 全日制职业学校证书（职业帮手） 全日制职业学校证书（完整职业资格）
5	信息技术专家（获得认证），服务技术员（获得认证）
6	● 学士学位 ● 商业专家（获得认证），商务管理专家（获得认证），师傅资格（获得认证），IT操作性信息技术专业人员（获得认证） ● 技术或专科学校证书（获得国家认证）
7	● 硕士学位 ● 战略性信息技术专业人员（获得认证）
8	博士学位

资料来源：Bundesministeriums für Bildung und Forschung（BMBF）and Kultusministerkonferenz（KMK）. German EQF Referencing Report［R］. 15th November 2012.

在欧洲资格框架里，以知识、技能和能力三个维度描述学习结果，而在德国资格框架里将能力作为学习结果的统称，是核心概念。在德国资格

---

① Bundesministeriums für Bildung und Forschung（BMBF）and Kultusministerkonferenz（KMK）. German EQF Referencing Report［R］. 15th November 2012.

框架语境下，能力是一个综合概念，指运用知识、技能的能力和准备程度，以及在工作或学习情境里具有的个人能力、社会能力和方法能力，以经过深思熟虑的方式，对个人和社会负责的态度行事和表现自己。在这个意义上能力可理解为综合行动能力。

1. 德国国家资格框架的结构维度

德国资格框架等级标准由维度、次级维度和要素三个层级构成。维度包括专业能力和个人能力。专业能力分为知识和技能两个次级维度；个人能力分为社会能力和自主性两个次级维度，四个次级维度构成构建等级标准的四维目标；方法能力是一种跨部门能力，因而在 DQR 矩阵（资格等级表）中未单独列出。

知识用广度和深度来描述。知识的广度是指与某个资格相关的普通知识、职业岗位知识或技术知识包含的领域的数量；知识的深度是指对一个普通知识领域、职业岗位知识或技术知识领域的渗透程度。技能包括工具性能力、系统性能力及判断力。工具性能力是指有效运用思想、理论、方法、工具、技术和设备的应用性能力，而系统性能力旨在产生新的东西，它们以工具性能力为条件，需要具有评价复杂的相互关系和正确处理这些相互关系的能力。社会能力包括团队工作能力、领导能力、参与能力和表达能力，而自主性是指个体具有自主性责任/责任心、反思能力和学习能力。反思能力要求个人具有应对变化、从经验中学习及进行批判性思考和采取行动的能力[①]。

每个次级维度包含若干关键要素，关键要素一般是等级标准所要求的最核心的知识点、技能点和能力点。如六级资格（相当于专科和本科层次）等级标准，总体要求是具有规划、处理和评估综合技术任务和各种问题的能力，具有在一个学科或职业活动领域里分领域的自主管理的能力。这些结构性的要求具有复杂性和时常变化的特点。在知识方面的要求是，具有广泛和综合的知识，包括具有某个学科的基本科学原理和实际运用方面的知识，以及对最重要理论和方法的批判性理解力，或是具有广泛的和

---

① 李建忠. 德国国家资格框架的特色分析 [J]. 职教论坛, 2013（19）: 87-91.

综合的职业知识，包括具有当前技术发展方面的知识；具有某个学科进一步发展，或是职业活动领域方面的知识，并且具有其他领域交叉点的相关知识。在技能方面，要求具有某个学科、继续学习领域或职业活动领域里处理复杂问题的各种方法，制定新的解决方案，根据不同标准甚至处于经常变化的情况下评估解决方案。在社会能力方面，要求承担与专家团队一起工作的责任，或表现出领导小组或组织责任，向他人传授技术发展信息，以可预见的方式解决团队内问题，向专家呈现论点及对复杂的专业上的问题解决方案，同这些专家合作推动工作进一步发展。在自主性方面，要求定义、反思和评价学习和工作过程目标，自主地和持续地组织学习和工作过程①。

2. 德国国家资格框架的分类

德国将各级各类职业资格纳入资格框架，有多种教育路径取得职业资格。它收录了包含学位资格和职业资格在内的 22 种资格类型，学位资格包括学士学位、硕士学位和博士学位，分别对应六级、七级和八级资格，其余为职业性资格，包括从一级到七级的各级各类职业性资格，职业性资格成为德国资格框架的主体部分。职业性资格（也称非学位类职业资格）是职业性资格的主体，种类繁多，分布在不同资格等级。

（1）预备职业培训证书，包括就业署职业预备培训计划证书、职前培训年证书、青年入门培训证书等小类，属于资格框架中一级和二级资格，学历层次对应国际教育标准分类划分的初中阶段教育。

（2）双元制职业教育与培训证书。资格证书有 2 年制、3 年制和 3.5 年制三种类型，2 年制属于三级资格，而 3 年制和 3.5 年制属于四级资格，尽管三种类型属于资格框架中不同等级的资格，但它们在学历层次上都对应于国际教育标准分类划分的高中阶段教育。德国目前有 344 种得到国家承认的双元制培训职业资格，已经全部纳入资格框架，其中 2 年制有 38 种、3 年制 253 种、3.5 年制 53 种。

---

① Bundesministeriums für Bildung und Forschung（BMBF）and Kultusministerkonferenz（KMK）. German EQF Referencing Report［R］. 15th November 2012.

（3）全日制职业学校证书，分布在资格框架的二级、三级和四级资格中，学历上属于初中和高中阶段教育。

（4）行业性职业资格，基本是经过行业协会考试和认证的职业资格。其中，信息技术专家和服务行业技术员等专业技术职称属于五级资格；在学历层次上，德国认为它们不属于国际教育标准分类划分的任何教育阶段，然而从它们的资格等级定位上大致对应中专或专科层次。商业专家、商务管理专家和信息技术专业操作人员等属于六级资格，学历层次上属于国际教育标准分类划分的5B，一般被认为是专科层次。

（5）"师傅"资格。师傅资格是由联邦法作出规定的、受监管的继续职业教育资格，一般在完成双元制职业教育与培训后，经过全日制学习一年，或非全日制学习2—4年或函授课程学习2.5年，并具有相应实践经验，参加并通过行业协会举办的考试取得师傅头衔，分工业师傅和手工业师傅两类。师傅资格属于六级资格，学历层次对应国际教育标准分类划分的5B层次。获得师傅资格证书的人主要有三个去向：一是到企业担任中层领导，二是自己独立经营工商业实体，三是做企业培训师。"师傅"不仅具有与职业相关的知识和精湛技能，而且还具有管理和领导能力，高度的责任心和学习能力，体现出综合且均衡的素质。

（6）学位类职业资格。自20世纪60年代末起，德国将工程师学校、高级专业学校合并组建成126所应用科技大学，培养本科和硕士层次的应用型技术技能人才，从而形成应用科技大学与普通大学共同发展、相互补充的双元格局。1975年颁布并于1999年和2004年修订的《联邦德国高等教育总法》第十八条第一款规定："考试合格的学生，普通大学可以授予相关学科文凭和大学毕业文凭。在其他类型高等学校开设的高等专业课程考试合格的学生，毕业文凭须标注'应用科技大学'（FH）字样。州法律可以规定高等学校授予作为职业资格的硕士学位。"第十九条第二款规定："职业资格考试合格的学生，高等学校可以授予学士学位。标准学习期限最少为三年，但不超过四年。"从法律上确立了普通学位与职业教育学位并存的学位制度。应用科技大学和双元制大学授予的以实践为导向的学士学位和硕士学位，属于资格框架中六级和七级资格。

三、多国建立职业教育质量保障监管体系

（一）欧盟职业教育质量保障体系

欧盟从 20 世纪 90 年代就开始关注职业教育质量保障体系建设问题。他们认为，质量保障是向知识经济过渡的关键工具，有助于提高职业教育和培训的效益，改善劳动力市场供求匹配，增加接受职业教育和培训的机会，增进欧盟各国间教育和培训供给的互信，从而有力促进流动和推动终身学习的发展。考虑到各国职业教育和培训系统和质量保障措施的多样性和复杂性，为增进互信，需要改进质量保障政策，促使实践的透明度和一致性。

1995 年，欧洲职业培训发展中心出版了一些有关职业教育和培训质量问题的研究报告。2001 年，欧盟委员会设立了"欧洲职业教育和培训质量论坛"。2002 年 11 月，欧盟 31 国负责职业教育和培训的部长、社会合作伙伴和欧盟委员会在丹麦首都哥本哈根召开会议，通过了"哥本哈根宣言"，正式启动各国职业教育和培训合作的"哥本哈根进程"。自此，加强职业教育和培训质量保障成为各国合作的重要内容。2003 年，欧洲职业培训发展中心成立"职业教育和培训质量技术工作小组"（TWG），成员由各国和入盟候选国家的职业教育专家及社会合作伙伴的代表组成，为欧盟制定质量保障参照框架提供智力支持①。同年，欧盟还建立了"职业教育和培训共同质量保障框架"（CQAF），提出了共同的原则、指导方针和工具。2004 年 5 月，欧盟理事会批准了共同质量保障框架，邀请欧盟委员及各成员国和相关利益攸关方在自愿的基础上采取实际措施实施该框架。哥本哈根会议之后，欧盟每两年举行一次哥本哈根进程的进展进行回顾和评估的会议。2004 年 12 月 14 日，在荷兰的马斯特里赫特召开哥本哈根进程回顾

---

① European Network on Quality Assurance in VET, Working Programme 2006—2007. ［EB/OL］. http://www.cedefop.europa.eu/etv/Upload/Projects _ Networks/Quality/key _ documents/ENQA - VET_ Work_ Programme_ 2006—2007. doc. 2006-02-20.

和评估会议，会议通过《马斯特里赫特公报》，强调要加强职业学校教师和培训员的能力建设①。2006 年 11 月，在芬兰首都赫尔辛基召开哥本哈根进程第二次回顾和评估会议，通过了《赫尔辛基公报》，强调需要从共同质量保障框架迈向质量改进文化建设，加强各国在职业教育和培训质量改进方面的合作②。2008 年 12 月 5 日，在法国的波尔多召开哥本哈根进程第三次回顾和评估会议，会议通过了《波尔多公报》，再次强调要大力提高职业教育和培训质量，增强吸引力，改进职业教育和培训与劳动力市场的联系③。

1. 职业教育与培训质量保障框架的建立和实施

2008 年 4 月 9 日，欧盟委员会向欧盟议会和欧盟理事会提交了"欧洲职业教育和培训质量保障参照框架立法建议"。2009 年 6 月 18 日，欧盟议会和欧盟教育部长理事会通过了《关于建立欧洲职业教育与培训质量保障参照框架的建议》。"质量保障参照框架"（EQARF）是在 2004 年"共同质量保障框架"（CQAF）基础上做了修改、补充和完善，参考借鉴了各国在改进质量方面的经验，特别是一些最佳实践案例的经验，名称也由原来的"共同质量保障框架"改为"质量保障参照框架"。EQARF 提出了大多数国家在质量保障方面面临的共同问题及解决方案，建立了一套质量评价指标体系。作为教育和培训领域欧盟 8 个共同工具之一，它促进和监测职业教育和培训系统的连续性，改进了职业教育和培训的质量，增加了各国职业教育和培训系统的互信和互认。

欧盟将质量保障参照框架的实施分为四个阶段：政策目标制定和规划阶段；具体实施和操作阶段；评估阶段，包括设计在个体、机构和系统层面评价和评估的方法；总结阶段，结合内部和外部评估结果，提供反馈，

---

① Maastricht Communiqué on the Future Priorities of Enhanced European Cooperation in Vocational Education and Training（VET）[EB/OL].（2004-12-14）[2007-07-03]. http：//ec. europa. eu/education/policy/vocational policy/doc/maastricht_ en. pdf.

② The Helsinki Communiqué on Enhanced European Cooperation in Vocational Education and Training [EB/OL]. http：//ec. europa. eu/education/lifelong-learning-policy/doc/vocational/helsinki_ en. pdf. 2006-12-05.

③ The Bordeaux Communiqué on enhanced European cooperation in vocational education and training. [EB/OL].（2008-11-26）[2013-05-06]. http：//ec. europa. eu/education/lifelong-learning-policy/doc/vocational/bordeaux_ en. pdf.

提出应对变革的措施。每个阶段都包括质量标准及系统和机构层面的描述性内容，体现了逻辑的一致性和连贯性，构成质量保障的完整过程。质量标准实际是对系统和机构层面提出的保障的总体要求和目标，而指示性描述实际是根据不同实施阶段的特点和任务，对系统层面（国家、区域/地方层面）和职业教育与培训提供者（学校/培训机构层面）分别提出的质量保障的具体要求和目标。

2. 评价指标体系

欧盟在最初提出的 200 个指标的基础上，梳理、筛选和提炼了能支持在系统和机构层面实施质量保障、可以进行跨国比较和相互学习的 10 个指标。所选的指标考虑到改进职业教育和培训质量与更广泛的欧盟目标联系起来，比如提高就业能力，改善培训供给与用户需要的匹配度，提供更好的终身学习机会。

表7-4　欧盟职业教育与培训质量保障框架评价指标体系

序号	指标	指标类别	政策目的
质量保障总体指标			
1	质量保障体系与职业教育和培训机构的相关性： （1）由法律界定的或自主实施的内部质量保障体系的教育和培训机构的比例； （2）经过认证的职业教育和培训机构的比例	背景/ 投入指标	培育机构层面的质量改进；提高职业教育和培训质量的透明度，增进职业教育和培训供给的互信。适用范围为初始职业教育（高中阶段职业教育）和继续职业教育和培训
2	教师和培训教师的培训投入： （1）教师和培训教师参加继续培训的比例。 （2）培训经费投入数额	投入/ 过程指标	提高教师和培训教师在职业教育和培训质量发展过程中的主体地位；改进职业教育和培训对不断变化着的劳动力市场需求的适应性；加强个人学习能力建设；改进学习者的成就。适用范围包括初始职业教育（高中阶段职业教育）和继续职业教育和培训

续表

序号	指标	指标类别	政策目的
	支持职业教育与培训政策的质量目标的指标		
3	职业教育和培训参加率：指按照课程或专业类型和某个标准划分的职业教育和培训参加者人数。除性别和年龄等外，还可运用其他社会标准划分，如提前离校生、最高学历水平、移民背景、少数种族群体、残疾人、失业时间等。对初始职业和培训来说，一个学习者至少参加为期6周的教育或培训才能算为一个参加者	投入/过程/产出指标	获得系统和机构层面职业教育和培训吸引力的基本信息；支持增加接受职业教育和培训的机会，包括处境不利群体。适用范围：初始职业教育（学生参加者是指至少参加了为期6周的培训）、继续职业教育和培训和终身学习（成人人口中参加正规职业教育和培训的比例）
4	职业教育和培训完成率：指按照课程或专业类型和个别标准划分的成功完成/放弃职业教育和培训的人数	过程/产出/结果指标	获得教育成就和培训过程质量的基本信息；与参加率比较，计算辍学率；支持成功完成教育和培训，并使之作为主要的质量目标之一；支持适应性培训计划，包括向社会处境不利群体提供的培训。适用范围：初始职业教育（高中阶段职业教育）及继续职业教育和培训
5	职业教育和培训安置率：（1）指按照课程或专业类型及某个标准划分的职业教育和培训学习者在完成培训后6—12—36个月时间里的去向；（2）指按照课程专业类型及某个标准划分的学习者在完成培训后6—12—36个月时间里的就业比例	结果性指标	支持就业能力的培养；提高职业教育和培训对劳动力市场变化需求的适应性；支持适应性培训，包括向处境不利群体提供的培训。适用范围：初始职业教育（含辍学者）及继续职业教育和培训

续表

序号	指标	指标类别	政策目的
6	在工作场所使用所学技能： （1）指按照培训类型和某个标准划分，个人在完成培训后就业方面的信息； （2）个人和雇主满意率（运用所学技能/能力）	结果性指标（质性和量化数据组合）	提高就业能力；提高职业教育和培训对劳动力市场变化的需求的适应性；支持适应性培训计划，包括向处境不利群体提供的培训。适用范围：初始职业教育及继续职业教育和培训
背景信息			
7	按照个别标准划分的失业率。根据国际劳工组织和经济合作与发展组织的定义，失业是指年龄在 15—74 岁没有工作的人，正积极地寻找就业，准备开始工作	背景指标	为决策提供职业教育和培训系统层面的背景信息。适用范围：初始职业教育及继续职业教育和培训
8	弱势群体机会供给的普遍性： （1）按年龄和性别等弱势群体职业教育和培训参与的比例； （2）按年龄和性别弱势群体培训的成功率	背景指标	为决策提供职业教育和培训系统层面的背景信息；增加社会处境不利群体接受职业教育和培训的机会；支持适应性培训计划。适用范围：初始职业教育及继续职业教育和培训
9	劳动力市场培训需求分析预测机制： （1）不同层次的劳动力需求变化分析预测信息； （2）信息有效性的证据	背景/投入指标（质性信息）	增强职业教育和培训对劳动力市场变化需求的适应性；支持提高就业能力。适用范围：初始职业教育及继续职业教育和培训
10	用于促进有更好的接受职业教育和培训机会： （1）现有的不同层次计划方面的信息； （2）这些计划有效性的证据	过程指标（质性信息）	增加社会处境不利群体接受职业教育和培训的机会；支持实施适应性培训计划。适用范围：初始职业教育及继续教育和培训

资料来源：Commission of the European Communities. Proposal for a Recommendation of the European Parliament and of the Council on the establishment of a European Quality Assurance Reference Framework for Vocational Education and Training, COM（2008）179 final, Brussels［EB/ OL］.［2008-04-09］. http：//eurlex. europa. eu/LexUriServ/LexUriServ. do？ uri＝COM：2008：0179：FIN：EN：PDF. 2008-04-09.

为推动框架实施，欧盟建议各成员国采取以下行动。一是使用和进一步发展"欧洲质量保障参照框架"、质量标准和参照指标，支持终身学习战略以及"欧洲资格框架"的实施，在各个层级大力培育质量改进文化和促进创新。二是各国要制定出完善和改进国家质量保障体系的方案，根据本国立法和实践，充分利用欧洲框架，吸收社会合作伙伴、区域和地方当局和所有其他利益有关方积极参与。三是积极参加"欧洲质量保障参照框架网络"，促进共同原则、参照标准、指导方针和各种实施工具进一步完善，推动职业教育与培训在国家、区域和地方等各个层面的质量提升。四是建立国家职业教育与培训质量保障工作办公室（Reference Point），汇聚现有的有关机构及国家和区域一级的社会合作伙伴和各利益有关方共商大事，办公室的具体工作包括：向各利益有关方提供框架网络活动进展方面的最新信息；为实施框架网络的工作计划提供积极支持；采取具体行动，促进框架在国家背景下进一步发展；支持自评作为质量保障的一种补充和有效手段，鼓励在框架网络的工作计划的实施方面测量成功和发现需要改进的领域；保障信息能有效地传达到各利益有关方。五是每四年对框架进行一次全面检查总结，每两年反映在国家年度进展报告中①。

（二）澳大利亚职业教育质量监管

2011年，澳大利亚通过《国家职业教育与培训监管机构法》，规定设立国家职业教育与培训监管机构，将现有的教育培训机构登记注册为"国家职业教育与培训监管机构注册培训机构"，建立职业教育与培训质量框架，对职业教育课程进行认证，赋予国家监管机构发放和撤销职业教育资格的权力，对违规职业教育培训机构进行调查的权力和行政执法权力。

1. 监管机构

澳大利亚的职业教育质量监管机构是技能质量署（The Australian Skills Quality Authority，ASQA），成立于2011年7月1日，其主要职能是认证职

---

① Recommendation of the European Parliament and of the Council of 18 June 2009 on the establishment of a European Quality Assurance Reference Framework for Vocational Education and Training［S］. Official Journal of the European UnionC 155/1，8.7.2009.

业教育与培训课程，确保职业教育培训机构符合注册条件和标准，开展合规审计，搜集、分析和发布有关职业教育与培训部门以及机构相关信息，将培训提供者注册登记为"注册培训组织"，将教育机构登记注册为"海外学生教育服务提供者"。ASQA 旨在保证学生、雇主和政府对注册培训组织提供的职业教育与培训质量充满信心，保证履行监管职责和提供咨询建议的独立性，保证监管决策和活动的透明性。

澳大利亚除维多利亚州和西澳大利亚州外，其他州都将职业教育监管权力让渡给联邦政府，联邦在各领地行使宪法权力，对各领地职业教育与培训进行监管。根据教育培训机构的类型，ASQA 负责监管新南威尔士、昆士兰、南澳大利亚、塔斯马尼亚、首都领地和北领地计 4 个州和 2 个领地的注册培训组织，以及维多利亚和西澳大利亚两个州的招收海外学生的注册培训组织。此外，ASQA 还负责监管全国各州和领地开设海外学生英语短期课程的教育培训机构。在维多利亚州和西澳大利亚州，对仅招收本国和本州学生的注册培训组织的监管权没有让渡给 ASQA，对这些培训组织的监管分别由维多利亚州注册和资格局（VRQA）和西澳州培训与认证委员会（TAC）负责。澳大利亚约有 5000 家注册培训组织，截至 2014 年 6 月 30 日，ASQA 监管 3938 家，占 79%[①]。

ASQA 管理层包括 1 名首席专员和 2 名专员，总监现为克里斯·罗宾逊先生，2011 年 10 月任职，任期 5 年。ASQA 下设治理与政策、规范审计、课程认证、风险评估、调查与法律、企业参与、投诉等职能处室。总部设在墨尔本，在各州府设有办事处[②]。

2. 监管内容

澳大利亚职业教育质量监管的重点是职业教育培训机构和专业标准，以保证职业教育机构具备相应的办学资质，把好入口关；保证非国家职业标准达到规定要求，进行高质量职业教育和考试评价，确保国内公众信心和国际声誉。

---

① Australian Skills Quality Authority. Annual Report 2013—2014 ［R］. Melbourne，2014：228.
② Australian Skills Quality Authority. Annual Report 2013—2014 ［R］. Melbourne，2014：10-12.

第一，对职业教育培训机构进行监管。国家职业教育监管机构依据标准对职业教育机构进行监管，标准主要体现在"职业教育与培训（VET）质量框架"中，该质量框架是一套由法律规定的、与职业教育注册和办学相关的质量标准，其中包括《国家职业教育与培训监管机构（NVR）注册培训机构标准》（简称注册培训机构标准），它是评价、监管和确保职业教育机构办学资质的国家标准。它取代了此前的澳大利亚质量培训框架（AQTF）中机构注册的相应规定。"适合人选要求"旨在保证注册培训机构高层管理人员具有与高质量办学适应的业务和道德素质；"财务生存能力风险评估要求"旨在保证机构注册申请者和注册培训机构（RTOs）具备必要的办学经费资源，有能力在整个注册期间实施有质量的职业教育和开展评价服务；"数据提供要求"规定了机构注册申请者和注册培训机构向监管机构提供相关数据。"澳大利亚资格框架"规定了资格等级标准和资格类型标准，是系统层面人才培养规格和目标。

第二，对职业教育课程进行认证。澳大利亚职业教育资格有两套标准，一套是基于产业开发的"培训包"标准，相当于国家职业标准；另一套是由职业教育培训机构开发的非"培训包"资格标准，称作"职业教育与培训认证课程标准"，是不包括在"培训包"资格范围内的职业教育课程标准。认证课程旨在解决产业、企业和社会技能需求问题，这些技能尚未包含在全国认可的培训包中。认证课程能够积极回应和应对技能需求变化及新兴产业行业的需要。

职业教育认证课程要基于现有的产业、企业、教育、立法或社会需要，要基于全国认可的能力单元或模块。开发能力单元或模块，要征求产业、企业、社会或专业组织意见并得到认可；按照国家统一规范形成文件，并与培训包开发手册的要求相一致，确保课程在名称和内容上没有复制已经得到认可的培训包资格。

认证课程可以在全国得到承认，注册培训机构可发放国家承认的职业教育与培训资格证书，或根据学习者全部完成或部分完成学习情况发放成绩证明。课程一旦得到认证，将在国家注册机关注册登记。开发职业教育认证课程应与培训包开发手册的要求保持一致。监管机构接受课程认证申请，经过评估确认达到了设计标准，课程将得到认证。课程设计必须达到认证标准，得在名称和内容上复制已经得到认可的"培训包"资格。

职业教育认证课程分为两种：一是可授予职业教育与培训资格证书，具有与"澳大利亚资格框架"资格标准描述相一致的课程结果；二是仅颁发职业教育与培训成绩证明，课程结果满足产业企业社会的需要，但不具有"澳大利亚资格框架"资格指导方针规定的一个职业教育与培训资格所需的广度和深度①。

3. 监管方法

2011 年监管机构法第 157 条第 4 款规定，ASQA 为履行其职责必须运用风险评估框架。2011 年 6 月 16 日，高等教育、技能、就业和工作关系部部长批准了风险评估框架。ASQA 运用风险评估框架，评价职业教育机构注册申请，监控已注册的职业教育机构是否合规。风险评估使监管机构能够确定不达标的教育与评价服务和结果发生的可能性。如果教育教学不达标，会评估它们对学生、产业、职业教育部门以及对澳大利亚经济造成的潜在影响。

第一，评估原则。一致性原则，国家职业教育与培训监管机构同其他职业教育监管机构一起，使风险评估框架有全国统一的解释和实施；效益性原则，职业教育与培训监管机构应确保申请者或注册培训组织存在的风险能得到适当管控，提高培训效益；相称性原则，监管应与申请者或注册培训组织的风险评估成比例；响应性原则，风险管理基于最佳可得信息，职业教育与培训监管机构运用相关的和当前的数据制定评估风险评级和采取行动；透明性原则，风险管理具有透明度，记录并公布风险管理过程，每个机构注册申请者和注册培训机构都可知道它的风险评级，监管机构将对申请者或注册培训组织的请求作出回应。

第二，评估过程。ASQA 评估风险的过程是通过搜集有关注册培训组

---

① Minister for Tertiary Education, Skills, Science and Research. Standards for VET Accredited Courses 2011 [S]. 2012.

织运行的数据，包括通过审计搜集相关数据。基于各种指标，对每个注册培训组织赋予一个评级，表示提供培训的质量与评价结果。评级分为低风险、中风险和高风险三档。一旦给予风险评级，就会对注册培训组织定期进行评估，以保证它的培训质量所赋予的等级。

第三，风险评级指标。确定一个注册培训组织的风险评级，风险评级有三个指标，每个都需要评估，从而给出量化排名。不过只会考虑那些对风险评级有着重要影响的、有效和可验证的数据。①表现。表现评估作为一个风险可能性指标，该项评估约占总权重的50%，评估要素包括：合规历史、质量培训框架、海外学生教育服务合规程度和趋势、质量指标数据、学生完成率和客户满意度、近两年来的重要投诉以及来自产业界等其他有效的表现反馈。②治理。治理评估也作为一个风险可能性指标，约占30%的权重。评估要素包括：财务生存能力，近两年业务范围的重要变化，对其他职业教育机构的依赖程度，高级管理人员的职业教育技能和经验，法律所有权的透明度，业务规划的严谨性和相关性。③教学。教学评估权重占20%。评估要素包括：注册范围，产业培训领域的范围、澳大利亚资格框架的资格证书等级，取得国家承认的资格或学习成绩证明的学生的比例，在澳大利亚本土的海外学生所占比例，海外办学招生所占比例和教学范围，教学模式和学生客户类型。

第四，评审。监管机构可随时对注册培训组织进行评审，评估其是否提供了有质量的培训和评价服务。对个别注册培训组织最低限度的评审可在申请注册时进行，在注册一年内或开始提供培训时可再次评审。其他评审可在继续注册、申请拓宽业务范围、投诉调查或是监控合规时进行。注册培训组织的风险评估，既可对注册培训组织提供的证据进行材料评估，也可现场考察。在评审中，相关数据可来自注册培训组织自身、学生、产业组织、ASQA系统、投诉登记及其他风险分析系统。

第五，监控。通过密切监控注册培训组织的运行和实践，促使注册培训组织能持续提供高质量的培训。符合条件要求和标准的注册培训组织渴望获得低程度的监管干预，风险评级过程的最终目的是帮助所有注册培训组织在任何时候都能完全合规。

4. 监管行动

监管机构被赋予行政制裁、民事处罚等各种权力，对职业教育机构进行有效监管，享有强大的监管权力。①行使行政制裁权。主要包括暂停撤销注册、拒绝继续注册申请、取消课程认证和资格等。②行使调查权。要求相关人员提供信息、出示文件或物证，并可对场所进行搜查。③行使执法权。对违法职业教育机构进行经济处罚。根据 2011 监管机构法规定，下列均属于违法行为：超范围授课、超范围发证、超范围发放成绩证明、超范围发布课程广告、办学资格被终止后继续办学；不经考试发证、不经考试发放成绩证明、考试不合格发证、考试不合格发放成绩证明；违反注册条件、不交回注册证书、假冒注册培训机构、未经注册授课、无资格发证、无资格发放成绩证明、发布虚假或误导性课程广告、发放虚假或误导性材料、发放假证、发放虚假成绩证明、违反课程认证条件，违反上述规定，注册培训机构和相关合伙人都需接受处罚。

（三）英国职业教育质量监管体系

监管机构是质量监管的主体和具体的实施者，是依法设立的法定机构，履行法律规定的职责和赋予的权力，以标准为依据对职业教育质量进行全程监管。

1. 监管立法和机构

资格和考试监管办公室（Ofqual，简称监管办）是英格兰的资格（除学位资格外）、考试和评价以及北爱尔兰职业资格的监管机构。它是一个依法设立的职业资格监管机构，最早由政府部门提议设立。2007 年 9 月，负责儿童、学校和家庭部的国务大臣埃德·鲍尔斯宣布对考试和资格的监管责任将由"资格与课程局"转到一个新的独立监管机构。2007 年 12 月，拟定了新机构的名称、组织结构和职能。2008 年 4 月 8 日，新机构开始临时性工作，并于 5 月 16 日在国家摩托车博物馆举行正式启动工作的仪式。2009 年，英国通过《学徒制、技能、儿童和学习法》，规定设立监管办作为英格兰资格和考试的监管机构。2009 年 11 月 12 日，该法获得皇家批准。2010 年 4 月 1 日，监管办作为一个正式的独立的政府部门开始工作，并直接对议会负责。

监管办公室的主要职责是：保证提供和颁发资格的颁证机构有良好的治理制度；保证颁证机构提供的所有资格是公正的，能与其他资格相比较；监控资格、考试和测试标准，报告监测结果；保证所有的学习者都能有取得资格的公平机会；确保考试、测试和其他评价的评分质量，保证学习者得到他们应得到的结果；确保资格市场运行对学习者物有所值，满足学习者和雇主的需要；支持和鼓励对重点问题展开讨论，如考试和资格标准①。

现任监管办主任为格莱尼斯·斯泰西（Glenys Stacey），2012 年 3 月任职，2012 年 4 月被任命为首席监管官。监管办设有董事会，由 12 名成员组成，还聘请了外部顾问组成标准顾问团和学科专家组，为监管办提供学术和智力支持。监管办公室下设公司与业务服务处、标准与研究处、监管处、政策与参与处和风险与市场处五个职能部门。

2. 监管原则和内容

英国对职业资格的监管坚持五项原则，即相称性、目标性、责任制、透明性和一致性。监管机构通过对资格设计、实施、评价和颁发，对颁证机构提出明确的要求；为了维持标准而进行必要的干预，以保证标准的实施和权威，确保学生受到公正对待，保护学生，确保颁发的资格物有所值。英国实行职业资格市场化考试认证，学习者需要通过交费参加教育培训和考试认证。然而，仅仅依赖市场不能保证可比资格的标准具有一致性，这就需要对职业资格市场进行监管，因为用户需要能够在资格间作出有根据的选择和比较；没有监管，用户可能会由于错误信息选择资格；没有监管，颁证机构可能会基于经济利益提供物有所值的东西②。英国职业资格监管的重点是颁证机构和资格，先后出台两个标准作为职业资格监管的依据。一个是 2011 年 5 月出台的《认可标准》（Criteria for Recognition），对颁证机构实行资质认定制度。门槛标准对申请者的身份、机构组成和治理、资源、财务和业务能力提出了基本要求；另一个是 2013 年 9 月修订的

---

①　About Us ［EB/OL］（2013 - 03 - 28）. http：//webarchive. nationalarchives. gov. uk/201410311 63546/http：//www. ofqual. gov. uk/35. aspx.

②　Ofqual. General Conditions of Recognition ［S］. Coventry，September 2013.

《一般认可条件》（General Conditions of Recognition），这是一个合规标准。颁证机构一旦得到认证，都要符合"一般认可条件"。合规标准对颁证机构的治理结构及其与监管机构的关系，对资格设计、开发和评价，颁证机构与第三方的业务安排等方面提出了更为详尽的具体要求。

3. 监管行动

监管机构可依法采取监管行动，主要包括以下七点。一是施加特别认可条件，所有颁证机构都需要符合一般认可条件。对不同类型的颁证机构和资格，监管机构可施加特别认可条件。二是施加认证要求，这是降低风险、保证质量的一种手段。只有经过评估认证的资格才可以录入资格注册系统，培训机构才可以开设证书课程，颁证机构才可以向学习者颁发资格证书。如果资格设计或质量保障安排不完善，监管机构将对资格和颁证机构施加认证要求，以减少风险，保证质量。三是现场进入和检查。颁证机构在违规情况下，监管机构有权进入其办公场所检查和复制文件，以保护证据完整性。四是发出指示，指示在法庭上具有法律效力。五是实施罚款，对违规颁证机构实施罚款。这种经济处罚数额最高不超过颁证机构年营业额的10%。六是撤销认可。监管机构对严重违规、没有资源或没有业务能力的颁证机构采取撤销认可，撤销认可是最重要的监管行动。七是回收执法行动成本，监管机构可依法要求违规颁证机构支付在执法行动中发生的成本，包括调查费用、行政管理费用、专家或法律咨询费用等①。

四、国际普遍重视职业教育经费投入

职业教育经费投入是发展职业教育的重要保障。投入模式是一国将财政资源分配给职业教育的方式、公式以及筹资形式和政策发展方向的总称。尽管各国经济发展水平和培养模式不同，总量和生均投入水平也差别很大，但在投入模式上呈现出趋同性特征。

---

① Ofqual. Taking Regulatory Action Version 2 ［S］. Coventry, May, 2012.

（一）发达国家经费投入水平高于我国

1. 发达国家公共教育投入总量已占 GDP 的 5.7%

公共教育支出占国内生产总值（GDP）的比例是衡量一个国家教育投入总量的重要指标。部分发达国家公共教育支出占国内生产总值比例稳步提高，在 20 世纪 90 年代就已突破 5%。1995 年为 5.4%[①]，2000 年为 5.2%，2005 年为 5.3%，2010 年达到 5.8%，2011 年为 5.7%。[②] 北欧国家一直重视教育的公益性和福利性，促进以权利为基础的教育平等，公共教育投入比例在世界最高，芬兰和瑞典达到了 6.8% 以上，丹麦和挪威则高达 8.7%[③]。公共教育支出占全部公共支出的比例是衡量政府对教育投入努力程度的另一个指标，2011 年，新西兰、墨西哥、印度尼西亚、巴西、韩国公共教育支出占全部公共支出的比例达到 16% 以上，OECD 国家平均为 12.9%，欧盟 21 国平均为 11.5%[④]。

我国经过近 20 年的努力，到 2012 年才实现 1993 年《中国教育改革和发展纲要》确定的 4% 的目标。2012 年全国国内生产总值 518942.11 亿元，国家财政性教育经费占国内生产总值比例为 4.28%[⑤]，首次实现 4% 的历史性突破。国际社会继续呼吁各国继续加大教育投入。2014 年，联合国教科文组织全民教育指导小组提出 2015 年后全民教育 7 个目标，其中一个是教育投入全球基准，到 2030 年各国公共教育投入占 GDP 的 4%—6%，占全部政府支出的 15%—20%，同时要有效使用资金，把最弱势群体作为投入优先方向[⑥]。这些教育投入比例除了作为全民教育量化目标外，还将作为全民教育年度监测指标。

①　OECD，Education at a Glance 2013：OECD Indicators［R］. OECD Publishing，2013：191.

②　OECD，Education at a Glance 2014：OECD Indicators［R］. OECD Publishing，2014：258.

③　OECD. Education at a Glance 2014：OECD Indicators［R］. OECD，2014：257.

④　OECD. Education at a Glance 2014：OECD Indicators［R］. OECD，2014：257.

⑤　教育部国家统计局财政部.2010 年、2011 年和 2012 年全国教育经费执行情况统计公告［EB/OL］.［2014-04-28］. http：//www. jyb. cn/china/gnxw/201212/t20121231_ 522980. html.

⑥　UNESCO. Joint Proposal of the Education for All（EFA）Steering Committee on Education Post-2015［EB/OL］.（2014-06-12）. http：//unesdoc. unesco. org/images/0022/002276/227658e. pdf.

2. 中职生均支出高出普通高中教育 8.8%

随着经济发展和劳动力成本上升，教育的生均成本持续攀升。2010年，OECD 国家小学至高等教育生均支出平均为 9313 美元（购买力平价美元），其中小学为 7974 美元，初中和高中为 9014 美元，高等教育为 13528 美元[1]。统计上使用购买力平价美元，便于各国直接进行比较。随着教育层次升高，生均支出也越来越高。初中和高中教育 94% 的支出用于核心教育服务。从 2005—2010 年，整个基础教育的生均支出提高了 17 个百分点，高质量教育的诉求转化为高生均成本。由于实训设施设备的大量投入，中等职业教育生均成本高于普通高中教育。在有可得数据的 17 个国家中，法国、奥地利、芬兰和墨西哥等 13 个国家的职业教育生均年度支出高于普通高中教育，仅有瑞典、波兰、匈牙利和澳大利亚 4 个国家的职业教育生均年度支出低于普通高中教育。平均起来，OECD 国家普通高中生均年度支出为 7984 美元，职业教育为 8690 美元，职业教育生均支出高出普通高中教育 8.8%；欧盟 21 国普通高中生均年度支出为 8557 美元，职业教育为 9424 美元，职业教育生均支出高出普通教育 10.1%[2]。这反映出中等职业教育的办学成本高于普通高中教育。美国高中阶段教育是以普通高中和综合高中为主，基本没有职业高中，所以，在统计上，全部高中阶段教育和普通高中教育生均支出的数字相同，均为 13045 美元。

德国双元制职业教育是世界职业教育的典范，生均成本很高，2007 年双元制学徒生均成本为 15288 欧元（1 欧元约合 8.45 元人民币），其中学徒津贴和企业培训费用 11692 欧元，学校教育部分 3596 欧元。不同行业门类学徒生均成本有所不同，工业和贸易为 16740 欧元，手工艺为 13333 欧元，农业为 12100 欧元，公共服务为 17297 欧元，自由职业为 12959 欧元，这表明高素质技术工人培养需要高成本支撑[3]。

---

① OECD. Education at a Glance 2013：OECD Indicators ［R］. OECD，2013：180.

② OECD. Education at a Glance 2013：OECD Indicators ［R］. OECD，2013：180.

③ Statistisches Bundesamt. Berufsbildung auf einen Blick 2013 ［R］. Wiesbaden，2013：46-47.

3. 专科高职生均支出低于高等教育近 14%

几乎所有国家的普通高等教育生均支出都高于高等职业教育。法国、瑞典等 17 个国家的普通高等教育生均支出为 13598 美元，高等职业教育为 7569 美元，全部高等教育生均支出的平均数为 12679 美元[①]。导致普通高等教育生均支出较高的主要原因是研究与开发支出占到生均支出的 34%。如果剔除研发部分支出，全部高等教育的生均支出水平则会大幅下降，但仍然高于高等职业教育生均支出。在 17 个国家中，仅有爱沙尼亚和法国高职生均支出高于不含研发支出的全部高等教育生均支出，其余国家高职生均支出均低于不含研发支出的全部高等教育生均支出。平均起来，高职生均支出 7569 美元，不含研发支出的全部高等教育生均支出为 8621 美元，后者高出前者 13.9%[②]。

（二）欧美国家绩效导向的经费投入方式

1. 欧美国家职业教育投入政策

欧盟一直重视投资职业教育。2000 年，欧盟"里斯本战略"明确指出教育与培训在欧洲社会和经济发展中具有关键性作用。2007 年，欧盟理事会在"关于教育与培训作为里斯本战略的关键驱动力量决议"中指出，"教育与培训不仅能对促进就业、提升竞争力和创新能力做出贡献，而且也能对促进社会聚合、培养积极的公民意识和实现个人充分发展做出贡献"[③]。2008 年的金融危机使许多欧盟国家削减了教育预算，特别是巨额公共财政赤字的国家。2012 年，欧盟委员会在《重新思考教育：为了更好的社会经济结果投资于技能》中明确指出，欧盟国家面临双重挑战，首先是要把教育与培训放在公共投资的优先地位，这是提高生产率和保证经济

---

① OECD. Education at a Glance 2013：OECD Indicators ［R］. OECD，2013：174.

② OECD. Education at a Glance 2013：OECD Indicators ［R］. OECD，2013：174.

③ Council Resolution of 15 November 2007 on education and training as a key driver of the Lisbon Strategy ［EB/OL］.（2014-05-16）. http：//www. erisee. org/downloads/overarching/education/Education_ and_ Training_ as_ a_ key. pdf.

增长的关键，其次提出要运用现有财政资源对教育体系进行结构性改革①。在"欧盟2020战略"背景下，投资教育被认为是关键的优先方向。2013年，欧盟《年度增长调查》报告呼吁各成员国要把投资教育与培训放到优先地位；同时提高经费使用效率，在全国范围内就可持续性和平衡的拨款机制问题开展由各利益有关方参与的讨论②。

美国具有通过立法拨款支持和引导职业教育发展的传统。早在1862年，《莫雷尔法案》规定按各州在国会中参议院和众议院人数的多少分配各州不同数量的国有土地，各州将土地的出售或投资所得收入，在5年内至少建立一所"讲授与农业和机械工业有关的知识"的学院，随后有28个州建立了68所"赠地学院"。1917年，美国国会通过《史密斯—休斯法案》，规定设立联邦和州职业教育委员会，联邦政府对各州发展职业教育提供资助；联邦政府提供农业、工业、商业和家政等领域的师资培训，对职业教育师资培训的机构给予资助。美国国会在随后的20年间又通过一系列补充法案，规定政府增加对职业教育的联邦资助金额。1963年，通过《职业教育法》，扩大了职业教育的范围，职业教育经费迅速增加。1969年，从1965年的6105亿美元增长到1.4万亿美元，加大了对职业教育的投入。1975年职业教育院校由1965年的405所增加到2452所。1990年，《卡尔—伯金斯法案》提出，职业教育要面向全体人群，拨款的大部分用于有残疾、失业、贫困群体的职业教育。1994年通过《从学校到工作机会法》，强调企业与学校的合作，大力提倡合作教育，并向这类计划的实施提供资金支持③。2012年，联邦政府职业教育拨款达到11.4亿美元④。奥巴马总统在国情咨文讲话中强调，美国经济的优势与美国教育密切相联，

---

① European Commission. Rethinking Education：Investing in skills for better socio－economic outcome ［EB/OL］. （2014-05-16）. http：//www. gfsoso. com/? q=2012+rethinking+education.

② Eurydice. Financing Schools in Europe：Mechanisms, Methods and Criteria in Public Funding ［R］. Education, Audiovisual and Culture Executive Agency, Brussele, 2014：10-12.

③ 刘青. 美联邦职业教育立法及其启示［J］. 职教通讯，2012（4）.

④ United States Department of Education Office of Vocational and Adult Education. Investing in America's Future A Blueprint for Transforming Career and Technical Education ［R］. Washington, April 2012.

要大力发展职业教育，因为美国雇主需要有技能、有适应能力、有创造力并能在全球市场取得成功的劳动力。美国教育部提出修改 2006 年的《卡尔 D. 帕金斯生涯与技术教育法》，加大职业教育投入，密切工学结合和校企合作，提高职业教育质量。

2. 欧美国家教育财政拨款方式

欧盟国家中等职业教育主要有三种拨款方式：第一种是"公式拨款"（formula funding），根据共同达成的公式进行拨款；第二种是"预算批准"（budgetary approval），学校或相关部门提交预算，经费管理部门批准；第三种是"自主裁量决定经费"（discretionary determination of resources），经费主管部门对学校经费需求逐一审查核实，然后决定拨款数额[①]。

欧盟高等教育财政拨款归纳起来主要有预算谈判、预算编制、拨款公式、表现合同和竞争性研究拨款等六种方式。政府财政拨款主要用于学校教育事业费支出，有时也用于研究支出。在教育财政拨款方式的使用上，各国不是每一种财政拨款方式都使用，而是根据本国国情选择性使用，其中最为普遍使用的是拨款公式和竞争性研究拨款两种方式[②]。

表7-5 欧洲高等教育财政拨款方式

财政拨款方式	国　家
基于学校概算，与拨款机构的预算谈判	比利时德语区、保加利亚、爱尔兰、希腊、塞浦路斯、卢森堡、马耳他、葡萄牙、斯洛文尼亚
拨款机构按过去费用编制的预算	丹麦、希腊、意大利、波兰、冰岛、挪威
拨款公式	比利时法语区、比利时德语区、比利时荷兰语区、保加利亚、捷克、丹麦、爱沙尼亚、爱尔兰、希腊、法国、意大利、拉脱维亚、立陶宛、匈牙利、荷兰、奥地利、波兰、葡萄牙、罗马尼亚、斯洛文尼亚、斯洛伐克、芬兰、瑞典、英国、冰岛、列支敦士登、挪威

---

① Erydice. Financing Schools in Europe：Mechanisms，Methods and Criteria in Public Funding ［R］. Brussels，2014：8.

② Eurydice The information network on education in Europe. Higher Education Governance in Europe -Policies，structures，funding and academic staff ［R］. Brussels，2008：50.

财政拨款方式	国　　家
基于战略目标的表现合同	比利时荷兰语区、捷克、丹麦、希腊、法国、卢森堡、奥地利、葡萄牙、罗马尼亚、斯洛伐克、芬兰、冰岛
基于各专业毕业生预定人数的合同	爱沙尼亚、拉脱维亚
以竞争方式拨付的专项研究项目拨款	比利时法语区、比利时德语区、比利时荷兰语区、保加利亚、捷克、丹麦、德国、爱沙尼亚、爱尔兰、希腊、西班牙、法国、意大利、拉脱维亚、匈牙利、马耳他、荷兰、奥地利、波兰、葡萄牙、罗马尼亚、斯洛文尼亚、斯洛伐克、芬兰、瑞典、英国、冰岛、列支敦士登、挪威

资料来源：Eurydice The information network on education in Europe. Higher Education Governance in Europe-Policies, structures, funding and academic staff [R]. Brussels, 2008: 50.

　　一是预算谈判。财政拨款数额是高校与政府谈判的结果。爱尔兰在2007年之前，理工学院年度预算通过与教育和科学部的谈判来决定。2007年2月，爱尔兰开始实施《2006年理工学院法案》，高等教育署接管了理工院校财政拨款责任，拟引入与大学部门相似的拨款模式。塞浦路斯每所高校向政府提交概算，通过谈判决定高校财政拨款数额。概算内容包括在校学生规模和经费需要，现有基础设施改造以及设置新的院系和专业所需的经费等。卢森堡大学于2003年创办，大学向主管高等教育的部长提交预算草案，部长再提交给政府，最后由政府审批。马耳他高等教育财政拨款数额基于高校提交的概算，概算提出基于教职工和在册学生人数的下一年度财政需要。

　　二是预算编制。拨款机构以高校过去的支出为依据编制预算，从而对高等院校进行财政拨款，实行这种方式的国家有丹麦、希腊、意大利、波兰、冰岛和挪威。

　　三是拨款公式。这种拨款方式成为主流模式，有27个国家和地区的高等教育财政拨款运用拨款公式，这包括英国、法国、意大利等国。在比利时法语区、立陶宛、匈牙利、罗马尼亚和列支敦士登，拨款公式是用于计算高等教育院校主要财政拨款规模的唯一方法。爱尔兰普通大学拨款公式几乎决定了全部年度经常性拨款。英国英格兰主要使用拨款公式计算高等院校一揽子拨款规模。保加利亚拨款公式用于计算学习费用，占到了80%的财政拨款。

四是表现合同（performance contract）。它是相关院校与政府部门就学校教育战略发展目标达成的协议以及目标达成度的评估办法。有12个国家高等院校的全部或部分直接财政拨款是根据国家与相关院校签署的表现合同，表现合同是高等院校财政拨款分配的主要机制之一。法国、芬兰、奥地利和罗马尼亚等国大部分财政拨款通过谈判和签署表现合同。而在比利时荷兰语区，仅有4%的财政拨款是通过表现合同，从2008年起，2%的表现合同拨款用于扩大入学机会和资助品学兼优的家庭困难学生。捷克表现合同拨款占7.4%。

五是人才培养合同。以事先设定的毕业生人数为基础，相关高校与政府签署人才培养合同，政府通过购买教育服务的方式向高校提供财政拨款，合同约定高校在一定期间内按专业和层次培养一定数量的毕业生并提供免除学费的相应数量的学习名额。爱沙尼亚和拉脱维亚采用这种方式，人才培养合同拨款占到70%—80%。

六是竞争性研究拨款。许多国家除基本研究拨款外，还采用竞争性研究拨款方式，政府部门通过申报和评审来决定对特定计划或研究项目的财政拨款。大部分国家采用两种研究拨款方式，只有罗马尼亚采用竞争性研究拨款这一种方式。

从财政拨款比例上看，欧盟国家公立高校财政拨款占79.9%，学费收入占13%。美国两年制公立社区学院财政拨款占71%，学费收入占17%。美国职业教育市场化取向程度高于欧盟国家。欧美国家私立职业院校获得政府财政拨款的比例有所不同。爱沙尼亚和拉脱维亚私立高等职业教育在校人数占到了30%，这两个国家财政拨款对公私立职业院校一视同仁。波兰私立高等职业教育在校人数占五分之一，葡萄牙占到近一半。这两个国家私立职业院校不能获得一揽子财政拨款，但有机会获得某些目标性财政拨款①。美国两年制私立非营利性社区学院政府财政拨款占 10%，私立营利性社区学院仅占 7%②。

（三）多国财政性经费以拨款公式方式投入

拨款公式（Funding formulas）是政府部门根据相关标准确定教育机构教学、业务活动或科研活动财政拨款数额的一种机制。拨款公式被认为是客观分配现有资金，避免过度政治压力，提高教育机构财政拨款透明度的重要手段。拨款公式的使用主要依据输入标准和表现标准。

1. 输入标准

输入标准（Input criteria）的使用最普遍，欧盟有 18 个国家或地区在使用这个标准。输入标准是指与院校活动量相关的，根据上一年或当年在校学生人数、教职工人数和享受政府补助的学习名额确定教育机构财政拨款的各种要素和依据。在拨款公式中，不仅要考虑学生人数，还要考虑生均成本因素。由于各专业的实际支出不同，需要根据专业、教育层次和学习形式（全日制或非全日制）等因素对生均成本进行加权。例如，在比利时荷兰语区，大学的专业一般被加权为 1 倍、2 倍或 3 倍，而在学院则加权为 1 倍、1.2 倍、1.4 倍或 1.6 倍。一般说来，社会科学和人文类专业加权倍数最低，工程和医学类专业加权倍数最高，专业性越强，加权倍数就越高。除学生人数作为重要的考量因素外，个别国家财政拨款还考虑其他一些因素。例如，芬兰考虑大学的租赁费用，法国考虑校舍建筑面积，英国英格兰考虑学校是否设在首都，希腊、法国、波兰和葡萄牙考虑教职工人数，法国和斯洛伐克考虑与办学相关的标准③。

---

① Eurydice. Funding of Education in Europe 2000—2012：The Impact of the Economic Crisis［R］. Education，Audiovisual and Culture Executive Agency，2013：68.

② NCES，IES，U. S. Department of Education. The Condition of Education 2014［R］. Washington，May 2014：178.

③ Eurydice The information network on education in Europe. Higher Education Governance in Europe-Policies，structures，funding and academic staff［R］. Brussels，2008：53

2. 表现标准

表现标准（Performance criteria）是基于院校前一时期产出进行财政拨款的依据，它建立了在一定时期分配的财政拨款数额与优化使用获得的资源的能力之间的一种联系，以每年成功完成学业的学生人数或获得学位的人数来测量。表现标准通常包含在拨款公式之中，旨在鼓励高校合理利用资源。大约一半的欧洲国家高校财政拨款使用表现标准，以学生成功率（毕业率）作为确定高校教育事业费数额的依据。

一些国家除了毕业生人数这个指标外，还使用其他指标。丹麦、奥地利和列支敦士登等国使用通过考试的学生人数，瑞典和挪威则使用学生取得的学分数。英国的英格兰和北爱尔兰拨款公式不考虑注册的学生人数，拨款仅仅考虑那些已完成学业年限的学生，根据专业和学习类型对人数进行加权。在院校表现方面，意大利亚和荷兰使用第一学年末的不及格率和放弃学业的学生人数。不少国家还将财政拨款与社会目标相联系，意大利、奥地利、英国英格兰、爱尔兰和比利时荷兰语区设立专项拨款用于资助困难群体学生和残疾学生。

各国基于结果指标的拨款数量差别很大。爱沙尼亚一揽子拨款全部由院校表现来定义。英国英格兰拨款公式中院校表现是主要因素，瑞典45%的一揽子拨款由每年的全日制学生学习结果确定。荷兰的院校表现定义了50%的教育一揽子拨款。芬兰和挪威大约三分之一的拨款由院校表现定义。2006年，挪威一揽子拨款中研究拨款部分主要依据高校表现。在拨款公式中，丹麦和奥地利仅仅使用与院校表现相关的指标。立陶宛、匈牙利和罗马尼亚高等院校表现定义了12%—20%的教育事业费和研究的一揽子拨款。爱尔兰和意大利表现拨款部分只占5%或更低①。

（四）多渠道筹措教育经费是普遍做法

1. 学费收入

学费收入是高校除财政拨款之外的经费来源的一个重要渠道。欧洲高校

---

① Eurydice The information network on education in Europe. Higher Education Governance in Europe-Policies, structures, funding and academic staff［R］. Brussels, 2008：55.

普遍重视教育的公益性和福利性，学费收入所占比例相较美国较低，还有不少欧洲国家本科教育甚至不收学费。从 1999—2004 年，欧盟 27 国学费收入所占比例从 7% 增加到 13%。在这期间，学费收入增长最快的是法国，从 2.5% 提高到 9.7%，意大利从 2% 提高到 18%，拉脱维亚从 35% 提高到 48%。个别国家学费收入在高等院校全部经费收入中所占比例较高。保加利亚、拉脱维亚、立陶宛和波兰等国学费所占比例从 25%—50% 不等。2004 年，保加利亚、爱尔兰、希腊、塞浦路斯、拉脱维亚、马耳他和奥地利学费收入所占比例不到 3%，荷兰、瑞典和英国占到 10% 以上，匈牙利达到 15% 以上[①]。

美国的私立社区学院分为两类，两年制私立非营利性社区学院学费收入占 74%，私立营利性社区学院学费收入占 89%[②]。在欧盟国家中，英国高等教育市场化取向非常明显，收费标准不断提高。英国 1998 年通过的《教学与高等教育法》为建立收费制度提供了法律基础，高校首次向全日制本科生每年收取 1000 英镑（1 英镑约合 10.5 元人民币）。2005 年收费标准提高到 1175 英镑，从 2006 年开始，高校依据《2004 年高等教育法》将标准提高到每年 3000 英镑。收费标准与通胀水平建立联系，2011 年学费提高到 3375 英镑。从 2012 年 9 月开始，基本学费确定为每年 6000 英镑，但高校可根据"机会协议"最高收取 9000 英镑学费[③]。

近年来，欧盟国家高等教育个人支出不断增加。高等教育个人支出所占比例从 2000 年的 14% 上升到 2012 年的 21%，特别是一些国家新近引入了收费制度，导致个人支出大幅上涨。但总体来看，欧盟国家仍低于 OECD 国家 31% 的平均水平，而且欧盟国家之间差别很大，从丹麦和芬兰的 6% 到英国的 65% 不等[④]。欧盟认为，完善的学生资助制度（学生补助和

---

① Eurydice The information network on education in Europe. Higher Education Governance in Europe-Policies, structures, funding and academic staff [R]. Brussels, 2008：73.

② NCES, IES, U.S. Department of Education. The Condition of Education 2014 [R]. Washington, May 2014：178.

③ Eurydice. Funding of Education in Europe 2000—2012：The Impact of the Economic Crisis [R]. Education, Audiovisual and Culture Executive Agency, 2013：79.

④ Commission says OECD findings confirm importance of investment in education for EU growth and jobs [EB/OL]. (2014-09-15) [2014-09-15]. http：//europa. eu/rapid/press-release_ IP-14-979_ en. htm.

贷款）有助于抵消收费对学生入学带来的影响。

2. 企业投入

高校与企业界建立合作伙伴关系是拓宽资金渠道来源的重要基础，这对促进研究转让和实现学术研究成果市场化和商业化有着极大的价值。高校与企业合作存在多种形式，开展联合研究项目或是委托研究最普遍形式，是高校社会资金的最重要来源。与企业和地方政府合作创办科技创新园，许多国家如比利时、保加利亚、捷克、法国、意大利、立陶宛、匈牙利、波兰、葡萄牙、罗马尼亚、芬兰、瑞典和挪威等国高校都创办了科技创新园或中心。其次是与企业联合办学，意大利高校与雇主协会联合开设适应企业人才需要的硕士学位课程，联合实施适合企业需要的学位项目，比利时荷兰语区高校与企业合作实施工程领域博士研究项目。欧盟鼓励和资助校企合作，2014 年 1 月，欧盟正式启动"伊拉斯谟⁺"计划，提出建立有 1500 家高等教育机构和企业参加的 150 个知识联盟，加强高校与企业结构性长期合作[1]。

3. 其他收入来源

包括允许高校创办商业公司，接受私营实体或个人的捐赠和遗产、贷款收入、场地租赁和财产收入、教授或研究职位赞助、投资利息收入及服务收费等。服务收费包括开展成人继续教育、咨询服务和组织活动，是重要的社会资金收入来源，也是大学社会服务功能的体现。医疗服务也是收入的一条渠道，波兰大学提供高度专门化诊断和康复服务，德国大学来自卫生保健服务收费的收入占大学医院支出的三分之一。

五、国际职业教育发展的经验借鉴

国际金融危机导致的青年人高失业率使得各国政府更加注重发展职业

---

① Erasmus-plus-at-a-glance［EB/OL］.（2014-03-20）［2014-04-18］. http：//ec. europa. eu/programmes/erasmus-plus/documents/erasmus-plus-at-a-glance_ en. pdf.

教育，增加经费投入，大力推进工学相结合的学徒制培养模式，减少技能供需不匹配，促进从学校到工作过渡；同时更加注重提高职业教育质量，设立法定专业监管机构，不断完善职业教育质量保障监管体系。

（一）促进产教深度融合，开展学徒制试点

经济危机导致许多发达国家青年人失业率上升，而在以学徒制为主导的德国等国青年人失业率却很低，学徒制对减少青年人失业发挥着关键作用。近年来，欧盟及国际组织大力推广学徒制培养模式，推进产教深度融合，鼓励各国行业企业与职业学校开展合作。学徒制最大的优势是在真实的产业环境里培养学生的实际操作技能和通用能力，减少技能供需不匹配，促进学生从学校到工作的顺利过渡。我国应积极探索开展学徒制试点，加大财政刺激力度，拨出专项促进资金用以开展学徒制培训，对企业学徒制培训基地实施资质认证制度，保证有必要的培训设施场地和合格的企业培训教师。

（二）探索建立国家职业教育资格框架

根据教育与劳动部门主导不同职业教育培训的国情，建立涵盖职业教育学历证书和职业资格（技能）证书两个序列的职业教育资格框架，以义务教育后为起点级一直延伸到博士学位层次，制定国家职业教育分级标准，明确技术技能人才培养目标和标准，将由劳动部门主导的职业资格证书制度改造成8级技能证书体系，建立与学历职业教育的相对应关系，将技师和高级技师技术职称从框架中剥离出去，纳入技术职称序列，加强课程单元化学分化建设，增加成人学习的弹性，推动终身教育发展。

（三）加强职业教育质量保障监管体系建设

建立职业教育质量监管体系是当前世界职业教育的重要发展趋势。澳大利亚和英国都通过立法设立了监管机构，澳大利亚实行两级监管，监管机构对职业教育培训机构进行监管。英国实行三级监管，监管机构对颁证机构进行监管，颁证机构对职业教育培训机构进行监管。提高职业教育质

量是我国面临的一项长期而艰巨的任务，需要建立专业队伍加强职业教育质量督导评估，不断完善职业院校设置标准、专业教学标准、职业教育教师标准和职业教育质量评估标准等基本标准体系建设，培育和发展第三方评估力量，开展职业教育系统监测评价，赋予行业企业参与职业教育质量评估的更多职能。

（四）职业教育层次需要逐步上移，完善职业教育层次结构

一些国家中职生所占比例出现下降，日本和韩国中职所占比例分别下降到22%和19%，在职业教育发达的德国，比例从20世纪80年代的70%下降到目前的48%[①]。适龄学生减少、人才需求层次上升和人们教育期望提高是造成中职生比例下降的重要原因。随着我国经济社会和教育发展水平提高，应逐步压缩中等职业教育规模，发展更高层次的职业教育，逐步降低中职生所占比例，适当提高普通高中和综合高中所占比例，为专科及以上层次职业教育提供优质生源。

（五）继续增加教育投入总量，坚持以政府投入为主，多渠道筹措经费

在各类教育中对职业教育的投入作为优先方向，使用财政拨款公式科学合理确定政府拨款数量，将政府专项拨款与实现社会目标结合起来。提高国家财政性教育经费占国内生产总值比例。发达国家2011年公共教育支出占国内生产总值比例平均已经达到5.7%，我国到2012年仅为4.28%，与发达国家相比存在较大差距。要逐步将国家财政性教育经费占国内生产总值比例提高到5%甚至以上，为实现教育现代化和建设人力资源强国提供经费保障。坚持以政府投入为主，把职业教育作为投入优先方向。我国高等职业教育政府投入比例远远低于欧美国家，如欧盟27国高职与应用科技大学公共投入占80%，美国公立社区学院政府投入占71%，澳大利亚高职教育政府投入平均为72%，我国公办高职公共财政预算教育经费所占比例仅为49.7%。同口径比较，我国政府投入所占比例与欧美国家相差20—

---

① OECD. Education at a Glance 2014：OECD Indicators ［R］. OECD Publishing，2014：314.

30 个百分点，政府财政拨款所占比例仍有很大的提升空间。

（六）建立有助于实现社会目标的专项拨款制度

发展职业教育不仅是适应稳增长调结构的需要，也是改善民生促进公平的重要维度。德国和美国联邦政府都非常注重发挥专项拨款的作用，美国《职业教育法》规定提高对高辍学率和高失业地区的拨款比例。我国职业教育困难弱势群体生源占到 80% 以上，坚持兜底线思维，专项拨款要用于建立学生资助体系，实施免费或低费政策，发展集中连片贫困地区职业教育。

第八章

职业教育发展的趋势与建议

近几年，我国中高职院校为经济社会发展培养了近 8000 万名毕业生，占新增就业人口的 60%，成为中高级技术技能人才的主要来源①。加工制造、高速铁路、城市轨道交通、民航、现代物流、电子商务、旅游服务、信息服务、汽车维修等行业，一线新增从业人员中职业院校毕业生占 70% 以上②。总的来看，毕业生就业持续向好，并保持较高水平。通过参与职业教育决策研究，开展相关调研以及各级各类课题研究，我们认为，职业教育的未来发展应该千方百计稳定发展规模，推进经费投入制度化，加强区域间的协调与合作，推动学校培养与培训一体化，夯实职业院校专业教师队伍建设，充分发挥专业教学标准的作用，加强职业教育的科学研究，推动国际交流与合作。

一、稳定职业教育发展规模

为适应国民经济的转型升级，亟须培养大批高素质技术技能人才。职

---

① 教育部副部长鲁昕在国务院新闻办新闻发布会的发言［EB/OL］.（2014-06-26）［2014-08-04］. http：//www. scio. gov. cn/xwfbh/xwbfbh/wqfbh/2014/20140626/index. htm.
② 马海燕，王晓晔. 高职院校年招生 300 余万 占高校招生总数超四成［EB/OL］.（2014-06-26）［2014-08-04］. http：//www. chinadaily. com. cn.

业教育的规模和数量必须优先予以保证。2010 年颁布的《教育规划纲要》提出，要"根据经济社会发展需要，合理确定普通高中和中等职业学校招生比例，今后一个时期总体保持普通高中和中等职业学校招生规模大体相当"。早在 2005 年，《国务院关于大力发展职业教育的决定》也提出，要使"高等职业教育招生规模占高等教育招生规模的一半以上"。2011 年 10月，教育部在南京召开"现代职业教育体系建设国家专项规划编制"座谈会，标志着我国现代职教体系规划与建设正式启动，职业教育将在理念、制度、机制诸多方面发生重大变革，预示着我国职业教育将从传统转向现代，意味着职业院校的学生将彻底告别"终结性教育"，实现终身教育的梦想。至 2013 年，现代职业教育体系的理念逐渐完整、成型，要逐渐发展形成中职、专科、应用型本科乃至专业学位，层次结构完整的体系结构。

为适应现代职业教育的发展形势，更好地适应高等教育结构的任务，职业教育的发展规模可以在纵向体向上计算，既包括传统的中等职业教育、专科高职教育，还可以将普通本科高校转型发展和专业学位研究生计算在内。打破原来同层次统计职业教育规模的方法，将整个职业教育体系建设以"一条线"的形式统计下来，更能体现职业教育的类型特征，也更有利于顶层设计，谋划职业教育的发展，构建与现代产业结构相适应的现代职业教育体系结构。

二、推进经费投入制度化

与国外职业教育投入的法律保障不同，我国职业教育投入主要依靠政策规定，为此，要与国际接轨，加强职业教育的法律建设，同时督促政策落实。

首先，应加快修法工作。我国现行《职业教育法》运行了近二十年，自 2010 年启动修法工作以来，已有四年，至今仍未成功提交人大讨论。为提高职业教育服务于经济发展方式转变和产业结构调整的能力，亟须加快修法进程，促进与现代产业结构相适应的现代职业教育跟上时代发展步伐。其次，要坚决落实政策规定。督促未公布中、高职生均经费标准的省级政府在 2015 年前制定并公布标准，建立具有我国特色的职业教育独立的、自成体系的拨款标准。严格落实城市教育费附加用于职业教育不低于 30% 的规定，督促未达到标准的省份尽快落实国家规定。再次，加强职教经费督导监管。提高职教财政统筹层级，加强地市统筹，以市级财政为主。中职经费由县级财政统筹改为市级财政，有利于提高经费保障水平，促进学校区域布局调整和优化，推动学校办学条件达标。完善职业教育经费管理问责制度，严格执行经费预算制度，对经费使用的各个环节进行监管审核，逐级签订管理责任书，将具体责任明确到人。加强对各级政府职教财政投入的专项督导，将督导结果作为被督导单位及主要负责人考核奖惩的依据；将没有公布生均经费标准和城市教育费附加没达到要求的地方列入重点督导和监察对象，督促依法依规对职业教育投入。最后，加强财务管理相关制度建设。各地要坚持依法理财原则，严格执行国家财政资金管理法律制度和财经纪律；强化预算管理，提高预算编制的科学性、准确性，提高预算执行效率，推进预算公开；要建立健全学校财务会计制度建设，完善经费使用内部稽核和内部控制制度，规范学校经济行为，防范财务风险；要加强经费使用监督，确保经费使用规范、安全、有效。各地要加强对教育投入各项政策的监测分析和监督检查，及时发现和解决政策执行中的相关问题，以培养高素质技能人才为核心，以强化职业教育基础能力建设为抓手，积极发挥财政投入的引导和激励作用，大力支持职业教育的内涵发展。

三、加强区域间的协调与合作

我国幅员辽阔，各地历史、地理、经济发展不均衡，导致我国中职和高职的区域发展不均衡现象突出。东部省份因为经济发展好，对教育投入较高，教育发展环境优越，因此，中职、高职发展总体比中西部要好。从中等职业教育的东、中、西部地区综合发展得分来看，东部得分 0.49、中部得分-0.10、西部得分-0.41，东部明显好于中西部。从高等职业教育的东中西部地区综合发展与中职教育综合发展水平态势类似，呈现东中西依次降低的趋势，东部得分 0.38、中部得分 0.02、西部得分-0.40。从我国31 个省份之间的职业教育发展情况来看，其中高职的发展水平更加参差不齐、差距更大。发展综合得分最高的是北京，得分为 1.28 分，而得分最低的西藏，仅为-1.38。实际上，区域发展不平衡现象体现在教育的各个阶段，更多的是一个复杂的社会发展问题。

为此，应加强区域间的职业教育协调发展，促进合作共赢、均衡发展。当前，职业教育结构与经济发展高度相关，政府的宏观调控力度不足导致我国东部地区职业教育发达，中西部地区落后。改变这种现状，一方面，需要政府不仅仅在财政投入上，继续加大对中西部的教育支持力度，更应该从吸引人才、发展产业经济的角度，对区域发展的不均衡状态从根本上进行宏观调控；另一方面，各区域间应该协同发展，根据区域特色产业谋划职业教育专业，实现错位发展，以提高职业教育资源的配置水平和使用效益，提高职业教育服务于经济社会的能力。

四、实现职校培养培训一体化

未来一段时间我国面临适龄人口下降的局势，将导致生源数量下降，职业院校竞争加剧。面对竞争，职业院校有必要转型发展，在注重学历教育的同时，拓展职业培训，为提高我国劳动人口素质服务，为国家经济建设和社会发展服务。

（一）每年新增劳动力需要职业教育与培训

根据第六次人口普查数据，2010 年从 15 岁年龄段往下，我国人口规模呈逐年下降趋势，7 岁年龄段是人口规模的低谷，该年龄段人口将在2018 年年满 15 岁，准备接受高中阶段教育。随后人口规模才逐渐回升，但仍然低于 15 岁（2010 年入学）以上人口规模（见图 8-1）。由于在

2018 年前两年（图中 7—9 岁年龄阶段）人口规模均在较低水平徘徊，累计适龄人口规模仅有 4135 万人。而 2012 年我国高中阶段教育在校生数为 4595 万人，预计 2018 年的高中阶段教育适龄人口数量约为目前高中阶段教育在校生规模的 90%。

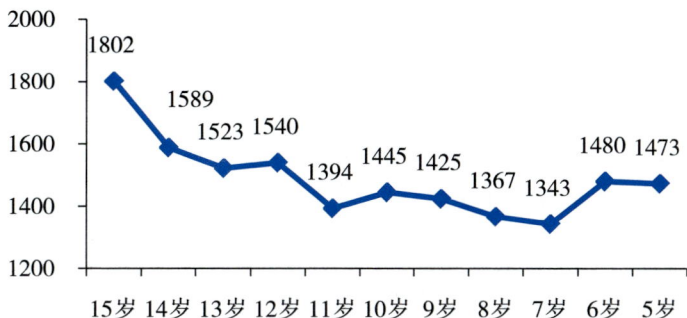

图 8-1　2010 年我国 5—15 岁人口规模分布

数据来源：国务院人口普查办公室，国家统计局人口和就业统计司. 名称［M］. 北京：中国统计出版社，2012.

2007 年以来，我国初中毕业升学率开始达到 80% 以上，2012 年达到 88.4%。2012 年，我国初中毕业生为 1660.8 万人①，表明仍有 190 万人未升入普通高中或中等职业学校，超过 2012 年中等职业学校招生数量的 1/4。2010 年以来，我国高中阶段升学率开始达到 80% 以上，2012 年达到 87%。2012 年我国普通高中毕业生为 791.5 万，表明约有 100 万人未能进一步接受高等教育。未来虽然适龄人口下降，但根据升学率，我国仍将有 300 多万初中和高中毕业生未经过职业教育和培训直接进入劳动力市场。

（二）大量在职职工需要继续教育与培训

我国大量存量劳动力素质较低，需要职业教育与培训。从劳动者的学历、职称及技能水平来看，总体素质不高。据《全国职工教育培训统计报告（2012 年）》显示，在参加统计的 4634.28 万名职工中，具有专科以上学历的职工占总数的 23.35%，高中学历占 43.73%，初中及以下学历占

---

① 中华人民共和国国家统计局. 中国统计年鉴 2013［M］. 北京：中国统计出版社，2014.

32.92%；仅有 1116.4 万人具有专业技术职称，仅占总数的 24.09%，其中，高级职称占 2.19%，中级职称占 7.81%，初级职称占 14.10%；在 2608 万名技能岗位人员中，高级技师占 0.76%，技师占 2.34%，高级工占 7.34%，其余 89.56% 均为中级工和初级工。

为了应对即将来临的大规模社会人员培训，充分利用职业院校的资源，教育部相关司局已经着手研究制定《关于依托职业院校开展职工培训的指导意见》，以指导职业院校开展培训，服务社区和地方经济，推进学习型社会建设。为加强县域职业学校建设，教育部还专门研制中职学校如何在新型职业农民培养过程中发挥重要作用。与此同时，全国总工会也在加紧研究制定《职工素质提升工程（2015—2020）》，将职业院校作为提升职工素质的一个重要渠道。拓展职业院校的培训功能，实现学历培养和在职培训一体化，不仅是经济社会发展的时代诉求，也是我国职业教育发展的必然要求和重要趋势之一。

五、强化专业教师队伍建设

教育发展的关键是教师。教师的知识水平、理论修养关系到人才培养的质量，必须将加强师资队伍建设作为教育发展的重中之重。职业教育与普通教育不同，在职业院校中，专业教师是学校办学质量高低的决定性因素和关键。就职业教育发展而言，师资队伍建设问题突出表现在专业教师身上。专科高职院校由于可以招聘到相关专业本科或硕士毕业的大学生担任专业课教师，专业教师问题不是太突出，而中职学校就尤为突出。中职学校专业教师多是语文、数学等文化课老师转行而来，他们有的是凭着对某一专业课的兴趣，有的是由于工作需要被迫转型，在中西部中职学校尤为明显。

强化中职专业教师队伍建设，一方面，要加强教师培训。职业教育质量提升的关键在教师，建设一支规模充足、结构合理、双师素质、充满活力、动态调整的师资队伍，需要扩大教师来源，提高行业企业高技能人才到职业院校兼课比例；健全教师培训制度，提升教师素质，尤其是教学信息化应用水平；实行科学的绩效考核，进一步调动教师积极性；建立区域教师交流平台，实现教师动态调整。另一方面，提高中职教师工资福利待遇，增强中职教师岗位的吸引力，进而降低中职生师比；考虑当前中职受人口出生率的降低等因素影响，出现的教育规模萎缩情况，应加大行业企业兼职教师的招聘，既能解决中职师资队伍紧缺状况，又能提高双师型教师的比例；同时，针对东中西部省域师资队伍由强变弱的态势，加大东西部师资结对扶持的政策力度，争取中西部师资队伍尽快提升学历水平。

六、用专业教学标准保证质量

专业教学标准是职业教育标准化建设的重要一环，是评价和保证职业教育质量的基本判断依据。当前我国经济社会发展过程中就业难与用工荒同时出现，一方面有人无岗，另一方面却又有岗无人。究其原因，在于专业教学标准科学性不足，没有把握好专业结构调整超前性、及时性、全面性、开放性，标准执行力度不够，缺乏动态调整机制，造成我国技术技能人才出现供需结构性矛盾。

首先，进一步加快职业教育标准建设，提高专业教学标准的科学性与执行力，实现专业与产业、职业岗位对接，专业课程内容与职业标准对接，教学过程与生产过程对接，学历证书与职业资格证书对接，职业教育与终身学习对接，提升服务产业能力。引入行业企业及课程研究专家等第三方主体参与。开放专业标准制定过程，提高专业标准制定的科学性、针对性及可执行性。在此基础上，进一步深化职业教育教学改革，加大专业标准执行力度，提升技术技能人才培养质量及水平。

其次，要进一步提高质量年度报告规范性，完善质量保障制度。职业教育质量年度报告应该进一步"出经验、出思路、出数据"，提高其利用率，给各级职业教育工作者"找差距、摆问题、明方向、上水平、建特色"等方面提供更多启迪和借鉴。质量报告应在统一口径、连续跟踪、同类比较、注重多维度量化分析等方面进一步努力。在职业教育质量保障制度方面，进一步加大对中西部地区经费投入和对口支援，加强东部地区与中、西部招生就业合作及师资定期交流，实现共同发展。

七、促进国际交流与合作

国际合作办学可以激活我国职业院校的课程改革、教师培训、文化建设、后勤服务等各项工作，意义重大。据教育部 2002 年年底统计，经教育部门审核批准的全国中外合作项目有 712 个，其中学历教育项目有 372 个，非学历教育项目有 313 个，幼儿园项目有 27 个。在学历教育项目中，中职和专科高职占了 50.27%，非学历教育项目中也有大量属于职业教育范畴。2003 年《中外合作办学条例》颁布之后，专科高职院校的中外合作办学项目取得了较快发展。地方开展的中外合作办学教育也越来越多。2008 年年底，浙江省已有专科高职中外合作项目 32 个，当年招生 1572 人。2009 年年底，江苏省报教育部审批备案的中外合作办学机构和项目共有 404 个，为全国之最；其中高等学历学位教育 338 项（研究生层次 14 项，本科层次 94 项，专科层次 230 项）[1]。2012 年，职业教育领域的国际交流合作项目有 633 个，占整个高等教育中外合作办学项目的 46%[2]。职业教育发展态势良好，为我国教育事业对外交流合作做出巨大贡献。

根据我们对部分省市的高等职业院校的调查发现，很多职业院校都与国外职业院校有合作关系。未来时期，随着我国教育国际化的进一步深化，职业教育国际交流与合作将进一步拓展。而且，从部分省市的部分院校来看，我国职业教育开始有"走出去"的迹象，在学习借鉴国外职业教育先进理念和做法基础上，推广我国的职业教育成果和经验，提升我国职业教育的国际影响力，打造我国职业教育的国际品牌。

---

① 赵双兰，李梦卿. 我国高职院校国际合作办学教育发展研究 [J]. 职教论坛，2013 (22)：38-41.

② 商亮. 专访教育部职成司司长葛道凯：职业教育改革发展鼓励企业行业参与 [EB/OL]. (2014-07-03) [2014-07-20]. http：//news. xinhuanet. com.

八、用科研推动职教科学发展

2011 年 6 月，全国职业教育科研工作会议在天津召开，会议就进一步加强新时期职业教育科研工作进行研究部署，是 1949 年以来召开的第一次全国职业教育科研工作会议。同年 10 月，教育部先后与北京大学、清华大学、中国人民大学、南开大学、对外经贸大学、中国教育科学研究院联合组建教育科学决策研究中心，旨在对教育与经济社会发展重大问题和重点领域开展全局性、前瞻性和实效性的战略研究，是国家教育规划与战略领域的重要咨询机构。

2012 年 4 月，教育部"教育科学决策研究中心 2012 年学术年会暨现代职业教育体系建设规划编制工作座谈会"在北京大学召开。来自教育科学决策研究中心各课题主要负责人，教育部有关司局代表，各地教育行政部门及相关处室代表，有关专家学者和行业企业界代表等参加会议。鲁昕副部长在总结发言中指出，经过此次年会的讨论，教育部教育科学决策研究中心进一步夯实了理论基础，提升了思维层次，拓展了思路广度，开阔了决策视野，关注了发展中的问题，加强了定量分析，理清了主题脉络，提供了科学依据，明晰了决策方向。同年 9 月，教育部教育规划与战略研究理事会在中国人民大学教育学院组织召开了"教育科学决策研究中心 2012 年度工作会议"，会议总结了各教育科学决策研究中心一年来的工作，并部署了下一阶段的工作安排。经过一年多的建设和发展，教育科学决策研究中心为教育部教育科学决策提供了很多有价值的研究报告，有效推动了教育学决策的科学化、民主化、现代化。同时，中国教育科学研究院也筹划设立职业与继续教育研究中心，强化职业教育的科研工作，建立了覆盖各级各类教育的科研网络和平台。未来时期，随着整个国家决策科学化、民主化进程的加快，随着教育改革逐步进入深水区，教育科学决策研究中心将在各类教育决策中发挥更大的作用。

后 记

《中国职业教育发展报告 2013》是中国教育科学研究院基本科研业务专项基金课题"中国职业教育发展研究"（课题批准号：GY2013009）的最终成果。

该课题由中国教育科学研究院职业与继续教育研究中心承担，孙诚为课题组负责人，课题组主要成员包括聂伟、张智、杜云英、赵晶晶、尹玉辉、吕华、张小萍、卢彩晨、王军红和李建忠等。

课题组同志经过多次研讨，确定本书的框架结构、写作结构、实证方法及基本观点，并由孙诚总体把握敲定。写作具体分工如下：第一章由赵晶晶执笔，第二章由杜云英执笔，第三章由张智执笔，第四章由张小萍、聂伟执笔，第五章由王军红、吕华执笔，第六章由尹玉辉执笔，第七章由李建忠执笔，第八章由聂伟、卢彩晨执笔。全书统稿由聂伟完成，张竺鹏对全书文字进行了修改和加工，孙诚最终定稿。

感谢教育部职业教育与成人教育司、发展规划司和财务司的支持。同时，向为本报告的完成提供支持帮助的院领导和给予咨询建议的专家学者一并致谢！受著者水平和时间的限制，书中疏漏和错误在所难免，请读者不吝赐教！

出版人　李　东

责任编辑　罗永华

版式设计　孙欢欢

责任校对　张　珍　金　霞

责任印制　叶小峰

图书在版编目（CIP）数据

中国职业教育发展报告. 2013／中国教育科学研究院职业技术与继续教育研究中心著 . —北京：教育科学出版社，2016. 6

（国情教育研究书系）

ISBN 978-7-5191-0448-1

Ⅰ.①中… Ⅱ.①中… Ⅲ.①职业教育—发展—研究报告—中国—2013　Ⅳ.①G719. 2

中国版本图书馆 CIP 数据核字（2016）第 092111 号

中国职业教育发展报告 2013

ZHONGGUO ZHIYE JIAOYU FAZHAN BAOGAO 2013

出版发行	**教育科学出版社**			
社　　址	北京·朝阳区安慧北里安园甲 9 号	市场部电话	010-64989009
邮　　编	100101	编辑部电话	010-64981252
传　　真	010-64891796	网　　址	http://www.esph.com.cn
经　　销	各地新华书店		
制　　作	北京金奥都图文制作中心		
印　　刷	保定市中画美凯印刷有限公司		
开　　本	169 毫米×239 毫米　16 开	版　　次	2016 年 6 月第 1 版
印　　张	15. 75	印　　次	2016 年 6 月第 1 次印刷
字　　数	217 千	定　　价	48.00 元